本书由深圳职业技术学院学术著作出版基金资助出版

美国社会与文化探索

苏文秀　　左亚辉　　谭海涛　著

中国商务出版社
CHINA COMMERCE AND TRADE PRESS

图书在版编目（CIP）数据

美国社会与文化探索/苏文秀，左亚辉，谭海涛著
. —北京：中国商务出版社，2021.3 （2023.3重印）
ISBN 978-7-5103-3755-0

Ⅰ.①美… Ⅱ.①苏… ②左… ③谭… Ⅲ.①英语－
阅读教学－高等职业教育－教材②美国－概况 Ⅳ.
①H319.37

中国版本图书馆 CIP 数据核字（2021）第 048283 号

美国社会与文化探索
MEIGUO SHEHUI YU WENHUA TANSUO

苏文秀　　左亚辉　　谭海涛　著

出　　　版：中国商务出版社
地　　　址：北京市东城区安定门外大街东后巷 28 号　　邮　　编：100710
责任部门：商务事业部（010-64283818）
总 发 行：中国商务出版社发行部（010-64266193）
直销电话：010-64245686
网　　　址：http://www.cctpress.com
邮　　　箱：cctpress1980@163.com
排　　　版：北京嘉年华文图文制作有限责任公司
印　　　刷：河北赛文印刷有限公司
开　　　本：700 毫米×1000 毫米　1/16
印　　　张：14　　　　　　　　　字　　数：252 千字
版　　　次：2021 年 3 月第 1 版　　印　　次：2023 年 3 月第 2 次印刷
书　　　号：ISBN 978-7-5103-3755-0
定　　　价：48.00 元

前　言

在中国的现代化进程中，美国对中国的影响长久而深远。改革开放为中国带来了经济腾飞，短短40年，中国从一个贫穷落后的国家跻身于世界经济强国之列，经济总量已经排名世界第二，仅次于美国。近几年，随着中国的崛起，中美关系也发生了巨大的转折，贸易摩擦不断升级。在中美关系日趋紧张，美国不断对中国全方位施压，中国人的民族自豪感和民族自信越来越强烈的特殊时期，也许我们更需要保持清醒的头脑，保持更开放的胸襟和更开阔的视野。知己知彼，百战不殆，只有深入了解美国，才能对美国有一个更全面、客观、理性的认识。他山之石，可以攻玉，深入了解美国社会和文化，才能开启对美国更为深入的思考。取长补短，才能更增强我们的民族自信和文化自信，这也是作者编写此书的初衷。

美国建国只有短短200多年，却在政治、教育、文化等领域取得了举世瞩目的成就，成为当今世界上唯一的超级大国，在世界近现代史上也堪称奇迹。一个民族的个性源自其历史发展进程中，来自世界各地不同族裔的移民组成的美利坚合众国，没有共同的祖先，没有共同的信仰，没有共同传承的历史和文化，甚至也没有共同的语言，美国靠什么把来自不同地域，有着不同文化背景和不同追求的人们凝聚在一起，构建起一个强大的帝国？不同的个性、不同的文化在美国这座"大熔炉"里相互融合、碰撞，激荡出无限的活力和创造力，消融了极具多样性的特性和文化，给每一个新移民都打上了深深的美国烙印。什么是美国人？什么是美国文化？美国文化的核心内涵是什么？美国文化是如何演变的？美国历史和文化对当今美国社会产生了怎样的影响？普通美国人的生活是怎样的？对我们有何启示？……这些都是本书要探讨的问题。

与美国截然不同的是，中华民族有悠久的历史、灿烂的文化、延续且不断发展的古老文明，作为中国人，我们有与生俱来的民族自豪感和强烈的文化自信。这种自信不仅建立在对我们自身文化和古老文明的认同，更应该建立在我们对外部世界的深入观察、了解和思考的基础之上。民族自信和文化自信与我们对世界的了解和思考是相辅相成的，观察世界是为了更好地观照自己，避免盲目自信和盲目自卑。这个世界有太多的隔阂和纷争源自相互不了解和不理解，很多人喜欢和习惯用固有的思维方式去看周围的世界，但是周围的世界是多元和多彩的，如果我们愿意学习，愿意观察，愿意思考，也许我们就能换一种方式去看世界，我们的视野会更开阔，站得更高，看得更远，变得更成熟，更理性。长期以来，美国一直是中国和世界各国的标杆，但是近些年，美国国内的政治、经济形势发生了很大变化，由于受其历史、文化、体制等诸多因素的影响，出现了很多社会问题，美国社会越来越分化和撕裂，这些也是我们应该了解和关注的问题。无论如何，了解美国的过去、现在，了解美国的文化和社会，都有助于我们开拓视野，提高跨文化交际能力，培养独立思考和批判性思维的能力。

社会和文化是两个具有最广泛社会学和人文主义意义的术语，很难准确定义，更不可能面面俱到。本书作者长期从事高校英语教学和跨文化交际研究，也曾到美国访学。作者在美国访学期间做了大量调研和采访，以其在美国的所见所闻、所思所想，结合自己在美国做的理论研究，力图以中国人的视角，还原一个中国人眼中相对真实的美国。既看到美国社会和文化中的优势，也剖析美国在发展过程中存在的各种问题，分析探寻产生这些问题的根源，为中国经济、社会和文化的发展提供借鉴和参考。作者在写作过程中试图避开千篇一律的话题，避免简单的史实罗列或晦涩的学术讨论，以一种轻松愉快的方式带着读者去体验、去观察、去感知、去领悟、去思考，透过现象看本质，透过美国人的日常生活去探寻美国文化的本质和美国的民族特性。虽然本书无法涵盖美国社会和文化的方方面面，但是透过这扇小小的窗口，希望读者能窥见一个不一样的美国，在阅读中去感受不断变化中的美国，学会理性观察和思考与美国有关的一切。

本书共分为美国文化、美国社会、美国教育三个部分。第一部分从追溯美国文化的起源开始，介绍了美国文化的核心内涵和基本特征，描述了美国文化的演变过程，探讨了美国多元文化陷入的困境，带领读者亲身感受美国社会一些独特的文化特征，如移民文化、体育文化、影视文化、博物馆文化、跳蚤市场文化、假日文化等。第二部分以美国历史和文化为线索，探讨了美国的种族问题、枪支问题、养老问题、美国政治的娱乐化倾向等问题，同时关注美国的公务员体制以及生活在非主流社会，几乎与世隔绝不为世人所知的神秘的阿米什人的生活，也试图还原美国历史上一些被美国人竭力掩盖的历史片段，如对印第安人的残酷杀戮以及长期以来对非裔黑人的不公正待遇。第三部分美国教育，是本书关注的另一个焦点。近些年中国赴美留学人数激增，中国已成为美国高校最大的留学生生源国。中国学生和家长对留学美国趋之若鹜，其中不少人对美国教育的真实状况了解并不全面。为了给读者提供一个不一样的视角，让读者更深入地了解美国教育，作者精心挑选了一些与教育有关的话题，讨论了美国基础教育现状、美国高中教育改革、美国独树一帜的职业技术教育体系、美国社区大学机制、美国的高等教育理念、教学方法、批判性思维的培养等。该部分还探讨了美国高校招生制度存在的诸多弊端、美国高校中备受诟病的高学费导致的大学生助学贷款危机、因体制问题产生的学校经费问题、教师工资福利待遇问题等。作者还就中美贸易摩擦对中国留学生造成的影响等中国读者比较关注的话题进行了探讨。该书不仅揭示了美国社会、文化、教育等领域中的问题，还就这些问题进行了深入分析和探讨，同时对照中国的国情和现状，提出了值得参考的意见和建议，希望能对读者有所启发。

　　本书适合英语语言学习者、英语教师、美国社会和文化研究人员、国际贸易及国际交流从业人员以及其他对美国社会和文化感兴趣的读者。本书可以作为高校英美文化类课程的补充资料，也适合在旅行途中或闲暇时翻阅。希望本书能为所有读者开启一扇了解和观察美国的窗口。

　　本书获深圳职业技术学院学术著作出版（基金）资助，在此特别鸣谢！

作者
2020 年 3 月

目　　录

第一部分　美国文化

第二部分　美国社会

第三部分　美国教育

第一部分　美国文化

第一章　美国文化的形成

美国不仅是个多种族的移民国家，还是全球民族最多的国家之一，其移民来自全球各地，因此美国素有世界人种博物馆之称。据不完全统计，目前在美国聚居的民族有 100 多个，这些来自不同地域、不同肤色、不同宗教信仰、不同文化背景的族裔共同组成了美利坚合众国。不同的移民带来了不同的文化。北美印第安土著文化、欧洲文化、非洲文化、亚洲文化、拉美文化等都是组成美国文化的一部分，那么在五彩缤纷如万花筒般的美国文化大观园中，到底哪一种颜色才是美国文化的底色？什么是美国文化？美国文化的核心是什么？美国文化具有哪些典型特征？美国文化是如何形成的，又经历了怎样的演变？要想回答这些问题，就如同现在要准确定义"美国人"和"美利坚民族"一样困难。但是，近一个世纪以来，美国通过各种不同的方式向世界输出其文化和价值观，此举在政治、经济、文化等方面对世界各国都产生了深远的影响。追溯美国文化的起源和演变过程、深入了解美国文化的内涵和核心价值观、探讨当今美国文化面临的挑战，不仅是我们了解美国人、了解美国社会、了解美国内政外交的重要途径，而且有利于我们学习借鉴美国文化的精髓，更重要的是，能够使我们从美国文化发展演变过程中汲取经验和教训。

同有着五千年悠久历史和灿烂文化的中国相比，美国的历史很短。然而，短短 200 多年的历史却孕育出了足以影响世界的美国文化，正如年轻的美利坚合众国在全球的快速崛起一样，不能不说是个奇迹。美国虽然是在 18 世纪后期才挣脱英国的殖民统治，成为一个独立国家，但美国文化的孕育却始于美国建国之前的殖民地时期。尽管在英国殖民者来到美洲大陆之前北美印第安人早已在这块陆地上生活了上千年，但印第安人从一开始就一直被排斥在美国主流社会和主流文化之外，因此独特的印第安文化对美国主流文化影响甚微，在美国的主流文化和主流价值观中几乎找不到印

3

第安文化的痕迹。文化与历史密不可分，美国文化的形成与美国历史紧密相连，它源于欧洲文化，却又与欧洲传统文化大相径庭。

宗教是文化的内核，文化是宗教的形式，美国文化在形成的过程中也受到美国移民的始祖，早期英国清教徒的影响，深深打上了清教主义的烙印。最早来到北美大陆的殖民者主要来自英国，他们大多是在国内遭受迫害的清教徒。在 16 世纪英国基督教的宗教改革中，受加尔文新教神学观的影响，一些新教徒试图在英国国教会进行更彻底的改革，以此来清除天主教的影响，此举不仅触动了英国国教会的利益，也与英国国教会产生了严重分歧，因此受到了英国国教会的排挤和迫害。为了维护自己的信仰，追求宗教自由，他们远渡重洋，历尽千辛万苦，来到荒无人烟的北美大陆。这些虔诚的清教徒，靠着对宗教的坚定信仰和勤劳的双手，在北美大陆开疆拓土，传播新教，发展教育，使清教教义成为约束人们行为规范的道德准则，也为早期来自欧洲各地的殖民者提供了统一的世界观和价值观，孕育了美国文化的雏形。①

1. "因信称义"与"人人平等"

欧洲宗教主要有犹太教、天主教、基督教新教，由于欧洲社会长期被教会控制，所以欧洲文化主要根植于欧洲的宗教文化。欧洲最早的宗教是犹太教，公元一世纪，基督教从犹太教中分离出来，成为欧洲传播最广和影响最深远的宗教。基督教宣称上帝是唯一的存在，不仅宇宙万物皆由上帝创造，人也是上帝按照自己的样子创造出来的。人受魔鬼撒旦的引诱背离了上帝，堕入罪恶中，只有上帝才能从罪恶中将他们拯救出来。

16 世纪初，欧洲开始进行宗教改革，基督教新教从欧洲主流基督教，即天主教中分离出来。德国宗教改革领袖马丁·路德提出的基督教新教教义打破了天主教神职人员的垄断和权威地位，宣称在上帝面前人人平等，只有圣经才是唯一的信仰，教徒们人人都可以成为祭司，人人都可以通过阅读以自己的理解去阐释圣经。基督徒不需要通过神父和牧师，就可以直接与上帝对话和交流，获得神恩，得到拯救，其新教义被称为"因信称义"。② 其颠覆性的信念对以后的美国文化产生了根本性的影响，为美国文

---

① Bass H. J. , George A. B. , Emma J. L. *Our American Heritage* [M]. Morristown：Silver Burdett Company，1978，p. 40.

② 于可. 当代基督教新教 [M]. 北京：东方出版社，1994，p. 1.

化中蔑视权威和权贵、人人平等以及个人主义理念的孕育萌芽奠定了基础。

2. "天职论"与"个人奋斗"

另一位宗教改革领袖法国的约翰·加尔文则系统地整理和阐述了基督新教的信仰体系，提出了"预定论"，即上帝是无所不在、无所不能的，世间万物都在上帝掌控之中。一个人无论能否得到拯救都是上帝预先安排好的，被预定获得拯救的人就是上帝的选民。上帝的选民都应该是十分优秀的人，他们在世间必须遵守戒律，努力工作，取得成就，以他们的成功来证明他们是获得上帝祝福的人。

"预定论"后来演化为"天职论"，即每个人在世间所从事的工作，无论高低贵贱，都是上帝的安排，这是上帝赐予每个人的天职。上帝应许人们的修行方式不是精神上的苦修或者禁欲，而是在世俗世界尽力完成上帝赋予他们的责任和义务。每个人都应该在自己的岗位上恪尽职守，勤奋工作，爱岗敬业，尽力做好自己的本职工作，用自己的成就和成功证明自己才是上帝的选民，获得最后的救赎。[①]"预定论"和"天职论"奠定了美国人的职业观和财富观，让他们相信凭个人的努力和勤奋，就一定能获得财富和成就，这或许就是美国梦的雏形。

3. "山巅之城"与"使命意识"

1620年，第一批清教徒乘坐"五月花号"抵达新英格兰，建立起第一个殖民点。他们在船上集体签署了"五月花号契约"，表达了脱离英国国教和建立自由信仰世界的愿望与决心，这份契约不仅被视为是美国公民社会的第一份政治文献，也是后来美国宪法的雏形。

1630年，从英国出发的另一批清教徒抵达马萨诸塞海湾，建立起另一个殖民点，希望在北美大陆这个新世界建立起一个新的、完美的教会，为全世界的基督徒树立一个基督教博爱的楷模，将新世界打造成一个让全世界仰望的"山巅之城"（city upon a hill）。[②] 历尽千辛万苦来到北美大陆的清教徒，笃信上帝赐给他们这个有着得天独厚地理位置和丰富自然资源的

---

① 〔德〕马克斯·韦伯. 新教伦理与资本主义精神［M］. 于晓，陈维刚，译. 西安：陕西师范大学出版社，2006，pp. 90—100.

② Nira Baym, Robert S. Levine, Wayne Franklin. *The Norton Anthology of American Literature*（*the Shorter Fourth Edition*）［M］. New York：W. W. Norton & Company，1979，pp. 101—112.

新大陆，成为他们的世居之地，是为了让他们完成上帝赋予他们的神圣使命——在这里建立一个与众不同的理想之国，并将这个新世界打造成新的耶路撒冷，成为追求信仰自由的新伊甸园和基督教世界的榜样，向全世界传播自由和正义的理念，引导人类脱离罪恶和苦难，走向希望之乡，获得救赎。

"山巅之城"的信仰让美国人有一种与生俱来的优越感和使命感，他们觉得自己就是上帝的选民，是受到上帝的指引才来到此地，北美大陆也是上帝赐给他们的礼物，是他们心灵皈依的圣地。信徒们相信自己肩负着传播基督教文明，解放被压迫民族，消除贫困、愚昧、疾病、落后，使全世界获得自由和平等的使命。"使命意识"一直是美国社会文化、价值心态的主要组成部分。200多年来，这种根深蒂固的"使命意识"一直影响着美国人的政治、经济、军事、外交、文化等诸多领域。

为了实现将美国建成"山巅之城"的目标，完成上帝赋予的使命，他们勤奋工作，勇于创新，不断开拓进取，创造了一个富足强大的美国，这不仅极大增强了他们的民族自信和优越感，而且使他们更坚信他们构建的"山巅之城"就是"道义之邦"，而维护世界安全和发展，就是他们义不容辞的神圣使命。他们认为美国就是世界民主、自由的样板，美国就是人人景仰，需要世界去效仿的"山巅之城"，美国要不惜一切地向全世界输出他们的理念和价值观，以及他们的文化和生活方式，以此来改造全世界，并建立国际新秩序。① 在美国人的心目中，使命意识意味着对人类发展和命运承担的一种特殊责任。赫尔曼·梅尔维尔曾经写道，美国人是独特的，他们是上帝的选民，肩负着美国作为世界自由避难所的责任。② 然而，这种"救世主主义"的使命意识后来逐渐演化成一种唯我独尊、傲慢的民族精神，扶贫济困的经济援助和人道主义逐渐被经济制裁、军事打击、政治干涉的霸权主义所取代，美国由"救世主"变成了人人讨厌的"世界警察"，完全背离了起初他们笃信的宗教教义。

4. "博爱"与"开放和包容"

《圣经》宣扬"博爱"，主张宽容，新教宣扬宗教自由，主张开放，因

---

① 黄兆群. 美国宗教史纲 [M]. 呼和浩特：内蒙古大学出版社，1994，p. 90.

② Arthur Schlesinger, Jr. *The Cycle of American History* [M]. Boston：Houghton Mifflin Company，1986，p. 102.

此在北美大陆形成了开放包容的氛围。美国不仅接纳了新教在北美形成的各个独立宗派，如公理会、贵格会、路德宗、荷兰改革宗、圣公会等，甚至以前在欧洲大陆被视为异端邪说的教派也在北美找到了立足之地。除此之外，中欧、东欧、南欧移民进入北美后，他们带来的宗教也被兼收并蓄，并在北美成立了新教—天主教—犹太教—基督教联盟，形成了多种宗教教派和谐共存的局面，以基督教为核心的宗教文化重新构筑了美国的主流文化，成为驱动美国社会向多元化发展的原动力。

5. 宗教传播与教育普及

教育对文化的普及和传播有着举足轻重的作用。早期的清教徒非常重视教育，为了传播新教，教徒必须能够阅读《圣经》，因此新教徒所到之地，除了新建教堂，还大力兴办学校。早在 1647 年，马萨诸塞殖民地就规定，50 个家庭以上的小镇必须建一所小学，100 个家庭以上的镇必须建一所中学。当时学校的教科书主要是《圣经》，确保清教徒的子女能自己阅读《圣经》，接受教义，因为他们相信阅读《圣经》可以拯救灵魂。清教主义为教育的普及和文化的传播起到了良好的推动作用，美国现在的很多顶尖名校如哈佛、耶鲁、普林斯顿、布朗等大学都与教会有着深厚的历史渊源。

基督教对美国早期教育和文化的渗透与影响全面而深远。1825 年出版的《韦氏大词典》，是美式英语的标准词典，该词典中对很多词的定义、释义都引自《圣经》，潜移默化中将基督教的观念灌输给读者，不仅影响了一代又一代美国人，塑造了美国人的世界观，也影响了世界各地学习英语的人。1836 年出版的《麦高菲读本》，由俄亥俄大学校长威廉·麦高菲亲自编写，书中也包含大量与《圣经》有关的故事。1836—1960 年，该书累计销量超过 1.2 亿本，不仅与《圣经》和《韦氏大词典》一起成为美国发行量最大的书籍，还对塑造美国人的文化意识和价值观产生了广泛而深远的影响。

早期的英国清教徒，为了捍卫神圣的宗教自由，以及追求自己的信仰，将清教带到北美大陆，也将清教的教义和理念深深植入了这个新世界。对许多美国人而言，清教不仅是一种宗教信仰，还是一种人生哲学和生活方式、一套行为规范和道德准则，引导和约束人们的日常生活，更奠定了美国人精神世界的基石。清教的教义和理念不仅构建了美国人价值观的内核，影响了一代又一代美国人，还渗入美国社会的方方面面，对美国建国、立法、政治、经济、军事、教育和文化等领域起着非常重要的作用，成为美国文化形成和发展的源头和动力，既铸就了美国主流文化的价值观和美利坚民族的民族特性，也对全世界产生了长久而深远的影响。

第二章　美国文化的主要特征

建国只有 200 多年的美国，已经发展成为一个多种族、多民族的多元化国家。来自世界各地的移民带来了不同的宗教信仰和文化，极大丰富了美国文化的内涵。但是万变不离其宗，总的来说，美国当今的多元文化并没有完全脱离传统文化的影响，其核心价值观和核心内涵与传统文化仍然是一脉相承的，至今仍然影响着美国主流社会。

一、美国文化的核心内涵

1. 追求自由

提起美国，人们都会想到自由女神像，她是美国自由精神的象征。对自由的不懈追求不仅贯穿着美国历史，也深深嵌入了美国文化和传统中。早期的殖民者都是在国内受到宗教和政治迫害，为了追求宗教自由才来到北美大陆，他们最能理解自由的可贵，因此开启了基督新教各宗派、天主教、犹太教在北美和谐共存的新局面。

美国人深信自由是上帝赋予的，因而是神圣的，不可剥夺的。杰斐逊在《宗教自由法案》中写道，"人心既不能加以限制，也不能加以恫吓"，任何企图用刑法或其他方式剥夺公民权利的做法，只会养成公民伪善和自私的习惯。为了摆脱英国的殖民统治和压迫，以及追求独立和自由，殖民地人民奋起反抗，推翻了殖民统治，建立了自由独立的美利坚合众国。美国建国的纲领性文件《独立宣言》进一步明确，生存权、自由权和追求幸福的权利是公民的基本权利，更是造物主赋予人的不可剥夺的权利。

建国之初，为了避免新成立的联邦政权再次成为欧洲那样的专制政权，费城制宪会议确立了三权分立的政治体制，即联邦权力机构由立法、行政、司法三个机构组成，三个机构各自独立又相互制衡。联邦政府只能依照宪法规定行使国家权力，各州拥有除联邦政府权力之外的广泛的自主权。三权分立的政治体制充分保障了广大人民的自由，最大限度地限制了联邦政府的权力。

在经济上，美国以民主和法制为基础，建立起完善的自由市场经济体系，强调自由竞争。美国政府虽然重视对经济的宏观调控，但不能直接干预经济活动。自由市场经济激发了美国企业的活力，助力美国经济迅速腾飞，国内生产总值和对外贸易额多年来一直稳居世界首位，成为世界经济强国。

美国人崇尚和珍惜来之不易的自由，把自由看得比生命还重要。尽管美国的枪击案频发，国内一部分民众要求禁枪的呼声高涨，但是为了捍卫宪法赋予公民的合法拥有枪支的权利，大部分美国人仍然坚持公民自由持枪的权利不能被剥夺。他们认为享受自由是要付出代价的，为了捍卫自由，即使付出生命的代价也值得。新罕布什尔州的机动车车牌上就写着"不自由毋宁死"（Live free or die）。美国国歌的最后一句一直提醒着美国人，美国是"自由之地，勇者之家"，追求自由既是美国人，也是人类的最高理想。

2. 追求平等

平等是美国文化的另一个核心理念，这一理念最初也源自基督教教义。新教教徒们相信人是由上帝按照自己的形象创造出来的，大家都是被创造者，没有高低贵贱之分，理应受到同样的尊重。上帝面前人人平等的理念早已随着清教徒根植于北美大陆。

早期的移民对欧洲大陆等级制和君主制深恶痛绝，决心要在新大陆建立起人人平等的法制社会。受英国1215年《大宪章》中规定国王不能凌驾于法律之上条款的启发，美国1787年颁布的宪法，继承了《独立宣言》的独立自主精神，将自由、平等、公正写进了宪法，在美国历史上开启了法治而非人治的新时代。至此，法律面前人人平等的理念深入人心。宪法和法律具有崇高的尊严，任何人，不管是总统还是达官贵人，都不能凌驾于法律之上。每个公民，无论种族、肤色、民族、性别、宗教、身份、地位、健康状况，都受到法律平等的保护，不能被区别对待。美国残疾人的权利能够得到充分保障就是一个明显的例证。在美国，无论是学校、商场、公园、电影院、餐馆等，几乎所有的公共场所都为残疾人设计了专门的车位、洗手间和通道，校车、公交车、出租车也专门考虑了残疾人的出行，设计非常人性化。法律面前人人平等，奠定了美国法治社会的基础，相对而言，政府倒显得不那么重要了，即便美国政府停摆数周，美国社会也照常运转。

人人平等还体现在机会均等理念上。人生而平等，任何人在法律的保护下，都拥有平等的机会来获取相同的社会资源，通过自己的刻苦努力去拼搏和发展，尽自己所能去获取财富、地位和成就。就教育和就业而言，就有不少关于机会平等的法律条文，禁止歧视。公司招聘、学校招生，都必须一视同仁，不能因性别、种族、宗教、身体状况等出现歧视性条款。例如，公司招聘职员，招聘条件中不能出现"45 岁以下，女性，形象气质佳，身高 160cm 以上"等歧视性字眼，否则，公司就会被起诉，从而付出惨重代价。

机会平等是美国梦的主要内涵，但是机会平等注重的是过程的平等，而非结果的平等。现实生活中，由于每个人的天赋、能力、勤奋程度、成长环境和家庭背景都不一样，即便起点相同和获取的社会资源相同，最后的结果往往也会存在很大差异，所以造成社会财富和社会地位的巨大落差。不过，对于建立在机会均等基础上的贫富差异，大多数美国人通常在心理上是普遍接受的，尽管贫富分化严重，相对而言，美国人并没有很强的仇富心理，因为他们觉得他人的成功是靠自己的奋斗取得的。需要指出的是，尽管法律面前人人平等，但有些平等也仅停留在法律平等的口号上。近些年，由于各种因素美国社会资源分配不均，所以很多少数族裔一开始就输在了起跑线上，在教育、就业等方面无法与白人平等竞争，社会贫富分化日益严重，引发了诸多社会问题。

3. 推崇个人主义

美国人推崇个人主义，独立自主的观念根深蒂固。个人主义作为美国主流价值观的核心，同样源于早期殖民者带来的清教主义。清教主义"因信称义"的理念使教徒可以摆脱教会的控制，直接与上帝交流，提升了教徒个人的地位，给予了教徒更多的自由，解放了个性，提升了自我意识，奠定了美国人自我奋斗、自己掌握自己命运的独立精神，推动了社会的进步。[①] 早期的清教徒不屈不饶的开拓、冒险、进取精神，不安于现状、奋力抗争、渴望主宰自己命运的精神，为个人主义在美国的产生与发展提供

---

① Degler C. N. *Out of Our Past* [M]. New York: Harper&Row Publishers, Inc., 1984, pp. 16—17.

了肥沃的土壤，成为美国个人主义重要的思想源泉。爱默生坚持认为，人不是造得像盒子那样千篇一律的，每个人都有自己与众不同的个性，有无限的潜能。独特的个性便是一个人的价值所在，无论在何种情况下，人都不应该牺牲自己的个性去迎合他人和迎合社会。①

在美国，个人主义已经渗透到社会的方方面面。个人主义强调张扬个性、突出自我、直率坦诚、蔑视权威，以及勇于公开表达不同意见和看法，同时包容不同意见和观点。个人主义突出个人权利和自由，尊重他人隐私，勇于探索创新，喜欢标新立异，崇尚自我奋斗、自力更生等都是个人主义在社会生活中的体现。美国影视文学作品，尤其好莱坞大片中经常颂扬的某位英雄凭一己之力拯救世界，扭转乾坤的个人英雄主义就是这种精神的体现。现实生活中，美国的言论自由，不畏权威和权贵，敢于批评与批判等也是个人主义的写照。美国历史上靠个人奋斗实现个人价值的例子比比皆是，如美国历史上第一位总统林肯、第一位黑人总统奥巴马、微软创始人比尔·盖茨等，都是靠自己的不懈努力最终获得了财富和地位。有一点要特别说明，这里的个人主义，是指个性自由，以及对个人价值和权利的追求和保护，指个人利益高于集体利益，个人自由意识优于平等意识，并不是我们通常理解的为获取个人利益的自私自利。强调个人价值、追求民主自由、崇尚公平竞争、渴望成功、关注工作成就、重视自我、依赖自我和强调自我的个人主义价值观都为美国的国民性注入了活力，成为美国价值观的精髓。

4. 笃信上帝

如果你到美国，就会发现即便美国已经是一个政治、经济、文化高度发达的社会，但是宗教对美国社会的影响仍然无处不在。不管是在大城市，还是偏僻的乡村，到处都有教堂，甚至一个小镇有好几座教堂。周末去教堂成了美国人日常生活的一部分，不仅是去寻找心灵的寄托，也是各个社区居民重要的社交活动。如果你在美国生活一段时间，很可能遇到热心的教友主动向你提供帮助，向你宣讲《圣经》，并再三邀请你去参观教堂，你能感受到他们发自内心的真诚与虔诚。法国哲学家托克维尔就曾经说过，"世界上没有哪一个国家像美国这样，基督教对人们的灵魂有如此

---

① Ralph Waldo Emerson. *Essays and Lectures* [M]. New York: Literary Classics of the United States, Inc., 1983, p.175.

之大的影响"。据 2003 年的一次民意测验，92％的美国民众仍然信仰上帝。虽然现在的美国几乎涵盖了世界上各种宗教，但基督教仍然是美国的全国性宗教。

对基督教的笃信伴随着美国的历史，成为美国人坚定的信仰，孕育了美国文化的核心内涵，帮助美国人渡过一个个难关，并成为一个强大的帝国。他们相信上帝是全能的，上帝创造了宇宙万物，一切都是上帝的安排，更相信上帝是守护者，而北美大陆是受上帝特别眷顾和特别恩宠的地方，因此无论遇到什么困难，上帝都与美国同在，上帝都会帮助美国。带着这样的信念，他们越过了波涛汹涌的大西洋，在荒无人烟的北美大陆幸存下来，开疆拓土；在力量悬殊的情况下他们与英军英勇奋战，赢得了自由和独立；在南北战争中所向披靡，赢得了统一；在第一次世界大战和第二次世界大战中捷报频传，并在战后迅速发展成一个政治、经济和军事强国。

在危难时，上帝始终是美国人的精神依靠和精神支柱。在《独立宣言》中美国向全世界表明北美英属殖民地从英国统治下独立出来是依赖上帝的保佑："我们坚定地信赖上帝的保佑，同时以我们的生命、财产和神圣的名誉共同宣誓来支持这一宣言。"美国国歌《星条旗永不落》于 1812 年爆发的美英战争中诞生。当时，强大的英国海军向离首都华盛顿最近的巴尔的摩发起了凶猛的攻势，被炮火炸得支离破碎的美国星条旗仍然在硝烟弥漫的战场迎风飘扬，此情此景感动了在场的一位诗人，他饱含热泪写下了《星条旗》这首诗，最后被谱上曲，成为鼓舞美国人斗志的美国国歌。最后一段歌词是这样写的："正义属于我方，我们一定能得胜，'上帝是我们的信靠'，此语永矢不忘。"200 多年来这首歌无数次响起，一直被传唱至今。在所有重大场合和庆典，甚至每场体育比赛（不管体育比赛是国际级、国家级，还是校级）前，大家都要起立，把手放在胸前，庄严地高唱国歌。每周周一早上，所有中小学上课前都要先唱国歌。美国人一直坚持以这种庄严的仪式增强民族认同感，培养公民的爱国主义精神，传承他们坚定不移的信仰。

"我们信仰上帝"（in god we trust）最终成为美国的国家格言，被刻印在美国的硬币和纸币上。美国总统就职，要把手放在《圣经》上宣誓；在美国连信用担保也要使用上帝；代表正义和公正的联邦最高法院刻有基督教十大戒律。9·11恐怖袭击事件后，面对突如其来的巨大灾难，美国很多公共场所，如学校教室、图书馆阅览室、车站候车厅都张贴了"我们信仰上帝"的标语，高速公路和建筑物上竖起了"上帝保佑美国"的巨型条幅，在关键时刻支撑起美国人快要坍塌的信念。上帝在美国人的生活中无所不在，也逐渐被其他不同宗教的教徒接受，在潜移默化中影响着美国人，为美国人增添信念，指引并约束着美国人的日常行为。

二、美国文化的特点

随着国际形势的变化，以及美国国内经济发展的需要，尤其是在1965年《移民法》修改以后，大量非欧洲移民涌入美国，不仅改变了美国的人口结构，也为美国带来了多元文化。多姿多彩的移民文化，为以盎格鲁—撒克逊文化为主的美国文化注入了生机和活力，呈现出一些新的特点。

1. 多元性

文化具有流动性和传播性，来自不同文化背景的移民聚居在美国，带来了不同的宗教和文化。在这里，各种文化既保留了他们自己的独立性，又相互交融，相互渗透，相互碰撞，极大地丰富了美国文化，也慢慢地改变着美国文化的底色。在这里，你可以看到不同肤色的人，穿不同民族的服饰，说不同的语言，吃不同的食物，信仰不同的宗教，有不同的政治诉求。他们曾经是中国人、日本人、韩国人、南非人、埃塞俄比亚人，俄国人、波兰人、墨西哥人、波多黎各人……但现在，他们都有一个共同的身份——美国人。美国文化从单一走向多样，也经历了从排斥到同化和从融合走向多元的发展历程。然而，在多元化的进程中，不可避免地出现了很多社会问题，引发了诸多社会矛盾。

2. 开放性

受自由、平等的核心价值观的影响，美国文化形成了开放性和包容性的特征，这也是多元文化形成的基础，其开放性和包容性体现在诸多方面：如美国历史上对不同地域、不同种族移民的不断接纳；对世界各地移民带来的各种宗教派别的兼收并蓄；对世界各地因战乱、天灾、人祸引发的难民的人道主义援助和庇护；对各种亚文化的认可和接受等，都体现了美国文化的开放性和包容性特征。在科技、教育和学术上，美国人鼓励创新，包容差别和不同的想法，鼓励争辩，容忍对抗，不鼓励盲目服从，学生可以挑战老师的权威，家长也不要求孩子绝对服从。对个性和独创精神的尊重，不仅为美国营造了自由开放的学习和学术氛围，更为发明创造营造了宽松的充满活力的沃土，从而使得美国的科技和教育一直遥遥领先。

3. 创造性

美国文化崇尚自由，张扬个性，不受约束，加上美国的历史很短，没有过多的历史包袱，建立在未开垦的荒漠之上的这个新世界也没有太多的先例可以参照，这反而极大激发了美国人的创造性和创新精神。他们不仅在新大陆上开辟出了一片新天地，白手起家建立了一个新世界，在政治体制、经济发展模式等方面都开创了先河，在科技创新方面更是独领风骚，无论是获得诺贝尔奖的人数，还是科技发明专利的数量、高科技技术和产品的开发都是世界领先，并且出现了很多像微软、苹果这样改变世界、改变人类生活方式的公司和企业。美国的影视文化，也总是不拘泥于历史和现实，凭借丰富的想象力和创造性，运用高科技手段，跨越国界和文化，征服了世界各国的观众，将观众带到一个全新的未来世界，给人无限的遐想。不断创新，勇往直前，是美国经济和文化持续发展的源泉和动力。

4. 大众性

美国文化的大众性表现在平民化和全民性。早期的移民都是饱受欧洲统治阶级迫害的贫民阶层，少有王公贵族和特权阶级，因此新建立的美利坚合众国坚决摒弃了等级制和君主制，在新大陆上建立了一个自由、平等、民主的新国家。在政治上，每个美国公民都有权利参与投票，以及参加各种选举，用自己的选票影响美国的政治，争取自己的权益，表达自己的诉求。这种平民性还表现在许多方面，如美国的音乐，少有欧洲那样的宫廷和贵族音乐，却出现了许多广大人民群众喜闻乐见的音乐形式，从早期的乡村音乐、爵士乐到后来的摇滚乐、说唱乐，这些音乐都来自民间，甚至是最底层的贫民阶层，最后成为美国的流行音乐并风靡世界。美国文学，也多是以描写美国普通人甚至底层人民的生活和揭露社会现实为主。美国著名作家大多出身贫寒，生活历经坎坷，反映的自然是美国普罗大众的喜怒哀乐，如马克·吐温，出生于乡村贫穷律师家庭，从小出外拜师学艺，当过排字工人、水手、从过军、做过记者，后成为美国现实主义文学的代表，代表作《百万英镑》；杰克·伦敦，出生于一个破产农民家庭，年幼就被迫外出谋生，做过牧童、报童、码头工人、麻织工人、帆船水手，饱尝生活的艰辛，代表作《荒野的呼唤》；欧·亨利，美国批判现实主义作家，做过药剂师、银行职员，还多次入狱，以描写纽约的市井生活著称，代表作《警察与赞美诗》《麦琪的礼物》等；海明威，诺贝尔文学奖获得者，出生于乡村医生家庭，参加过第一次世界大战和第二次世界大战，受过重伤，做过记者，代表作《老人与海》。美国体育运动的全民性更加明显。在美国，体育运动不是少数人的精英运动，而是全民参与的群众性运动。每个公园、每所学校、每个社区都有完善的体育设施和体育俱乐部，每个城市，每个小镇都有健身馆，并且都配有标准的篮球场、棒球场、足球场、排球场、网球场等，甚至大多数家庭的庭院里都有篮球架和篮球场。周末节假日，体育活动更是大多数美国人的最爱。他们不但自己参与，也喜欢当观众，成为自己喜欢的球队或球员的狂热粉丝，常常呼朋唤友，全家出动，去感受体育馆里山呼海啸般的呐喊加油。体育明星也大多出身贫寒，来自大众，成为美国最受欢迎最受景仰的明星，拥有无数狂热的粉丝和至高无上的荣誉和地位。

第三章　美国文化的演变

美国文化随着美国历史的变迁和政治、经济的发展逐渐从单一走向多样，从同化走向分化，从一元走向多元，大致可以分为三个阶段。

1. 盎格鲁－撒克逊主流文化形成阶段

从 17 世纪英国清教徒开始移民北美到 19 世纪初，美国早期移民绝大多数是盎格鲁－撒克逊人，凭借自己的优势地位和种族优越性，WASP（White Anglo-Saxon Puritans，即白人、盎格鲁－撒克逊人、清教徒）文化，自然而然地成为美国的主流文化，并对其他亚文化采取排斥和同化政策，这也是美国族群同化和文化同化的第一阶段。英国人认为他们是天生的统治者，其他的少数族裔移民必须接受和服从他们的统治。少数族裔必须使用英语，以及接受盎格鲁－撒克逊文化的社会规范和文化习俗。在殖民地时期和美国建国之初，推行文化一致性政策不仅有利于调动大多数人的积极性，凝聚共识，将零散的移民群体聚合在一起，形成一个以盎格鲁－撒克逊民族为核心的社会体系，还有利于社会稳定，维护和巩固新政权，保障社会的安定团结以及有序发展。

2. "熔炉"文化阶段

随着美国进入工业化时代，东欧和南欧的移民大军不断涌入美国，从一定程度上改变了美国的社会结构，在这一时期，盎格鲁－撒克逊文化受到来自其他民族文化的挑战，迫使美国文化进入了所谓的"熔炉"时期。为了捍卫盎格鲁－撒克逊文化的权威，从欧洲不同国家来到新世界的移民，都要在美国这座大熔炉里锻造打磨，经历千锤百炼，然后才能浴火重生，成为美利坚的公民。但是不同民族带来的欧洲文化经过大熔炉的冶炼，其个性化的文化特征已经荡然无存，最终出炉的美国文化，保留的还是盎格鲁－撒克逊文化的核心特质，至多算是盎格鲁－撒克逊文化的重铸和再版。"熔炉"文化阶段，能有机会接受改造的只是欧洲移民和欧洲文化，非欧移民，如非裔黑人、本地土著印第安人、华裔等，一直被排斥在外，并不包括在被改造之列。"熔炉"文化实质上还是一种强势文化，强调美国民族文化的统一性和一致性，并不承认和接受亚文化的独特性。新移民在融合的过程中，必须不断接受主流文化的熏陶，慢慢放弃自己原有的文化习俗和传统观念，接受新的价值观，遵守主流社会的行为准则和道德规范，最后脱胎换骨，成为一个地道的美国化的美国公民。在整个同化过程中，盎格鲁－撒克逊文化的主体地位并没有动摇，所谓的"熔炉"文化只不过是吸引、融合和同化欧洲非盎格鲁－撒克逊移民的一种手段和方式。

3. 文化多元主义阶段

第一次世界大战和第二次世界大战中世界各国因战争而遭到重创，美国却一枝独秀，经济得到迅速发展。战后，世界各国经济萧条，短时间内难以恢复，因为战乱、贫困或者政治等原因，美国成为各国移民梦寐以求的理想移民地。1965 年，美国《移民法》颁布，将以民族来源为主的移民限额制改为以国籍为基础的全球限额制，掀起了新一轮的移民高潮。越来越多非欧裔的移民来到美国，彻底改变了美国的社会结构，美国因此成为世界上种族和民族最多的国家之一。[①] 自 20 世纪 60 年代开始，亚洲和拉美的移民已经超过了欧洲移民，有色人种在美国人口中的比例越来越大。到 1995 年，美国每三名中学生中就有一个是少数族裔。种族多元化带来的文化多样性成为必然趋势，随之出现了文化多元主义理论。按照该理论，每一种文化都是独特的，都应该受到包容、接纳和尊重。不同的文化带来不同的语言、信仰、社会习俗和价值观，使美国的主流文化变得更加丰富多彩，更有生机和活力，美国社会应该学会容忍这些差异性，允许不同的文化保留自己的特性。[②] 有学者曾将文化多元理论形象地比喻成"沙拉碗"（Salad Bowl）。一碗沙拉由各种不同的蔬菜组成，经过调和搅拌，味道更加鲜美，但是碗里的莴苣还是莴苣，胡萝卜还是胡萝卜，形状味道也各异，就如同当今的美国社会和文化，是由不同地域、种族、民族、宗教的移民和社区构成的共同体，大家在一起和平共处，和谐共生。美国过去是，现在和将来也是一个不同民族的联邦，这一点是永远不会改变的。

---

① 王希. 多元文化主义的起源、实践与局限性 [J]. 美国研究，2000（2）.

② Richard Alba and Victor Nee. *Remaking the American Main Stream-Assimilation and Contemporary Immigration* [M]. Harvard University press，2003，pp. 172—175.

　　文化多元主义的核心是多元，承认每个族裔的每一种文化都为美国社会的繁荣做出了自己独特、积极、有价值的贡献，美国的强盛和发展并不仅是盎格鲁—撒克逊民族的功劳，而是在美国的各民族人民共同努力和奋斗的结果。多元文化主义认为美国社会是民主、自由的社会，应该尊重多元性的存在，不应该试图消灭亚文化的独特性。每个族群都是平等的，都有权利保持其文化特征和民族特性，正如天空中美丽的彩虹，只有各种颜色组合在一起时，才能呈现出如此绚丽的色彩。

　　在美国之所以能够形成文化多元主义，一是由于移民民族结构和人口结构的变化，二是长期受集体性、体制性主流文化歧视的少数族裔经过长期不懈的民权运动和斗争的结果。文化多元的自由氛围，极大缓解了美国国内的种族矛盾，营造了宽松的环境，在各个方面促进了社会的进步，打破了西方主流文化在美国的统治地位，使少数族裔有机会参与到社会生活各个方面。

　　为改变美国社会长期形成的种族歧视和偏见，政府在教育上开始推行文化多元教育，开设双语课程，专门为少数族裔制定培养目标、课程大纲，修改教学方式和教学手段，少数族裔学生和女学生在校率大幅提高，少数族裔教师的数量也有明显增加。学校还专门开设文化课程，组织各种宣传少数族裔文化传统的文化节，让学生有机会了解不同种族的历史、文化，帮助学生了解并尊重其他文化的风俗习惯和文化传统，学会平等看待其他文化，学会欣赏和包容其他文化。这些课程对消除误解和恐惧，减少种族偏见，从小培养孩子们的文化多元意识起到了良好的作用。

　　在政治上，觉醒的少数族裔为了争取自己的权益，参与政治的积极性和热情不断提高，参加投票和竞选的少数族裔越来越多，这在一定程度上改变了美国政坛白人一统天下的局面，不仅使美国政治呈现出多元化的趋势，在制定各种政策的决策过程中也起到了重要推动作用。非裔、亚裔、拉美裔在各级选举中频频胜出，出任州议员、州长、国会议员等重要职位，甚至还涌现出了许多影响美国政坛的少数族裔领袖，如鲍威尔、奥巴马等。为数不少的拉美裔国会议员甚至专门成立了西语裔党团，专门为拉美裔的移民、教育等问题争取权利。少数族裔的力量越来越强大，对美国的外交也产生了一定影响。国内的少数族裔虽然已经成为美国公民，但是对自己原来的祖国和同根同源的同胞还是怀有割舍不断的感情，非裔、亚裔、拉美裔在关键时刻都会以各种不同的方式对美国政府施压，影响政府的外交政策。当年里根总统对南非种族隔离政策的态度就遭到国内非裔的坚决反对和谴责，迫使他不得不改变态度；美国政府对以色列和巴勒斯坦的态度也一直深受美国国内犹太裔的影响。①

　　在文化多元理念引导下，社会更加宽容和开放，人们的生活方式和观念开始转变，以前一直被主流文化禁止的异族通婚开始盛行，从文化融合渐渐转变为种族之间的融合，同性恋、堕胎也开始慢慢被美国社会接受。②美国的精神世界也向多元化方向发展，实现了宗教文化的多元化。据不完全统计，美国目前有 250 多个宗教派别，俨然成为一座世界宗教博物馆。除了基督教新教、罗马天主教、犹太教三大主流宗教，信仰其他宗教的信徒数量有了较大增长。目前美国的伊斯兰教徒有 400 多万，佛教徒 200 多万，印度教徒 90 多万，形成了各种宗教和教派共存的多元化局面。③ 少数族裔有了更自由的发展空间，在艺术、文学、音乐、体育、科技等方面都迸发出巨大的活力和创造力，为美国文化和经济的繁荣与发展做出了卓越贡献。多元文化已经渗透到美国社会的各个领域，成为美国社会发展的大趋势，多元性也成为美国社会和文化的最主要特征之一，影响并改变着美国。

---

①　朱全红 . 美国多元族裔关系对战后外交政策的影响［J］. 华东师范大学学报，2002（5）.
②　〔美〕格雷戈里·罗却古兹 . 混血的美国人［J］. 方俊生，译 . 编译参考，2003（5）.
③　吕其昌 . 美国的宗教问题［A］. 中国现代国际关系研究所民族与宗教研究中心 . 世界宗教问题大聚焦［C］. 北京：时事出版社，2003，p. 313.

第四章　美国多元文化的现状与困境

相对于单一的文化一元主张，文化多元主义鼓励多样性，强调在保持主流文化，即 WASP 文化主导地位的前提下，接纳包容不同族裔文化中无法被同化的部分，倡导多元文化的和谐共存。然而，文化多元主义强调的只是文化上的多元，大多数少数族裔追求与主流社会完全平等的政治、社会和经济地位的诉求始终未能解决。随着少数族裔力量的不断强大，以及民权运动、女权运动和其他利益团体的不断发展，多元文化主义由于不能满足亚文化群体要求的平等政治权益和话语权而产生了新的危机，文化多元主义逐渐演变成了多元文化主义。

少数族裔争取的不仅是对亚文化的尊重，他们更需要美国对其主流文化进行全面反思和检讨，要求将法律意义上的自由平等落到实处，彻底解决文化多元与政治、经济一元之间的矛盾。多元文化主义在一定程度上已经超越了文化的范畴，成为少数族裔、弱势群体和其他利益团体争取平等权利的政治诉求，一些激进的民族主义情绪开始滋生和蔓延，播下了国家分裂的种子。[①] 比如在美国，由于拉美裔移民人数激增，一些激进的拉美裔组织公开反对被美国同化，不愿意承认自己是美国人，也不愿意承认美国西南边界，甚至扬言要收复在 1848 年美墨战争中被美国占领的土地，建立一个新的"阿兹特兰国"。在美国西南部许多州，西班牙语已经成为第二官方语言，走在街头，看到的都是拉美人，听到的都是西班牙语。一部分非裔人也开始宣扬非洲中心论，否认欧洲文化的先进性，不愿意接受主流文化的统治。美国传统的主流文化受到前所未有的挑战。

由于美国种族和社会的复杂性，政府为安抚某些少数族裔而制定的很多特殊优待政策难免顾此失彼，很难平衡各方利益，维持绝对的公平。这

---

① Joseph Raz. *Muticulturalism*：*A Liberal Perspective* ［M］.Dissent：Winter，1994，p. 156.

些政策不但没有平息纷争，安抚人心，反而引发了更多的不满和矛盾。比如美国高校招生中对非裔和拉美裔的特殊配额和照顾政策造成了新的不公平，引发了亚裔和欧裔的强烈不满，而一部分非裔学生觉得这种优待是一种侮辱，让政府左右为难。政治正确让大家不敢在公开场合发表针对黑人的种族歧视言论，但有人认为这是压制言论和思想自由，与美国的言论自由思想格格不入。一些新移民来到美国后不愿意遵守美国文化中的行为规范和道德准则，许多不良行为如诚信缺失、投机取巧、贪小便宜、不排队、不给小费、大声喧哗、在麦当劳不付费却擅自取用饮料等，这些虽然都是日常生活中的小事，并不违法，但长此以往会损害和降低美国原有的道德准则，扭曲人际关系，破坏社会秩序，引发社会矛盾和冲突。主流社会不少人把这些都归因于文化多元带来的负面影响。

多元文化主义并非医治美国社会的万能药，也无法克服美国社会长期以来形成的种族偏见和歧视，更不可能取代主流文化，迎来一个非欧洲中心的没有压迫的新时代。多元文化的兴起不但没有平息社会矛盾，反而引发了更大的种族冲突和更多的流血事件，也引起美国国内白人至上主义者的警觉和不满，导致更深的种族仇恨。反对派认为多元文化主义盲目反对主流文化，消极看待西方传统文化和欧美文化，无视西方文明取得的巨大成就，在肯定少数族裔文化特性和贡献的同时，有意忽略了非西方文化中的消极因素和不良影响，无形中助长了亚文化中不良价值观和道德行为的合法性，对主流文化的价值观造成了损害。少数族裔以保留自己的文化为借口，拒绝接受主流文化，导致自己不断被孤立和边缘化，难以顺利融入美国社会，从而限制了自己的学习能力、适应能力和生存能力，使他们更加游离于主流社会之外，进一步造成社会的分化和种族主义的发展。

9·11恐怖袭击事件的发生，彻底改变了美国长期以来对少数族裔和多元文化的包容态度，美国国内民粹主义开始抬头，多元文化主义受到前所未有的挑战。美国主流社会，尤其是白人，开始反思和检讨美国的移民政策和多元文化政策，保守主义者开始呼吁盎格鲁—撒克逊文化的复苏。他们认为在多元文化背景下，很多美国人已经丧失了自己的身份认同，美国也已经丧失自己的国民特性。到底谁才是真正的美国人？美国的国民性是什么？美国文化到底是什么？

亨廷顿在《我们是谁：美国民族认同感的挑战》一书中写道，多元文化主义使美国的核心文化遭到破坏，并使美国信念遭到质疑。[①] 美国核心文化的丧失将大大削弱美国的凝聚力，使美国变成一个松散的联邦，从而导致种族主义的复兴。美国社会学教授阿尔文·施密德曾将多元文化主义比喻成特洛伊木马，他认为多元文化就像一只只经过伪装的特洛伊木马，充满诱惑，一旦被好奇的人们打开，里面的敌人就会从木马中跳出来，攻城略地，占领整座城市，使这座城市遭受灭顶之灾。[②] 保守主义者认为多元文化破坏了美国的传统价值观和社会规范，割裂西方的文化传统，否定美国的历史和文化，甚至会走向族裔迷信。越来越多的保守主义者呼吁要维护美国的传统文化，提高美国的身份认同感。他们担心，抛弃了美国核心文化和价值观，一个民族多元化的美国将失去向心力和凝聚力，使美国国将不国，彻底走向分裂。

谁是美国人？要成为一个真正的美国人，就必须接受和认同美国现有的政治、经济体制和社会价值观，接受和认同美国的主流文化，遵守美国的宪法和法律，遵守美国已有的社会规范和行为准则。[③] 当今的美国，是一个多种族的移民国家，正是那些承受了巨大精神和生活压力的移民，为美国的繁荣富强做出了巨大贡献。种族的多样性使美国文化变得丰富多彩，但多元文化并不能使美国变成真正意义上的多元化社会。

到底什么是美国文化？美国文化也许是当今最复杂的文化，它是宗教文化与世俗文化的结合，主流文化与边缘文化的磨合，是本土文化与外来文化的融合，传统文化与现代文化的汇合，又是精英文化与大众文化的弥合，更是阶级文化与种族文化的组合，个人主义文化与民族主义文化的联合。美国文化又很简单，从一元到多元，从同化到融合，从统一走向分裂，又从分裂走向统一，无论美国文化如何演变，美国文化的实质并没有改变，其主流文化还是 WASP 文化，自由、平等、民主、个人主义、讲求实际、勤奋工作、敢于冒险、勇于创新，这些核心要素并没有改变。美国人认为这才是美国社会能够和谐共处的黏合剂，能把不同民族不同文化背

---

① 〔美〕塞缪尔·亨廷顿. 我们是谁：美国民族认同感的挑战 [M]. 程克雄，译. 北京：新华出版社. 2005，p. 183.

② Alvin J. Schmidt. *The Menace of Multicuturalism：Trojan Horse in America* [M]. West port，Conn：Praeger. 1997，p. 175.

③ Samuel P. Huntington. *American Politics：The Promise of Disharmony* [M]. Harvard：Harvard University Press，1981，pp. 23—27.

景的美国人团结到一起，继续帮助美国走向繁荣和富强。

在当今全球化背景下，各个国家在处理主流文化与少数族裔文化矛盾的过程中，如何把握尺度？如何掌握平衡？是同化还是融合？是一元化还是多元化？美国文化面临的困境，也是世界各国文化在发展过程中遇到的困境，也许美国文化的演变过程可以带给大家一些启示。

第五章　美国的博物馆文化

　　"博物馆"（museum）一词源于希腊语，意为献给掌管艺术与科学的缪斯女神的神庙，是收藏和展示各国历史、文化、民族、艺术、科技乃至整个人类文明演化进程的殿堂。

　　提起博物馆，人们首先想到的是历史悠久、博物馆云集的欧洲，如伦敦的大英博物馆、巴黎的卢浮宫，以及遍布欧洲的大大小小各具特色的美术馆和博物馆。在多数人的印象中，美国人生活中只有美剧、好莱坞大片、橄榄球、棒球，既不爱读书，平时也不修边幅，不像欧洲人那么精致，那么有修养。只有到美国你才会发现，美国的博物馆数量之多，规模之大，种类之齐全，藏品之丰富，丝毫不比欧洲逊色。逛博物馆已经成为美国人生活中不可或缺的一部分。

　　美国目前拥有约 1.75 万座博物馆，超过星巴克和麦当劳在美国开店的总数，约占世界博物馆总数的 1/3，为世界之最。每年参观博物馆的观众人数高达 8.5 亿人次，网上观众达 5.24 亿人次，是每年观看篮球、棒球、橄榄球等体育赛事总人数的六倍，这些数字充分说明了博物馆文化在美国的流行程度。周末和节假日，博物馆常常人满为患，不仅有求知欲强的年轻人，拖家带口的父母和孩子，也有很多上了年纪的老人，很多人一待就是一整天。除了美国人，美国的博物馆也吸引了大量的海外游客，逛博物馆成为很多来美国旅游的外国游客必选的项目。

　　美国的博物馆文化源于英国。1585 年第一批清教徒从英国远渡重洋来到北美大陆，这些清教徒特别重视教育，因为他们认为宗教信仰与教育密不可分。除了建立教会，兴建教堂，他们还创办学校，发展教育。受欧洲博物馆文化的影响，兴建博物馆也成为发展教育的重要组成部分。美国第一家博物馆于 1782 年在费城创立，创办者是美国国徽的设计者之一皮埃尔—尤金·迪西默蒂埃，主要用来展示他自己的私人收藏品。之后，以艺术和知识为主要特色的博物馆在纽约、波士顿等大城市相继诞生。到了 19

世纪，美国在建国后不到 50 年的时间里，迅速完成了工业革命，经济上取得了突飞猛进的发展，也催生了一批如大都会博物馆、史密森学会博物馆群等至今享誉世界的著名博物馆。美国各地纷纷仿效，大大小小的博物馆如雨后春笋，使一代代美国人能有机会接触到人类文明史上各个时代的文化艺术杰作，成为艺术启蒙和普及艺术教育的源头，既提高了国民素质，也在一定程度上重塑了美国的文化气质，逐渐改变了美国人在欧洲人心目中粗鄙、没有教养、缺乏审美情趣和艺术鉴赏力的印象。

美国的博物馆不仅数量多，藏品丰富，而且种类齐全。虽然美国的历史较短，在文化和艺术领域也没有太多杰出人物，这反而促使他们能放眼世界，尽可能全面地展示世界历史和文明。同欧洲相比，美国的博物馆起步较晚，但美国人却对博物馆情有独钟，后来居上，甚至在规模、数量、藏品上有全面超越欧洲的趋势。享誉世界的纽约大都会博物馆，藏品总数约 350 万件，涵盖了公元前 7000 多年到当代的艺术品，包括古埃及、古希腊、古罗马的文物，也有亚洲、非洲、大洋洲和美洲的艺术品，以及大量的欧洲绘画和雕塑。特别值得一提的是，大都会博物馆还收藏了许多在中国已经失传的珍贵文物，如青铜器、瓷器、明代家具、清代绘画、佛像、壁画等艺术珍品。

史密森博物馆是世界上最大的博物馆与美术馆联合会，拥有全球数量最多，规模最大的博物馆群落。目前在华盛顿和纽约已拥有 19 家博物馆和展览馆，藏品总数约 1.4 亿件。有趣的是，其创始人詹姆斯·史密森（1765—1829）并不是美国人，而是一位从未到过美国的英国著名科学家。为了在这个刚刚诞生的他认为最具有创造力和发展前途的新国家传播知识，他生前立下遗嘱，将自己的全部遗产捐赠给美国。几经周折，美国政府最终信守承诺，按史密森先生的遗愿，在华盛顿特区建造了以史密森先生的名字命名的庞大博物馆群，并在博物馆前为史密森先生塑像，让这位从未踏上美国土地却为美国留下巨大知识宝库的英国科学家得以名垂青史。这座庞大的博物馆群如今拥有 19 座大型博物馆，其中包括阿瑟·M.萨克勒美术馆、赫什霍恩博物馆和雕塑园、国家航空和航天博物馆、国立美国历史博物馆、国立美国原住民博物馆、国立自然历史博物馆、国立肖像馆、国立美国邮政博物馆、美国艺术博物馆、史密森国立动物公园等著名场馆，成为美国乃至全球最大的博物馆群之一。

　　美国的博物馆遍布城乡，主题各异，以各种生动有趣的方式从不同角度讲述着美国的自然、历史、艺术、科学、人文故事，体现出美国的多元文化。其中也不乏爱国主义主题的博物馆，如位于美国费城的美国国家独立历史公园，由独立宫、自由钟和国家宪法中心组成，讲述着美国的建国历史；位于华盛顿的美国国家历史博物馆，用300多万件文物还原了美国的历史发展进程；位于波士顿郊外的莱克星顿和康科德民兵国家历史公园，讲述了独立战争时期北美殖民地人民奋起反抗，与英军英勇作战的艰苦历程，提醒人们不忘历史，弘扬了爱国主义精神。

　　美国是个移民国家，不回避历史，真实地记录和展示多元文化以及少数族裔的历史和文化，也是美国博物馆的特点。美国印第安人国家博物馆是世界上最大、展品最丰富的土著印第安人历史、生活、语言、文学、艺术博物馆。该馆不仅全面展示了土著印第安人在美洲大陆的物质和精神生活，同时也记录了印第安人被殖民者驱逐、杀戮，不断失去自己的家园，不得不逃亡的悲惨血泪史，这也是一段美国白人一直不愿提起，且经常被"隐藏"的历史。国立非洲裔美国人历史与文化博物馆、位于底特律的查尔斯·H.怀特非裔美国人历史博物馆和位于芝加哥的杜萨布利非裔美国人历史博物馆，都详细记录和展示了美国早期血腥的黑奴制度和声势浩大的黑人民权运动，讲述了非裔黑人的苦难历程和黑人争取自由平等的不屈斗争。洛杉矶犹太人大屠杀博物馆则讲述了犹太人被屠杀的悲惨遭遇，令人触目惊心。

　　除了众多的美术馆、艺术馆、科学与工业博物馆、自然科学博物馆、自然历史博物馆，美国还有许多稀奇古怪不同主题的博物馆，如间谍博物馆、飞机博物馆、家谱博物馆、航空母舰博物馆、体验音乐博物馆、天文馆、史努比博物馆、格莱美博物馆、东方学院博物馆、航空航天博物馆、牛仔博物馆、66号公路博物馆、各种名人故居博物馆等，只有想不到，没有找不到，绝对让你大开眼界。

　　与世界上许多国家的博物馆一样，美国的博物馆大多由私人或社会团体捐赠，是一种非营利性的公益机构。当然，美国政府对全民性的科技文化教育也比较重视，除了给予一定的财政补贴，还出台很多税收优惠政策，如提供免税土地，对博物馆捐赠人给予减免税优惠，鼓励更多企业和个人赞助和支持美国的文化艺术事业。经过多年的发展和良好的管理，美国的博物馆已经形成一套可持续运营的博物馆体系，依靠政府补贴、基金运作、个人、企业或机构捐赠、门票、会费、商业活动、衍生品收入等维持着良好的运营状态，许多博物馆还免费对公众开放。纽约和华盛顿的许多博物馆都免费，史密森学会的所有博物馆几乎都免费开放。收费的博物馆票价也很亲民，对不同群体的观众都有优惠，很多博物馆还会推出旅游套票、年票，优惠幅度很大。即便是作为纽约文化地标的大都会博物馆，虽然建议门票为 25 美元，但观众可以自己选择付费金额，10 美元，5 美元，1 美元也能入馆参观。中国游客凭自己的银联卡可以领取免费票，让不少游客喜出望外。此外，博物馆还不定期举办一些小型活动，如读书会、诗歌朗诵会、讲座、展会等，也会向社会出租场地举办晚宴、年会、鸡尾酒会等，既充分利用了场地，又拉近了博物馆与民众的距离，让公众对博物馆保持持续关注和支持，还额外增加了收入。

博物馆的另一项重要收入来源是博物馆出售的衍生品。逛过美国博物馆的人都知道，几乎每家博物馆都有自己的纪念品商店，并且面积都还不小，有的甚至还专门开辟出儿童纪念品区。每家博物馆开发的纪念品都依托本馆的经典藏品，承载着深厚的艺术和文化底蕴，品种丰富，独具特色，精美高雅，与其他博物馆的纪念品绝无雷同。同一件藏品往往会开发多种不同的产品，如丝巾、T恤、包、钱夹、耳环、项链、茶杯、明信片、冰箱贴、钥匙扣等，既实用又有纪念意义，而且很精美，让游客爱不释手，既激发了观众的精神文化消费需求，也在潜移默化中培养和提高了观众的审美能力，同时无形中为博物馆做了免费宣传。许多博物馆虽然免费，但是通过销售旅游纪念品和文创产品，也会带来非常可观的收入。作为纽约市文化象征的大都会博物馆，每年旅游纪念品的销售收入超过 1 亿美元。

美国博物馆的旅游纪念品商店熙熙攘攘的客流和收银台前排的长龙与中国国内旅游纪念品商店的门可罗雀形成了鲜明的对照，这与国内博物馆文创产品缺乏创意、产品同质化严重、粗制滥造、质量低劣、价格虚高、博物馆缺乏主动性进行改革与创新密切相关。近年北京故宫博物院开始进行文创产品的创新，聘请专业团队进行设计和开发，故宫文创产品一夜走红，供不应求，充分说明了文创产品在中国不是没有市场，而是长期缺少创意与创新，迫切需要管理者改变观念，充分认识到文创产品在文化传播和审美教育方面所起的重要作用，不断加大开发的力度，提高博物馆的社会效益和经济效益。

博物馆的主业除了收藏、整理、保存、研究文物，最重要的功能应该是充分利用其资源，为社会提供全方位的服务来引导、影响公众接触艺术，激发广大民众的学习热情。著名学者古德（G. B. Goode）曾经说过，"一座好的博物馆不在于它拥有什么，而在于它以其有用的资源做了什么"。

美国的博物馆建筑多是名家设计，各具特色，环境优雅。展厅宽敞明亮，布局合理，设施先进，功能齐全。衣帽间、咖啡厅、餐厅、休息区一应俱全，还专门为残障人士开辟专门通道和专用卫生间，提供轮椅，设立母婴室和哺乳室。展厅和走廊里随处都有供观众休息的长椅，走累了的观众坐在长椅上也可以静静地观赏展厅的艺术品，非常人性化。导览地图、馆藏珍品介绍、多语种语音导览都是标配，除了大厅入口处的咨询台，各个楼层、各个路口也配有信息台，方便时间紧迫的游客在迷宫般的巨型博物馆里尽快找到自己心仪的展厅和展品。每个展厅也配有工作人员，他们都训练有素，非常专业，也非常耐心地解答观众提出的一切问题。为了让观众更多更全面地了解展品，拓展知识，博物馆会在每个展厅介绍背景知识，比如某个历史时期、某个艺术流派的形成、特征、代表人物等，也会专门介绍某个艺术家的特点和代表作，或者每幅作品创作的背景、艺术价值、如何欣赏等。这些介绍文字简洁，通俗易懂，观众逛一天博物馆就好像是上了一堂名师主讲的生动的艺术欣赏课，每一次都有新的收获。

近年来，博物馆也不断创新，除了图片、文字和场景复原等传统手段，还采用很多现代化、信息化手段来呈现博物馆的展品，讲述历史事件。博物馆运用多媒体和数码科技、安装可互动的触摸屏、交互式应用软件、出租 iPad，让观众自己设计参观线路、展示展品细节、介绍相关背景知识、呈现展品的原始环境、根据世界名画自己设计新的艺术品等。很多博物馆还增加了音频视频资料，设计小演播厅，循环播放相关音频视频资料，让展览更生动、直观，令观众印象深刻。一些博物馆还专门开辟儿童展厅和游乐室，以小朋友喜闻乐见的方式传播知识和艺术。小朋友可以参与、可以互动、可以设计甚至亲手制作，让艺术和科学的种子在幼小的心灵萌芽，培养小观众对科学、艺术和大自然的终身热爱，也让博物馆成为人们童年、少年、青年甚至一生的美好回忆。

博物馆不仅是艺术的家园，还提供多种功能，通过举办丰富多彩的活动，为民众提供一个理想的环境，以培养创新和创造力。约翰逊总统任职期间，以官方文件的形式明确了博物馆作为教育机构的定位。博物馆不仅享受政府财政支持和税收优惠，而且要承担公众教育的社会责任。1906年，美国博物馆协会成立之初，就宣布要把博物馆办成民众的大学，受到越来越多博物馆的支持和响应。许多博物馆将教育作为办馆的宗旨，将"非正规教育"和"终身教育"作为博物馆教育的主要特征，不少博物馆的网站后缀与大学一样，都是".edu"结尾。许多博物馆还保持着美国博物馆创建之初的"馆院一体制"传统，即一座博物馆附设一所艺术院校，普及艺术教育，培养艺术人才。

为了充分发挥博物馆的教育功能，许多博物馆设立专门的教育中心，配置教室、研讨室、游戏室、图书馆，定期组织针对不同群体、不同年龄段人群的教育培训活动。大都会博物馆每年的教育项目多达2万多个，芝加哥菲尔德自然历史博物馆每年组织1.2万余场教育活动，参与人数多达35万人次，将博物馆真正办成了民众的大学。

一座博物馆就是一本生动的百科全书。博物馆的教育服务对象除了普通民众，还有广大的中小学学生。受杜威实用主义教育思想的影响，19世纪末20世纪初美国的学校开始注重实践教学，促使学校开始将学生的学习空间拓展到博物馆，促进了博物馆和学校的有机结合。博物馆和学校联合，将学习空间拓展到博物馆，接受学校组织学生到博物馆参观学习、现场写生、临摹、举办讲座。在美国的博物馆，经常可以看到老师带着小朋友们上课，小朋友们在展厅的世界名画前席地而坐，专注地聆听老师现场讲解美术作品。这样身临其境的学习效果是在普通教室里看教科书无法比拟的。此外，博物馆还利用专家力量和丰富的资源优势，为学校培训美术教师、帮助设计教学大纲、在馆内开设美术课堂，提供教学标本，成功实现了博物馆教育与学校教育的相互补充、相互延伸。博物馆还与时俱进，在网上开设专题教育栏目，方便观众通过互联网学习。

为了激发青少年对自然科学的兴趣，博物馆设计了很多互动式的创意体验活动。在自然科学博物馆，孩子们不仅可以观看模拟大自然各种自然现象的展览，还可以亲自参与或动手进行体验，在工作人员指导下制作自己的科学玩具，深入了解科学原理。有些博物馆还推出了博物馆之夜活动，如芝加哥科学与工业博物馆推出的"与波音727飞机相伴入眠"活动；菲尔德自然历史博物馆推出的"与恐龙一起过夜"活动等。闭馆之后，孩子们在工作人员带领下参观自己感兴趣的展厅，聆听专业人员的专场讲解，参与手工制作和趣味活动，晚上将睡袋铺在自己最喜欢的展品旁边，与这些神秘的展品一起度过美好难忘的夜晚。这些富有创意的活动，极大地激发了孩子们对科学和艺术的好奇心和热情，开发了孩子们的创造性思维和想象力，也让孩子们从小就培养起对大自然和科学的兴趣和热爱，让博物馆成为孩子终身难忘的记忆和纽带，不仅成为终身教育的一部分，还成为大众了解历史和传统文化、欣赏艺术、接受科学知识的文化中心和第二课堂。许多美国人从小培养起对博物馆的热爱，终身都未曾消减。许多人不仅经常参观博物馆，还利用业余时间到博物馆做志愿者，担任引导员或解说员，义务为公众服务，而且具有非常高的专业水平和敬业精神。

博物馆是科学与艺术的圣殿，是百科全书，是承载人类记忆的最生动的教科书，是我们回望历史，观看世界的窗口。我们看到的历史有多远，世界有多大，决定了我们将来能走多远，心胸有多宽广。在中国国力不断提升，经济不断发展的今天，我们可能也需要建设更多的博物馆，让更广大的民众不仅可以回顾中华民族五千年的悠久历史和光辉灿烂的文化，也可以打开更多看世界的窗口，让国人有更多机会接触人类文明史上的文化和艺术瑰宝，让博物馆也成为一所公共大学，成为孩子们的第二课堂，让建博物馆成为一种潮流，成为普及科学，启蒙艺术的源头，让逛博物馆成为一种时尚，一种习惯，开阔民众的视野，培养民众的审美情趣，提升国民的综合素质和文化气质。

第六章　美国的跳蚤市场文化

　　春暖花开，美国各地形式多样的跳蚤市场开始活跃起来。逛美国的跳蚤市场，是体验美国文化，了解美国社会的重要方式。

　　跳蚤市场是欧美国家对各种旧货地摊市场的统称。西方的跳蚤市场（flea market）文化由来已久，十分盛行，已经成为西方国家的一种传统，或者说是一种生活方式。关于跳蚤市场名称的起源，有很多不同的版本。其中一种说法是"跳蚤市场"源于法语 Le Marche aux Puces，对应的英文意思是 market of the fleas，翻译成中文就成了跳蚤市场。得名的原因是早期的旧货市场主要是售卖二手旧衣物和杂物，受当时的经济和生活条件所限，这些旧衣物里经常混有跳蚤、虱子等，所以人们就把售卖二手货的地方戏称为跳蚤市场，听着不好听，倒也形象生动，也正是当时旧货市场的真实写照。另有语源学家考证，flea market 其实最初源于纽约曼哈顿下城的 Fly Market，这一市场历史悠久，从美国独立战争前一直延续到 1816年。当时这里是荷兰人聚居的地方，fly 一词应该是源于荷兰语 Vly 或 Vlie，本意是山谷，但发音却和英语的 flea 一样，于是以讹传讹，演变成了如今的 flea market。不管这一名称当时如何起源，时过境迁，现在的跳蚤市场无论从规模还是售卖商品的种类、数量和质量都有了很大变化，但这一名称和传统却一直沿用下来，成为欧美传统文化的一部分，也成为美国人生活中必不可少的一部分。

　　美国是世界上最富有、最喜欢消费，也是商业最发达的社会，拥有纵横交错、遍布城乡的各种连锁店和销售网络。不管是城市还是乡村，即便在美国最偏远的地区，你都能找到规模不小的购物中心和超市，各类商品琳琅满目，异常丰富。美国人民的购物热情也很高，在购物中心和超市，经常看到推着购物车的人满载而归。这些全国性的连锁店大同小异，每个地方卖的东西几乎都一样，连店面的布置也标准化，你在纽约逛梅西百货，和在俄亥俄州的小镇逛梅西百货，没有太大区别，久而久之不免令人生厌，没有新鲜感了。但是跳蚤市场不一样，这是一个永远会让你充满期待和惊喜的地方。在美国除了千篇一律的连锁商场，还有一个遍布城乡且相当完善的旧货市场网络。200多年来，跳蚤市场这个传统一直传承下来，调剂着人们的生活余缺，在促进商品流通，节约社会财富，最大限度地做到物尽其用方面发挥着积极作用。

美国的跳蚤市场也是美国社会、历史、文化的缩影。这里出售的东西，应有尽有，只有想不到，没有找不到。有奇珍古玩的老古董，也有现代化的商品，有艺术品，也有种类齐全的生活用品，品种丰富，琳琅满目。年代久远的首饰、精美的瓷器、别致的工艺品、油画、老照片、相框、留声机、老唱片、老式相机、怀表、挂钟、打字机、老式的广告牌、年代久远的海报、车牌、路牌、旧书、杂志、各类工具、家具、家居用品、衣服、鞋子、配饰、各种手工制品、家用电器、各种零配件……很多年代久远的东西可能传了好几代人，带有那些年代的印记和特征。从这些物件，你可以感知当时的时尚，想象那个年代普通老百姓的生活场景，体会美国各个历史阶段各阶层的文化，揣摩他们的生活理念和信仰。走进跳蚤市场，就像走进了一座无所不包的民间博物馆。跳蚤市场的东西都很便宜，人们拿出来售卖的东西都是曾经陪伴过自己或家人的物件，一枚胸针、一盏台灯、一盏茶杯……都是一段回忆。对每一件物品他们都有依依不舍的情感，他们不舍得把这些东西当废物一样扔进垃圾桶，而是希望能为这些东西重新找到真心喜欢它们的新主人，延续一份感情寄托，并不在意能卖多少钱。

逛旧货市场的人，大多数是闲逛，只是为了享受"逛"的乐趣，带着家人一起消磨闲暇的周末时光，再顺便"淘"点自己喜欢或家里需要的东西。尽管美国人相对已经比较富足，物质也已经极大丰富，但是他们并不排斥买二手货或者旧货，只要自己喜欢或者需要的东西，他们也乐意在跳蚤市场购买，并没有因购买旧货而觉得丢人，这是美国文化的一部分。还有一小部分专业买家，主要是古董或艺术品藏家，他们识货，专门在跳蚤市场收集散落在民间的古玩珍宝，据说还真有人发现过梵高等名人的真迹。当然，也有不少是专门来买便宜货的人，如来自墨西哥、非洲等国的新移民，他们初来乍到，需要重新置业安家，而且目前还囊中羞涩，所以逛跳蚤市场可以买到不少物美价廉的便宜货，而且还免税，生活用品一应俱全，可以省不少钱，皆大欢喜。

跳蚤市场通常在周末进行，街道、草坪、空地、运动场地、体育馆都是绝好的场地。有的直接将物品摆放在地上，有的用桌椅搭个简易的货摊，有的直接把小货车的车厢当成了货摊，气氛休闲随意。跳蚤市场好像已经演变成了当地人的节日，用来调剂人们单调沉闷的日常生活。人们拖家带口，扶老携幼，目的也许并不是为了购物，而是为了来放松欢聚，更像参加一场嘉年华，感受一下与逛超市和千篇一律的百货商店不一样的氛围。集市上不仅卖二手货，通常还有各种美食快餐，甚至有时候还有乐队现场助兴表演，逛累了停下来，吃吃喝喝，不管有没有买到东西，都是心满意足的周末。

旧货市场根据规模和场地以及性质，可以分为不同的类型，定期举行的跳蚤市场集市、庭院销售（yard sale）、车库销售（garage sale）、标签销售（tag sale）、竞价拍卖销售等。

跳蚤市场通常在户外进行，在天气寒冷的地方，冬天会暂时取消，待到春暖花开气温适宜的时候才会重新启动。这种非正式的户外集市几乎每个州、每个城市、每个小镇都有，规模可大可小，开放的时间通常在周末，具体时间由当地人自己决定。有的跳蚤市场历史悠久，声名远扬，不仅吸引当地人，还有很多外地人和游客也慕名而来。美国著名的跳蚤市场有以下几个：

长滩古董及收藏品户外市场（Long Beach Outdoor Antique and Collectible Market）：位于洛杉矶长滩，开放时间为每个月的第三个星期天，6：30—14：00，有近800个摊位。长滩距离富人聚集的好莱坞不远，不少好莱坞名人也喜欢逛这个集市，常常会给逛集市的人们带来意想不到的惊喜。在这里，顾客不仅可以挑选到物美价廉的古董、藏品和各种精致的物品，还有机会邂逅好莱坞明星。

玫瑰碗旧货交易会（Rose Bowl Swap Meet）：位于美国加利福尼亚州帕萨迪纳市（Pasadena）著名的玫瑰碗体育馆，每个月的第二个星期日开放，开放时间为上午9点，有2000多个摊位。每到开放日，球场人山人海，摊位分门别类，乱中有序，商品琳琅满目，既有奇珍古玩，也有各种生活日用品，新旧皆宜，应有尽有。

代托纳跳蚤市场（Daytona Flea Market）：位于佛罗里达州代托纳，

占地30多英亩，有800多个摊位。每个月第一个周六还会在跳蚤市场举办车展，展出在当地庆典上才会出现的各式古董车，吸引不少车迷围观。

西普谢瓦纳古董和跳蚤市场（Shipshewana Auction & Flea Market），位于印第安纳州北部一个叫西普谢瓦纳的小镇，开放时间为每年五月到九月的周二和周三，8：00—16：00，节假日和周末也开放，有900多个摊位，是美国中西部最大的跳蚤市场，每周三上午有大型古董拍卖会。该市场不仅吸引无数慕名前来的淘货达人，还有各种当地美食，如美味的炸鸡，让来淘货的人们大饱口福。

斯普林菲尔德古董展及跳蚤市场（Springfield Antique Show & Flea Market）：位于俄亥俄州斯普林菲尔德，除了古玩、饰品、礼品，该市场还以淘古董家具及家居饰品出名，各个年代各种风格的手工木制家具，精美的古董灯饰及家居小摆件让你眼花缭乱，爱不释手。

布鲁克林跳蚤市场（Brooklyn Flea Market）：位于纽约布鲁克林闹市区，有100多个摊位，主要出售艺术家们手工制作的充满创意的工艺品，也有古董艺术品、二手服饰等旧货，还有30多个美食摊档，如 Asia Dog（亚洲风味新派热狗）和 Chickpea & Olive 公司的网红素食小吃，以及美味的甜甜圈 dough，满足纽约来自世界各地的人们各种习钻的味蕾。

伦道夫市集（Randolph Street Market）：位于芝加哥市中心，每月举办一次，出售珠宝首饰、精美瓷器、陶器、玻璃制品、艺术品、复古服饰等，是专业买家和收藏爱好者的天堂，现场不但有美食，还有乐队表演，是芝加哥人休闲、购物、娱乐的好去处。

奥斯汀乡村跳蚤市场（Austin Country Flea）：位于得克萨斯州奥斯汀。得克萨斯州是美国牛仔文化的发源地，在这个集市你可以感受到浓郁的牛仔乡村风情，不仅有色彩鲜艳个性十足的牛仔靴、牛仔帽以及马鞍、马鞭等物品，还有很多墨西哥风味的调料。逛累了，还可以品尝有当地特色的巨无霸炸火鸡腿，再喝一杯浓烈的玛格丽特。

坎顿跳蚤市场（First Monday Trade Days）：位于得克萨斯州坎顿（Canton），占地面积超过100英亩，能容纳6000多个摊位。坎顿距达拉斯仅一小时车程，自1850年就以繁华的商贸著称。该跳蚤市场1850年开市，久负盛名，到现在也从未间断过，因此坎顿的跳蚤市场也成为美国历史最悠久、规模最大的跳蚤市场。最初该集市只在每月第一个周一开放，现在改为周四到周日开市，但是该集市还是一直沿用"第一个周一贸易市场"这个传统名称。每到集市日，人们从四面八方赶来，市场里人头攒动，熙熙攘攘，热闹非凡，客流量可达数万到数十万之众。

美国现在的跳蚤市场已经不再是旧货市场的代名词，除了二手货，也有大量质优价廉的一手货以及有特色的自制商品和手工艺品，形成一个有别于现代化大型超市的集贸市场，只是这些集市并不是天天营业，而是定时开放。有的一周一次，有的一月一次或几次，有的一次开一天，有的连续开几天，还有的一年只开一次，如田纳西州127走廊的跳蚤市场，连续开三周，从田纳西州到肯塔基州，再一路延伸到亚拉巴马州，绵延数百英里，堪称跳蚤市场盛会，场面非常壮观。伊利诺伊州惠顿市还有一年一度的通宵跳蚤市场，人们去跳蚤市场，就像赶赴一场期待已久的节日盛会。

美国的跳蚤市场自成一体，已经形成非常完善的网络。除了这些规模比较大的跳蚤市场，还有许多以家庭和社区为主的小型跳蚤市场，如庭院销售、车库销售、标签销售、拍卖销售等。

庭院销售（Yard Sale）和车库销售（Garage Sale）类似，通常是居住在同一社区相邻的几家人共同约定一个时间（通常也是在周末），在路边放个小广告牌，然后在自家院子的空地或者是车库里将家里多年积攒不用的东西摆出来以极低廉的价格出售。美国人住的都是大房子，家里空间大，物质生活也比较富裕，又喜欢消费，家里积攒下很多不用的东西需要定期清理，如衣服、箱包、床上用品、书籍、唱片、唱机、DVD、化妆品、居家用品、小摆设、节日装饰品、锅碗瓢盆、厨具、各类工具、电器、家具等，大多数是旧货，也有些买来根本就没用过甚至还没拆封的东西，林林总总，摆满了车库或者庭院的空地，比一家小商店的商品还丰富。来淘货的多半是附近的居民，周末出来走走，相互聊聊天，随手捡几样自己家需要的东西，几乎是半卖半送，皆大欢喜。

标价销售（Tag Sale）和拍卖销售（Auction）的背景都很相似，就是房主要把整栋房子连同房子里所有的东西全部卖掉。有些是因为要搬家到遥远的异地，大多数情况是因为房主年迈，要换到养老社区或者搬到养老院居住，东西都带不走了，只能就地处理。还有的是因为房主过世，需要处理整栋房子。通常标价销售和拍卖销售都由专业的清货公司或拍卖公司接手，然后对所有物品进行分类评估和定价，将所有物品贴上标价签或者号码，并预先在相关网站上通告，也在路边打出广告。感兴趣的顾客按约定时间进入现场（通常需要排队等候，如果人太多，会组织分批进入室内），物品通常按使用场所分类摆放，如客厅、餐厅、厨房、卧室、书房、车库等，屋内所有物品上都贴了标价签，顾客看中的物品可以直接拿到收银处交钱后带走。

拍卖的形式有所不同，所有物品贴了号码，顾客可以持拍卖公司提供的物品清单进入房间浏览，记下自己心仪物品的号码，然后大家都按约定时间聚集在房子外面的空地上，等待拍卖公司竞拍。到了约定的时间，会有拍卖员按清单所列目录开始竞价拍卖，所有物品由竞价高的人获得。拍卖公司非常熟悉整个拍卖流程，一栋房子里房主积攒一辈子的物品，小到项链、耳环、胸针、手帕、精美的水晶杯、瓷器、餐具、台灯、怀表，大到沙发、床、冰箱、彩电甚至汽车，最后到整栋房子，几千件物品，不到一个小时就全都悉数处理完毕。来淘货的顾客除了左邻右舍和附近的居民，还有不少是专门的收藏品爱好者，尤其房主如果曾经是有钱有地位的人，而房子又有些年头，房子里通常都会有房主在世界各地精心挑选和收藏的一些有价值的古董或艺术品，普通人不懂，但懂行的藏家慧眼识珠，就能以很低廉的价格淘到价值不菲的藏品。

随着商品经济越来越发达，跳蚤市场不仅受到连锁超市和百货商店的巨大冲击，也受到电商平台和网络销售的影响。很多二手货、古董古玩、艺术品网络买卖平台应运而生，实体市场的生存空间不断受到挤压，延续多年的旧货市场是否还能维持下去，真的是个未知数。但跳蚤市场给美国普通老百姓带来的不仅是淘货的乐趣，还是一种历史文化和生活方式的传承，这是千篇一律的连锁商店和冰冷的网络销售无法替代的。

第七章　美国体育与体育文化

一、美国体育运动发展背景

体育事业的发展规模和水平是衡量一个国家社会发展进步的重要标志，而体育在美国的民族文化中占有举足轻重的地位。2015 年美国体育协会对全民体育参与的一项调查显示，每年锻炼 50 天以上的有 2.2 亿人，占据美国总人口比例的 70% 以上，而体育运动也是美国最重要的生活内容之一。同时，美国的竞技体育在历史上也一直处于全球领先地位。从第一届奥运会开始，美国历届的奖牌总数在榜上始终保持在前三名。美国举办过 1904 年圣路易斯、1932 年洛杉矶、1984 年洛杉矶和 1996 年亚特兰大共四届奥运会，是举办奥运会次数最多的国家。毫无疑问，美国是当今世界的头号体育强国。美国辉煌的体育成绩源于强大的群众体育所催生出的庞大体育人口，从殖民地早期的拳击、搏击等对抗项目，到发展了 100 多年的职棒联赛，再到当今空前发达体育文化产业系统，体育在美国的历史中占据了颇具分量的一部分，成为美国人生活的一种代代传承的"基因"。

作为最受欢迎的业余活动，体育在美国有着极其重要的社会作用。人们不仅主动参与各种体育活动，而且经常作为观众参与各类不同级别的体育赛事。在日常生活中，人们会定期有规律地从事体育锻炼，跑步、游泳、网球、高尔夫球、健身、保龄球等单人运动有着非常高的普及程度，而体现团队精神、公正、纪律和耐力的团体性竞技项目，如棒球、橄榄球、篮球、冰球、足球、排球等，在美国社会中也拥有很高的声望，尤其受到人们的欢迎和追捧。我们还可以经常从美国的影视作品中看到人们对于体育运动的喜爱，《纸牌屋》中总统夫妇的日常夜跑，《最长的一码》中的囚犯橄榄球队，《洛奇》中个人英雄主义色彩的拳击，《飞跃巅峰》中衬托父子温情的掰手腕大赛，无不反映出自由、公正、平等、竞争、进取的美国精神。在美国，注册的体育俱乐部高达 2.1 万个。此外，还有一些志愿者组织形成的社区体育团体。按照美国"健康公民"计划，将社区体育中心数量纳入评估内容，平均每万人拥有 200 多个体育场地，人均体育场地面积高达 16 平方米。国家重视与全民参与大大增强了美国人民参与体育训练的动机。调查显示，美国人一生中平均参与的体育项目数量达到 3～5 个。①

此外，美国体育也有着自身显著的特色，明显区别于世界其他地区。首先，人们特别热衷于一些在美国流行的体育项目，如美式橄榄球、棒球、篮球和冰球等，而世界第一运动项目足球在美国的开展却不尽如人意。其次，美国还有一些含有浓重美国文化色彩的体育项目，美式橄榄球是其中的典型代表，另外还有西部的牛仔骑牛比赛、伐木工大赛以及以娱乐表演为主的美式摔跤等。最后，美国的校园体育是美国体育事业发展的基石，一方面源源不断地为各类竞技体育项目输送人才，另一方面帮助美国公民形成终身参与体育锻炼的良好习惯。

美国体育文化的发展扎根于美国文化的大环境之下。虽然美国本身是一个世界各民族的大熔炉，其文化以多元化为主要特点，但追根溯源，对美国文化影响最为深远的依然是第一批英国移民所带来的清教主义文化。在清教主义文化中，人们认为个人是上帝的选民并承担着神圣的使命，人们可以通过拼搏进取、不断提升自己来实现最终的成功。在此影响下，美国文化逐渐形成了个人主义和自由主义两大主要特点。个人主义以人为本，强调个人的合法权益和自我价值，自由主义则提倡个人自由的思考、选择、参与、竞争和发展。这些观念深深地影响了美国的体育文化，使美国体育事业得到了自由的发展，并形成了提倡竞争、崇尚个人表现的良好体育环境和土壤。另外，在多民族文化相互碰撞和融合的过程中，竞争机制发挥了关键的作用，这也使得竞争意识融入了美国文化中并被人们所接纳。在体育文化中，这种竞争不仅体现在个人的自我表现，更体现为一种团队合作的协作意识，这无形中促进了人与人之间的沟通和交流。此外，体育运动中内涵的公平、公正属性也很好的契合了美国文化中自由平等的理念。

美国体育的发展历史大致可分为五个阶段。第一阶段为殖民地时期，

---

① 许秋红．美国体育发展的特点及启示［J］．体育与科学，2012，33（6）：67－72．

此时人们主要从事一些与生产劳动或工作后娱乐相关联的体育活动，如打猎、划船、赛跑、跳舞等。第二阶段为美国独立后时期，由于大量学校的建立，体育开始融入学校的课程当中，体操运动开始在一些女子学校中盛行，大学校际间的竞技比赛逐渐开始风靡全国，骑马、步行、划船、棒球等运动的爱好者越来越多。第三阶段为美国内战后时期，此时体育教育已融入了学校教育，并建立了专业的体育师范学院，网球、高尔夫球、保龄球、摔跤、排球、滑冰、滑雪、拳击等各种运动项目也渐次引入美国，体育活动也开始有组织化，出现了诸如体育发展协会和竞技体育运动联盟等一批体育组织和体育协会。第四阶段为第一次世界大战结束后到 20 世纪70 年代，由于调查显示美国中小学生身体素质欠佳，各州开始立法来提高学校体育教育的质量，确立了体育的学科地位，大幅增加了学校的体育课时，并使全民对体育运动的理解认识和参与兴趣得到了不断提升。第五阶段为 20 世纪 70 年代后至今的快速发展时期，学校体育广泛开展并涌现了大量的校园体育俱乐部和协会组织，职业化竞技赛事的发展极大推动了体育商业的繁荣，以四大职业体育联盟为代表的体育项目职业化的成功进一步推动体育运动走进千家万户，也使得体育锻炼最终融入大众的日常生活。

二、美国校园体育

从以上美国体育发展的历史可以看出，虽然后期商业体育的发展极大地促进了体育的大众化普及，但美国的校园体育教育才是一直推动体育发展的基石。指导美国校园体育教育的主要是终身体育教育和新体育教育两大核心思想。终身体育教育注重培养学生终身锻炼的意识、兴趣、习惯和基本运动技能，以身心健康为主要目标，从而促进其体质、精神、社会情感和适应能力的全面发展。新体育教育则突出体育运动的本质，强调教学活动应以竞技体育项目为主，不断丰富体育项目的多样性，并保证体育教育活动的时间，使学生能通过积极参与体育教学活动和运动实践得以全面发展。1995 年，全美运动与体育教育协会（NASPE）颁布了《国家体育课程标准》，并于 2015 年对其进行了第三次修订，明确了体育课程目标中体育素养的内涵是培养学生在多种环境下自信地参与各种运动的能力，从而使其得到健康全面的发展。由于美国 50 个州拥有各自独立的立法权，所以各州在体育课程设置方面存在不小的差异，不过他们遵循的体育教育理念是基本一致的。

在美国，孩子对体育的选择完全依靠自己的兴趣，有了兴趣才能在体育活动中获得快乐，家长对孩子的体育目的重点放在快乐的体验。研究表明，在美国有80%的学生会在成年过程中选择和参加至少三项体育活动，他们在成长中会随着认识的改变而改变对体育活动项目的倾向，选择自己喜欢的项目，在选择过程中始终将快乐放在首位。美国从幼儿园开始就设有体育课，体育教育启蒙一直延伸至小学阶段，这个阶段注重培养儿童的基本活动能力，传授基础运动知识和技能，鼓励参与各类健身性的体育活动。中学体育课程则包含了终身体育教育、竞技体育教育和健身活动教育三个方面，侧重培养学生终身体育活动的意识和学习各类个人和集体运动项目的技能，尤其关注个人终身运动项目和健身活动的选择。在大学阶段，学生除了可以参与学习常规的竞技项目外，还可以选择各种户外运动和体育理论课程，这个阶段的体育教育主要是为了充分满足大学生多种多样的体育需求。

近年来，美国对基础体育教育课程的改革主要推行四种体育课程模式、竞技体育教学模式、健身体育教学模式、社会责任教学模式和学科联合教学模式。竞技体育教学模式强调在教授学生某项活动技术方面内容的同时，还教授学生有关这项活动的知识和背景；健身体育教学模式不仅鼓励学生参加体育活动，还重视培养学生终身参加体育活动的理念；社会责任教学模式旨在培养学生对个人和社会的责任感；而学科联合教学模式则是把体育课的内容与其他学科的内容联合起来。这四种教学模式都具有各自的优缺点，而美国现行的主要教学模式是学科联合教学模式，他们把这种模式细化成以竞技体育为主的课程设置和以健身与参与为目标的课程设置，并通过跨课程内容的结合，培养学生思考、分析、创新和解决问题的综合能力。

户外体育教育不仅是美国校园体育教育的一大特色，更是整个课程体系的重要组成部分。在美国的中小学，户外体育属于必修课程，在大学则属于选修课程。户外体育教育的组织形式多种多样，内容丰富多彩，通常可归纳成营地教育、探险教育和体验教育三个范畴。通过不同形式的户外体育活动，户外体育教育不仅有助于培养学生的安全意识、户外运动技能和野外生存能力，更通过团队活动加强了学生的相互交流与沟通，提升了合作能力、领导力、风险应变能力和解决问题的能力。因此，美国的家长和学生都十分重视参与户外体育活动。美国户外体育教育的组织主要包括学校、民间户外教育机构（如美国户外拓展训练学校）以及非营利性公益团体（如美国营地协会），他们彼此合作、取长补短，共同推动了美国户外体育教育事业的发展。

说起美国体育教育与文化，大学肯定是其中最重要的话题之一。可以说大学是美国职业运动员的摇篮，不仅每年 NBA 面向大学的选秀广为人知，实际上大学生也是美国奥运代表队的主要成员。在 2016 年里约奥运会美国所取得的 121 枚奖牌中，有 55 枚由来自"太平洋 12 校联盟"的运动员摘得。[①] 美国大学体育教育的成功得益于其浓厚的体育文化氛围。一方面，校园体育运动场所和设施都极其完善，开设的五花八门的体育选修课程力求满足学生复杂多样的体育兴趣和需求，科学合理的激励和选拔机制促进了各类项目的发展。另一方面，体育在大学生的校园生活中也占有至关重要的地位，他们不仅自发地进行体育锻炼、参与竞技项目、加入各类体育运动协会，还热烈讨论校际比赛、追捧校园体育明星，并到现场为学校代表队加油助威。体育已成为课余生活的主要内容，是促进大学生之间沟通交流，增强校园凝聚力的重要途径和手段。

美国大学体育教育通常分为娱乐体育和竞技体育两个方面，由娱乐体育部和竞技体育部分工负责。娱乐体育部主要管理大学课外体育活动，协调校内各类体育协会和组织，服务于业余体育爱好者，旨在帮助大学生寻找和享受体育运动带来的乐趣。竞技体育部按照全美大学体育联合会（NCAA）规定的章程进行管理，负责教练员和运动员的选拔、运动员的学业和奖学金、运动员的训练和比赛、体育场馆管理和体育商业化运营等相关事宜。

美国的大学非常重视竞技体育的开展，不仅包括田径、体操、游泳等个人项目，而且更加注重商业价值大、受众广、娱乐性强的团体项目，诸如美式橄榄球、棒球、篮球等。几乎各高校都愿意招募具备体育特长的学生，并依据 NCAA 的要求选拔和培养国家级、国际级学生运动员，给予相

---

① 胡乐乐. 透视美国大学的体育文化 ［N］. 光明日报，2016－12－18（008）.

应的奖学金，并聘请符合资质的专业教练帮助学生运动员完成训练。值得指出的是，美国大学生并不能因运动员的身份而降低文化课的要求，他们仍然需要完成相应的文化课学分才能够拿到相应的学位。如果成绩不理想，学校往往会聘请专门的教师去协助他们完成自己的学业。

美国大学竞技体育的蓬勃发展离不开大学体育的商业化运作，商业化运营不仅为大学主流竞技项目的持续发展提供了资金来源，也为一些非主流小众项目提供了保障，从而使得各类竞技项目人才不断涌现。据统计，美国大学体育产业每年的盈利甚至超过了最受欢迎的美国国家橄榄球联盟（NFL）。而美国大学竞技体育的商业化几乎完全归功于 NCAA。NCAA 创立于 1906 年，是美国负责管理大学竞技体育的最大和最著名的非营利性组织。目前 NCAA 有成员组织 1200 个，遍及美国和加拿大，每年有近 50 万名大学生运动员、19886 支运动队参与其组织的包括 24 个运动项目的各级别赛事。依据各高校体育发展规模和水平的不同，NCAA 赛事分为三个级别，即 Division Ⅰ、Division Ⅱ 和 Division Ⅲ，其中一级赛事水平最高、影响力最大。以 NCAA 一级篮球联赛为例，其下 350 多高校以地区划分，归属于 52 个校际联盟，其中比较著名的有大西洋海岸联盟、十大联盟、十二大联盟、太平洋十校联盟等。[①] 每年的常规赛通常在联盟内部举行，成功晋级的 64 支球队再分成东区、西区、中西区、东南区分别进行季后赛，产生俗称的"甜蜜 16"和"精华 8"，直至各区的冠军即最后 4 强去争夺全国总冠军。季后赛阶段竞争异常激烈，16 强以后还分为主客场制，由此不难理解每年 3 月的淘汰赛被称为"疯狂 3 月"。NCAA 各级别的区分非常严格，低级别球队想要晋升更高级别需经过层层审核，其中包括场地、财务、比赛成绩、运动员管理、上座率等各个方面。

虽然 NCAA 以业余化为宗旨，推崇教育优先的原则，但这并不妨碍其对体育赛事进行商业开发。NCAA 各大学成员体育方面的主要收入来源于电视转播、赛事门票、纪念品销售、授权转让、校友捐赠等渠道，其中电视转播收入占了绝大多数。例如，美国哥伦比亚广播公司曾经以 62 亿美元买断了 NCAA 十一年的电视转播权。NCAA 通过对各级各类体育赛事进行整体打包，然后进行统一管理、统一销售和统一分配，保障了各高校竞

---

① http://www.ncaa.org.

技体育的均衡发展。同时，各高校通过竞技体育商业化完成了自我造血功能，摆脱了对政府的依赖，完成了对非主流项目的反哺，使校园体育得到了均衡、可持续的发展。NCAA 已逐步发展成招收、管理大学生运动员，以及对大学生进行资助、颁发奖学金、进行电视转播、学术资格等一系列涉及大学生运动员的事务进行管理的全美最大的非营利性体育组织。

三、美国体育产业

美国体育文化的发展同样离不开资本主义市场化的繁荣，随着市场经济的繁荣，人们不仅有更多的时间来从事体育活动，而且发达的经济也为各类体育活动的开展提供了资金支持。伴随美国体育文化产业的发展，各类项目的普及程度逐渐提高，各类不同级别的赛事不断涌现，反过来又促进了美国体育产业的繁荣。美国也是世界上第一个实现奥运会市场化运作的国家，并最早实现了举办奥运会的扭亏为盈。

美国体育产业的发展大致可分为四个时期。[1] 1814—1900 年为起步阶段，随着各国移民不断涌入北美大陆，各类体育项目开始在美国落户，运动项目协会和俱乐部的成立如雨后春笋，不同组织、不同级别的比赛开始进入人们的生活，部分项目通过售卖比赛门票尝到了产业化的甜头并促使了职业俱乐部的出现。1890 年《谢尔曼法案》颁布，职业体育受到法律保护。这一时期美国体育产业借助工业化和城市化正式开启了商业化、市场化之路。1901—1979 年为快速发展阶段，以四大职业体育联盟为代表的体育赛事联盟相继成立，电视转播成为体育赛事发展的助推剂，商业体育赛事逐渐走进千家万户，《体育转播法》和《业余体育法》等一系列法律的出台保障了职业体育产业的权益和发展。《业余体育法》的内容主要是围绕美国奥委会和国内单项体育联合会展开的，规定了由美国奥委会为主导，国内单项体育联合会为下级的体育社团垂直管理体系。该法不仅授权美国奥委会协调美国业余体育运动，而且规定了国内单项体育联合会的结构和法律地位。到目前为止还没有其他哪个国家为了业余体育而专门制定国家法典，所以该法典在世界范围内是独一无二的。该法典不仅对美国参加国际竞赛的相关问题做出了规定，而且调整职业运动员的行为，并在规

---

① 高庆勇，彭国强，程喜杰 . 美国体育产业发展经验及启示 [J]. 体育文化导刊，2019 (9)：85—86.

划美国现代奥林匹克运动、促进美国体育发展、提高公众体育参与程度等方面起到了决定性作用。1980—1999 年为稳步发展阶段，大型体育赛事的商业化模式不断推进。1984 年洛杉矶奥运会的商业运作取得了巨大的成功，体育明星的价值得到了深度挖掘，体育产业发展成为国家支柱性产业之一。2000 年至今为成熟发展阶段，体育赛事的价值被进一步挖掘并不断开拓海外市场向全球扩张，户外休闲和健身运动的兴起带动了户外俱乐部、健身俱乐部、体育旅游、体育用品制造等相关产业的发展，使体育产业走向多元化，成就了美国体育产业的全球霸主地位。

美国体育产业的成功大致可归为六个方面的原因。一是自由的市场经济和社会化管理，公平竞争和利益最大化的市场原则成为整个产业从业人员的价值标准，政府的不干涉态度造就了产业发展的宽松社会环境，体育赛事联盟及各民间体育组织对自身的发展拥有绝对的自由度和话语权。二是庞大的体育消费人口，占到美国总人口的 70％以上。三是富裕的生活水平和健康的生活观念，富足的生活意味着更多的时间和更强的消费能力，而学校基础教育培养了人们终身参与体育运动的习惯，使体育锻炼成为人们健康的生活方式。四是完善的体育场馆和良好的配套基础设施，美国所有的城市、社区、学校都建有与人口相适应的体育中心、各类运动项目场地和设施以及众多的健身场馆，并配套有完善的交通、运输、通信和食宿条件。美国的人均体育用地面积为 16 平方米，远大于我国的 1.5 平方米。五是发达的体育关联产业，如电视媒体和资本市场，主营体育业务及相关体育相关业务的上市公司市值占美国股市总市值的 8％左右。六是政府的政策引领和立法保护，美国政府的全民健康计划、对社会体育发展的宽松政策和一系列保护体育事业健康发展的法律法规，为体育产业提供了良性可持续发展的环境和空间。

四、美国竞技体育管理机制

美国竞技体育管理机制的主要特点是以社会为主导，参与管理的社会组织分散而多元化，体育项目的规则、体育活动的安排、体育比赛的设置、运动队的组建、运动员和教练的选拔和管理、训练机制与体系、经费投入与获得、激励与惩罚制度、推广与营销等均由社会组织自由独立决策和实施，政府几乎不具体参与体育事务的管理，也不设立专门的体育管理政府机构，所有体育活动的开展与管理都在市场机制的调节下进行，但这并不意味着美国政府中没有与体育管理相关的机构。总体而言，参与美国竞技体育管理的组织主要是美国奥委会、美国单项体育协会、全美大学体育联合会和美国职业体育联盟。

　　美国奥委会成立于1894年，总部位于科罗拉多斯普林斯，它既是美国的国家奥委会，也是美国的国家残奥委员会。美国奥委会负责为美国代表队参加奥运会、残奥会、青奥会和泛美运动会提供参赛支持和监督指导，也承担美国奥林匹克运动推广工作。美国奥委会于1978年根据《业余体育法》进行了重组，是一家联邦特许的非营利性机构，不受联邦财政支持。美国奥委会拥有自己独立的职能部门和管理机构，下设8个职能部门和4个训练基地，负责日常工作的管理。美国奥委会的主要目标就是争取美国代表队在涉及奥运会、残奥会和泛美运动会的比赛上取得胜利，以实现国家的奥林匹克体育目标。其主要职责就是决定由哪些组织作为国家级单项协会，选拔参加奥运会、残奥会和泛美运动会的运动员以及组团参加奥运会比赛等。对于国家代表队运动员的选拔，美国奥委会主要通过与国内各单项体育联合会、全美大学体育联合会和职业体育联盟之间的合作完成，通常并不负责具体的选拔事务。美国国家体育代表团的成员不仅包含运动员，还包含由各体育联合会和联盟选拔推荐的管理人员和教练员，由他们负责运动员的赛前集训，参赛服务和相关后勤保障工作，奥委会下属的训练中心则提供集训的场地和设施。美国国家队代表选手的选拔按照公平、公正、透明的原则进行，通常由各单项体育联合会负责具体实施。每次国际大赛前，各单项联合会都会组织公开选拔赛，并通过电视媒体等手段向社会大众公开比赛的过程和结果。运动员的选拔不考虑选手的名气和以往的成绩，只以选手在选拔赛中的成绩为唯一标准，因而经常出现国际大牌运动明星被淘汰的情况。对于体操一类无法通过选拔赛直接选拔选手的项目，则会成立专门的选拔委员会进行选拔。而对于一些团体项目，则会通过聘请专业的教练及其团队，然后由其负责选拔和开展集训。作为非营利性机构，美国奥委会从联邦政府得到的财政资助非常有限，只能在国会批准的情况下得到少量的资金用于美国体育事业的发展，这就意味着其大部分的支出需要通过自筹的方式来弥补。美国奥委会的主要开支是资助奥委会的成员组织，资助运动员，开展奥运集训，出国参加比赛等，而其主要的收入来源包括电视转播权的出售、商业合作伙伴的开发、赛事供应商的赞助、奥运特许产品的授权与经营、互联网资产的开发以及社会团体和个人的捐赠等。

美国单项体育协会是美国国内管理某一项体育运动的最高权力机构，典型的代表有美国游泳协会和美国田径协会。各单项体育协会可分为国家、州、市等不同层次，各自组织相应级别的比赛，通常国家级赛事具有规范性和权威性，而地方赛事的影响力和水平还远不及 NCAA 组织的各类比赛。美国单项体育协会一般都是社会性的体育组织，其主要工作是推动某一单项体育运动的普及和发展。并非所有的美国单项体育协会都与美国奥委会发生联系，如该单项体育运动被列为奥运比赛项目，则该单项体育协会就可以进入美国奥委会序列，并为美国国家队输送运动员。同时，美国奥委会也会根据运动员水平的高低委托相应的美国单项体育协会负责国家队队员的选拔工作。通常美国奥运单项选手由美国单项体育协会和全美大学体育联合会共同推荐和选拔。值得一提的是，美国单项运动员训练和聘请教练团队的经费来源主要是通过参加各类商业比赛和赞助商赞助，只有代表美国参加奥运会、残奥会和泛美运动会时才可获得美国奥委会的资助和奖励。美国单项体育协会种类众多，发展水平参差不齐，经营状况也各有差别，其主要收入来源包括赛事门票和转播权出售、企业和赞助商赞助、特许经营所得以及社会组织和个人的捐助等，部分单项体育协会也会得到美国奥委会的资助。

NCAA 主要负责美国大学层次的体育事务管理，其目标是使体育运动真正成为大学生活的组成部分，同时坚持业余体育原则，将大学体育和职业体育严格区分开来。作为一个拥有超过 1200 个成员的非营利性社会团体，NCAA 的组织精简而高效。其下设执行委员会，负责总会的具体事务，执行委员会之下又设一级、二级和三级三个独立管理委员会，分别负责各级别的具体工作。NCAA 制定了很多规章制度，极大地促进了美国大学体育事业的改革和发展。由于美国高等教育的普及，几乎所有的适龄美国人都可以进入大学学习，这就使得 NCAA 各级别赛事在青年人中具有广泛的影响力，并辐射到美国人的社会生活中。NCAA 某些项目的季后赛和全国冠军决赛阶段的影响力甚至远远超过了一些职业联赛。目前 NCAA 已超越美国各职业联盟和单项体育协会，发展成为美国规模最大、会员最多和职能最全的体育事务管理组织。与此同时，由于大学阶段正值运动员的黄金年龄段，所以在许多体育项目上 NCAA 赛事的水平非常高，NCAA 不仅为美国职业体育输送了大量优秀的运动员，同时也为历届的美国奥运代表队贡献了大量的参赛选手，尤其在商业化程度较低的个人单项项目上。

美国竞技体育一直处于全球霸主地位，这其中高度发达的职业体育扮演了最为重要的角色。美国是全球职业体育最发达的国家，职业体育活动的开展主要依赖于各不同项目的职业体育协会或俱乐部。当一个爱好者众多的职业体育项目发展到一定阶段，就会出现多个在全国或地区范围内具有强大影响力的职业体育协会或俱乐部。此时为了更好地挖掘市场潜力和商业价值，这些俱乐部和协会往往会共同组建一个统一行动和管理的职业体育联盟，以规范促进该职业体育项目的运营和发展。美国最早的职业体育联盟是 1876 年成立的美国国家棒球联盟，其取得的巨大成功使联盟这种组织形式为后来者竞相效仿，受到了其他运动项目的追捧。1898 年，美国职业篮球联盟成立；1917 年，美国职业冰球联盟成立；1922 年，美国职业橄榄球联盟成立，它们和美国国际棒球联盟一起成为美国最为知名、影响力最广、运营最成功的四大职业体育联盟。美国职业体育联盟的组织形式类似于合资企业，由旗下各俱乐部共同投资建立，其董事会也由各俱乐部的老板组成，并聘请专业的职业经理人负责对整个联盟进行打包经营和管理。联盟的最高权力机构是会员代表大会，负责日常具体事务的权力机构是执行委员会，执行委员会的成员一般由各职业队的老板组成，负责联盟重大问题的决策，包括选择接受委托负责联盟经营管理的职业经理人，即联盟总裁，进行联盟的管理。各俱乐部则必须在联盟的大框架下进行各自的经营活动，享有有限的经营自主权。美国的职业体育联盟通过统一的商业化运营，不仅实现了自身利益的最大化，也极大地促进了美国竞技体育的发展。目前美国全国范围内已有橄榄球、棒球、篮球、冰球、足球、网球、高尔夫球、拳击、美式摔跤、自行车等大约 30 个职业体育联盟，为美国职业竞技体育培养和输送了大量的优秀人才。

简言之，美国的竞技体育管理以民间为主导，以市场机制为主要调节手段，政府通过有限的参与和制定有利于发展的法律政策创造了良好宽松的环境，为体育商业化开发的成功提供了强有力的保障，各组织之间分工合作，协调发展，共同造就了美国竞技体育在国际上的强势地位。

五、美国主流体育运动

1. 美式橄榄球

美式橄榄球（或称美式足球 American Football）是美国最流行的团队竞技体育运动，比赛时球队把球带到对手的"达阵区"得分，主要用持球或抛球两种方式，包括持球越过底线，抛球到在底线后面的队友，或把直放在地上的球踢过两个门柱中间，比赛结束时得分较多的一方获胜。美式橄榄球源于英国在 19 世纪中期公立学校流行的各种早期"足球类"运动，是由英式橄榄球直接演变过来的。英式橄榄球最初由英国陆军在加拿大蒙特利尔的麦基尔大学比赛时传入北美洲。现代美式橄榄球的形式在 1874 年哈佛大学对蒙特利尔麦基尔大学的三场系列赛中发展起来。1895 年 9 月 3 日，举行了第一场职业美式橄榄球赛。1906 年，两个原为对立的组织——校际规则委员会（Intercollegiate Rules Committee）及校际体育协会（Intercollegiate Athletic Association）——在纽约会面，最终同意几项令美式橄榄球更安全的新球例，将美式橄榄球跟其他同由橄榄球演变出来的足球类运动区分开来。1876 年，哈佛、耶鲁、普林斯顿和哥伦比亚四所大学组成了美国第一个大专院校橄榄球联盟。美国 600 多所大专院校橄榄球队分属 60 个橄榄球联盟，其中最重要的管理组织就是 NCAA。1920 年，美国职业橄榄球协会（American Professional Football Association，APFA）成立，拥有 11 支球队。1921 年，APFA 开始列出官方排名，并在 1922 年改名为国家橄榄球联盟（National Football League，NFL），美式橄榄球运动自此进入飞速发展的时代。

职业美式橄榄球在 20 世纪 60 年代中期快速成长，在某些调查中超越棒球成为美国最喜欢观赏的运动。因为许多人想要从美式橄榄球的普及中获益，而 NFL 无法提供，于是一个竞争的联盟，美国美式橄榄球联盟（American Football League，AFL）于 1960 年成立。AFL 引入了一些 NFL 没有的特色，同时也在球队间建立转播权利金分享和有线电视网广播比赛以解决财政问题。NFL 和 AFL 之间持续的球员天价竞争已经超出了应有的运动精神，于是在 1970 年决定将赛季合并，已举办四年的原 AFL-NFL 冠军赛在合并之后改名成超级碗（Super Bowl），转为 NFL 的冠军赛。超级碗冠军赛于每年的一二月份举办，比赛当天被称为超级碗星期天，比赛转播拥有超过一半美国家庭的电视收视率，并有超过 150 个国家同时转播这场比赛，它已成为全国性的美国年度盛典节日，堪比中国的春晚。"超级碗"不仅是一个运动赛事、一种风靡美国的全员性活动，而且是一种美国文化，2010 年温哥华冬奥会因它推迟开幕，"超级碗"决赛 30 秒广告可卖出 450 万美元，《福布斯》杂志估算其商业价值超过 5 亿美元，远远超过奥运会和世界杯。[①] 目前，美国国家橄榄球联盟已经成为世界最大的美式橄榄球职业联盟，也是世界最具商业价值的体育联盟。NFL 共有 32 支球队，全部来自美国本土。在美国，美式橄榄球早已发展成第一大体育运动，极具号召力。

2. 棒球

棒球被称为美国的国球，长期以来一直是美国的第一运动，直到 20 世纪后期被美式橄榄球取代，但至今仍为美国的第二大运动项目。棒球之所以被称为美国国球，与其起源密不可分。近代棒球的起源据说是英国人移民至北美大陆时引入的板球游戏和波士顿地区常玩的跑圈子游戏综合演变而成的运动。1839 年，美国陆军军官阿伯纳·道布尔德修订了原先的游戏规则，同时将这项运动定名为"Baseball"，并在纽约州的库珀斯敦举办了首次棒球比赛。1845 年世界第一个棒球俱乐部在纽约成立，并由亚历山大·卡特赖特确定正式比赛场地的规格，并制定了有史以来第一部较细的棒球竞赛规则。1903 年，美国人专门成立了一个委员会调查棒球起源问题，并于三年后宣布阿伯纳·道布尔德发明了这项运动。因此，棒球是第一个最早起源于美国的体育运动，加上其在美国的发展规模和影响力，称之为美国国球名副其实。

棒球运动在美国的发展与其职业化历程息息相关。1869 年美国成立世界上第一个完全意义上的职业棒球俱乐部辛辛那提红人队，开启了职业棒球的历史。1871 年，国家职业棒球员协会成立，成为史上第一个职业棒球联盟。1876 年，国家职业棒球员协会改组成为现在的国家联盟（NFL）。1901 年，与国家联盟分庭抗礼的美国联盟 AFL 成立。为了避免恶性竞争，国家联盟与美国联盟于 1903 年合并，统一了赛制、规则和管理机制。1920

---

① 超级碗背后：科技巨头广告与社交网站争夺，https://www.cnbeta.com/articles/tech/367615.htm.

年，美国的职业棒球联盟被正式称为美国职业棒球大联盟（MLB）。至此，棒球运动开始风靡美国的大街小巷。美国职业棒球大联盟现有 30 支球队，其中国家联盟 16 支，美国联盟 14 支，有两支球队来自于邻国加拿大。两个联盟下又各自分为东部赛区、中部赛区和西部赛区三个赛区。MLB 的赛制分为常规赛和季后赛，通常在每年的 4 月到 10 月举行。常规赛阶段每支球队大约要进行 162 场比赛，依据比赛结果两个联盟各产生 4 支球队进入季后赛。进入季后赛的球队，再通过赛区系列赛和联盟冠军系列赛决出联盟冠军。最后美国联盟和国家联盟的联盟冠军经过 7 场 4 胜制的世界系列赛产生美国职业棒球大联盟的年终总冠军。

　　美国职业棒球大联盟从美国第一大职业体育联盟下滑到第二位，与其历史上的两次危机事件密不可分。第一次发生在 1919 年的世界系列赛中，当时美国联盟的芝加哥白袜队实力明显高于国家联盟的辛辛那提红人队，但白袜队的 8 名队员却因为参与赌球在决赛中放水，从而将冠军拱手让给对手。这是大联盟史上最严重的假球事件，史称"黑袜事件"。第二次则是 1994 年因为球员工资上限谈判破裂而爆发的大联盟大罢工。此次罢工直接导致了当年的世界系列赛取消，造成了次年赛季规模的缩减，使得整个联盟的声望跌到谷底，失去了大量的球迷和观众。虽然 MBL 后来一直试图通过各种措施挽回损失，都未能再超越 NFL 夺回第一的位置。

　　尽管如此，棒球运动因为其独特的文化依然深受美国民众的喜爱。在棒球比赛中，无论你领先多少，都需要勇敢地面对对手的进攻才能取得胜利，而不能像足球那样通过消耗时间来获胜。棒球运动更加强调团队合作，再优秀的队员都需要队友的完美配合才能得分，而不能像足球或篮球那样在关键时刻由明星队员来力挽狂澜，甚至在必要的时候棒球队员需要牺牲个人的数据来使球队得分获胜。此外，棒球比赛的观众席更多的是一种轻松温馨的家庭氛围，在美国电影中我们会经常看到一家人一起去观看孩子在学校的比赛并乐在其中。在美国，几乎所有的学校都拥有自己的棒球队，有的甚至还有多支队伍。美国的总统也一直有参与棒球运动的传统，从早期的林肯和约翰逊喜爱观看比赛，到塔夫特成为第一位为比赛开球的总统，而自乔治·布什以来，美国的历届总统都有莅临美国职业棒球大联盟总决赛为比赛开球的记录。

3. 篮球

　　如果说对于棒球的起源还有人存有疑虑的话，毕竟它与来自欧洲大陆的板球运动有千丝万缕的联系，那么篮球运动起源于美国则毫无争议。1891年，美国马萨诸塞州斯普林菲尔德市基督教青年会训练学校体育教师詹姆士·奈史密斯博士发明了这项运动。当时，在寒冷的冬季，人们缺乏在室内进行体育活动的球类竞赛项目，奈史密斯便从工人和儿童用球向"桃子筐"投准的游戏中得到启发，设计将两只桃篮分别钉在健身房内两端看台的栏杆上，桃篮口水平向上，篮筐上沿距离地面3.05米，用橄榄球作比赛工具，向篮筐投掷。投球入篮得1分，按得分多少决定胜负。每次投球进篮后，要爬梯子将球取出再重新开始比赛。以后逐步将竹篮改为活底的铁篮，再改为铁圈下面挂网。起初人们称这种游戏为"奈史密斯球"或"筐球"，很长一段时间之后，经过奈史密斯与同事反复商量才定名为"篮球"①。

篮球运动诞生之后，几个月内就传遍了美国的学校，并很快从学校扩散到社会。伴随着大量移民的涌入，以及本身易于开展、体力需求适中、能体现团队精神等特点，篮球运动很快便为全美国人民熟知，在城市和农村都得到广泛开展。随着业余球队越来越多，业余比赛越来越频繁，美国篮球运动很快就开始了职业化的历程。1896年11月，在篮球发明短短五年之后，美国新泽西州就举办了历史上第一场职业篮球赛。1898年出现了首个由6支球队组成的国家篮球联盟NBL。经过半个多世纪的发展，全美篮球联盟BAA成立，并于1949年6月更名为美国篮球联盟NBA，而NBA官方承认的第一个赛季是1947年。目前NBA已发展成为美国第三大职业体育联盟，由30支队伍组成，其中东部联盟和西部联盟各15支队伍，每年经过82场常规赛、4轮季后赛和两个联盟的冠军总决赛决出最终的年度总冠军。NBA每年还举办全明星赛和选秀大赛来增加联盟比赛的娱乐性和商业收入。NBA联赛也是全球篮球发展水平最高的联赛，各国的篮球运动员都将去NBA打球作为自己最高的职业梦想。同时，在业余体育层面，美国也是世界上篮球运动最普及的国家。据统计，仅仅是美国高校就拥有超过3万多支男女大学生篮球队。

从某种意义上说，美国的篮球文化是美国精神和美国文化的最佳体现。美国多民族文化的特点注定了其开放性和兼容性，篮球运动也从最初

---

① 杨桦，姜登荣．篮球运动的起源及其在中国初期发展的历史考略［J］．成都体育学院学报，1997（1）：32—33.

的白人为主的运动逐渐发展成各民族不同人种都积极参与的体育项目，美国黑人首创了街头篮球文化并推广到全世界，黑人运动员更是主导了美国的职业篮球竞技比赛，NBA 几乎囊括了世界各国的优秀篮球运动员。美国梦的精髓是任何人都可以通过个人努力实现个人价值并获取成功，而进入 NBA 成为顶尖职业篮球运动员几乎是每一个热爱篮球运动孩子的终极职业梦想。此外，美国文化中的个人自由主义和英雄主义也在篮球运动中得到了完美的诠释。由于篮球项目自身的特点，一名优秀的篮球运动员往往可以左右比赛的结果，而美国篮球文化也积极倡导个性的发挥和自我展示，NBA 更是通过造星运动塑造了乔丹、奥尼尔、科比、詹姆斯等一大批超级篮球明星，有力地推动了全球篮球运动的普及和发展。

4. 冰球

冰球运动的雏形起源于欧洲，是一种足球和曲棍球相结合的产物。而现代冰球运动则起源于 19 世纪中叶的加拿大，迅速发展成为加拿大的国球，并在北半球高纬度国家和地区盛行。美国冰球运动的兴起主要受其邻国加拿大的影响，早期在美国东北部各州的大学里流传。1893 年，耶鲁大学和约翰斯·霍普金斯大学举行了全美第一场高校冰球比赛。1896 年，美国的第一个冰球联盟——美国业余冰球联盟成立。冰球在美国的推广与国家冰球联盟 NHL 的发展密不可分。NHL 于 1917 年创立于加拿大蒙特利尔，之后逐渐囊括了美国最主要的职业冰球俱乐部，成为美国第四大职业体育联盟。NHL 现共有 30 支球队，其中 24 支来自美国，6 支位于加拿大。联盟共分成东、西两个大区，每个大区各分为 3 个分区，每个分区 5 支球队。与 NBA 类似，NHL 的赛制也包括 82 场常规赛、季后赛和总决赛。美国冰球运动的开展依赖于大大小小各类不同水平、不同性质、不同级别的职业和业余联盟，除了最高水平的国家冰球联盟以外，还有美国冰球联盟 AHL 和东海岸冰球联盟 ECHL 等次级职业联盟，以及上百个包括高校联盟在内的业余冰球联盟。美国冰球运动的流行还归功于 1980 年美国冰球队在第十三届普莱西德湖冬奥会上创造的冰上奇迹。20 世纪 70 年代，美国经历了水门事件、能源危机等一系列事件，整个国民情绪处于低谷，而美国冰球队在一致不被看好的情况下一举夺得了冬奥会冠军，不仅大大提振了美国人的爱国热情和国家自豪感，也极大地推动了冰球运动的发展。这一事件可以与中国女排夺取 1984 年洛杉矶奥运冠军对中国的影响相媲美。

　　以上四个竞技体育项目被普遍认为是美国排名前四的体育运动，其原因主要还是因为 NFL、MLB、NBA 和 NHL 四大职业联盟赛事在美国和全球的影响力和霸主地位。美国的一项调查显示，2019 年大约有 33％的美国人为 NFL 的球迷，MLB、NBA 和 NHL 的球迷也达到了 16％、10％和 5％。① 2016 年，NFL 的收入高达 130 亿美元，MLB 为 95 亿美元，NBA 为 48 亿美元，NHL 也达到 37 亿美元。② 除此之外，美国其他各项国际主流体育运动项目中也几乎都处于领先地位，其中包括网球、高尔夫球、游泳、田径、自行车、体操等，甚至在世界第一运动的足球领域也多次晋级世界杯决赛。美国非主流运动项目的发展水平也处于世界前列，在职业登山、汽车运动、极限运动、户外探险等项目的世界级选手名单中都有美国人的身影。体育运动已完全融入美国人的日常生活，健身房和体育馆的功能也不再仅仅局限于锻炼身体，而是已成为人们进行日常社交的场所。

---

　　① Christina Gough，Most Followed Sports Leagues in the U. S. 2019，https：//www. statista. com/statistics/ 1074271/sports－leagues－fans/

　　② Sheeraz Raza，Top Professional Sports Leagues by Revenue，https：//www. valuewalk. com/2016/07/nfl－revenue－chart/

第八章　美国电影与美国文化

电影是集语言、图像、表演等因素于一体的综合性艺术表现形式。电影作为人类文化生活组成部分，直接反映了一个民族的文化。与文学作品一样，电影也是国家和民族文化的载体，它反映了民众的精神诉求，宣传国家或民族的精神文化，并通过电影的上映将其推广到全世界，因此，电影也可以被看作是各国的"文化大使"。

一、美国电影简史

1889 年电影第一次出现在美国；1893 年，美国人爱迪生发明了电影技术，最早的电影，一次只能一个人观看，还得佩戴耳机；1894 年美国开办了第一家电影院；1896 年爱迪生及其助手成功地把影片投射到银幕上，供更多的人观看；到 20 世纪初美国出现专门放映电影的小影院，因为每人收费五美分，所以被称作五分钱影院。那时美国人平均每周去一次电影院，看电影和去教堂一样平常；1923 年以后，有声影片问世，开创了电影史上的新纪元，美国人空前踊跃地去看电影，制片中心好莱坞在世界电影业中一跃而居于领先地位。

当时，经典好莱坞电影是以角色为中心的，主人公为实现某一目标，或解决某一问题，不断拼搏或抗争。这一时期，好莱坞编剧的水平普遍很高。大导演希区柯克的《后窗》，是这一时期故事片的经典之作。

20 世纪 20 年代，美国电影实现了大工业化生产。电影从制作到放映的各个环节，像流水线上的罐头一样被批量生产出来。这也暴露出好莱坞电影最本质的矛盾——电影既是艺术品，也是工业品。

1948 年，美国出台派拉蒙法案，有效遏制了制片厂的垄断行为。随后，制片厂体制基本瓦解，大批制片厂纷纷转向集团化。集团公司通过企业合并，将电影利润最大化，风险最小化。

100 多年来，明星和故事，一直是好莱坞电影的两大法宝。明星扮演角色，演绎故事，故事在明星的演绎下，高潮迭起，引人入胜，两者相辅相成。

21世纪以来，好莱坞电影开始越来越青睐高科技，诞生出一大批高科技电影，比如《侏罗纪公园》系列、《古墓丽影》系列、《黑客帝国》系列等，这些电影均大获成功。2009年，《阿凡达》更是创下北美票房最高纪录，带火了3D电影。

二、美国电影分类及其特点

美国电影包括很多种类型，比如喜剧片、西部片、恐怖片、战争片、歌舞片等。在这里，重点介绍四种。

喜剧片：美国喜剧片根植于平民生活，钟爱小人物奋斗史，具有深刻社会性，敢于抨击现实，替民众说话。

说起喜剧片，最经典的喜剧形象非卓别林莫属，他的流浪汉形象深入人心。在卓别林喜剧电影中，常常会讽刺城市化和工业化对人类精神的残害。影片里，由于人无法击败机器，卓别林最终往往选择离开城市，回归田园。

20世纪80年代后期，家庭喜剧片兴起，代表作有《三个奶爸一个娃》《小鬼当家》等。儿童喜剧、浪漫喜剧纷纷涌上大银幕。美国喜剧片承载着美国文化成长的痛楚，在诙谐的对白以及搞笑的场景背后，蕴含着用幽默化解社会问题的深刻用意。

西部片：西部片主题多为英雄与自然环境的斗争，它曾经是好莱坞的中流砥柱，在这些影片中，主要的冲突介于文化和自然之间。1920—1960年，好莱坞约有1/4的电影都是西部片。经典的西部片有《火车大劫案》《与狼共舞》等。20世纪50年代是西部片的辉煌期，进入80年代后，西部片几乎消失。

恐怖片和科幻片：这两种类型的电影，有着某种隐秘的关联，所以可以一起来讲讲。

恐怖电影和科幻电影都以探索新知识为基本框架。恐怖电影以超自然领域为基础，依靠想象力，运用浪漫主义的方式描述自我和鬼怪的冲突。在恐怖电影中，鬼怪威胁着人类主角；而科幻电影更注重智慧和理性。科幻电影中，一般都有外星人形象。1977年，美国科幻电影进入了一个新阶段，主要以《星球大战》和《第三类接触》为代表。

恐怖电影和科幻电影展现了人类内心的焦虑，全球变暖、艾滋病、恐怖主义、种族清洗、饥饿贫困和金融动荡等问题层出不穷，人类变得越来越没有安全感，所以人类才会拍摄这类影片，来确定人类在地球上的中心地位，给自己吃颗定心丸。

今天的美国电影，既有进步作品，也有保守作品，既有革命性电影，也有娱乐性电影。电影已度过了百年华诞，它能走到今天，是因为它满足了观众不断变化的精神需求，并能持续为观众提供越来越好的观影服务。①

美国著名演员史蒂夫·马丁曾说："所有人生的谜语都可以从电影找到答案。"作为世界电影的领头羊，美国电影之所以能成功，这与它所处的美国文化大环境密切相关。电影，是一个国家政治、经济、科技实力的综合反映。了解美国电影发展历史，能帮人们打开一扇窗，从而更深入认识美国文化的丰富内涵。

三、美国电影的文化内涵

美国外交专家宁克维奇在《文化外交》一书中宣称：文化手段将成为我们穿越社会主义屏障的更强大、也更重要的渗透工具。

美国电影已经不单纯是电影，更是一种文化力量的载体，它宣扬着美国主流文化和美国主流价值观，并成功将这些文化输出。

清教主义下的家庭观

"清教主义"（Puritanism）在美国社会主流文化中有着举足轻重的影响。早年清教徒正是由于不满英国国教的改革，并因遭受迫害而来到北美大陆，在北美创立了北美清教主义。尽管随着时间的发展，越来越多的宗教思想、习惯与仪式进入包罗万象的美国社会中，但北美清教主义依然以它积极进取、克己虔诚的一面，成为美国文化体系的支柱。正如亨廷顿在《我们是谁：美国国家特性面临的挑战》中所指出的，美国的文明源头正是白人新教徒画出的这条"红线"。而在清教主义的影响中，美国社会所普遍持有的家庭观是不可忽视的。

美国崇尚核心家庭，即一个父母与子女组成的，最为亲密的人际关系

---

① 〔美〕约翰·贝尔顿．美国电影美国文化（第2版）〔M〕．米静，等，译．上海：上海人民出版社，2010．p35—41．

组。并且在这个关系组中，家庭成员有必要互相扶助关爱。一方面，家庭不应该成为束缚他人、控制他人的理由，个人应该能够在家庭中获得独立的地位和自我实现的发展空间；另一方面，家庭成员又应该被置于极为重要的地位，相对于社会赋予的身份而言，美国社会主流文化强调人应该更注重自己丈夫、妻子、子女等身份。

在《黑豹》里，这种家庭观就体现得淋漓尽致。特查拉对于父亲的敬爱，对于妹妹和母亲的爱护。当然，在《雷神》中，这种家庭观念也是极为明显。父权制的权威性，在这些电影里也有极强的体现。

基督教

根据盖洛普民意调查，90%美国人自称相信上帝，80%承认基督教对自己的生活非常重要。同时，美国的国歌里有"上帝保佑美国"，钱币上印着"我们信仰上帝"，总统就任时必须手按《圣经》宣誓，甚至在与宗教完全无关的法庭上，证人们也必须手按《圣经》发誓不作伪证。

基督教是美国文化的重要组成部分，其影响更深深渗透到了美国的电影创作之中。认识到这一点，不仅有助于我们更好地欣赏美国影片，也有助于我们更进一步了解美国的文化。

电影是反映人类生活的一种艺术形式。因此，它必然会打上各国文化的烙印。作为文化的一部分，基督教对美国电影产生了深远的影响，使其具有了与非基督教国家电影不同的特质。

正因为大部分美国人信仰基督教，作为大众传媒的一种重要形式，美国的电影也就承担了宣扬基督教的任务。《圣经》是基督教唯一的也是最重要的经典。自从电影诞生，美国拍摄了许多取材于《圣经》的电影。如1956年，西席·迪米尔拍摄的《十诫》（*The Ten Commandments*）。这部影片生动刻画了带领犹太人出埃及、穿越红海的先知摩西，讲述了"十诫"的由来。1998年，美国梦工厂耗资近1亿美元的动画片《埃及王子》（*The Prince of Egypt*），再次大获成功。为人类的救赎而被钉上十字架的上帝之子耶稣是《圣经·新约》中最著名的人物，他的故事也广为人知。

个人主义

在以崇尚自由为凝聚力的民族认同下，个人主义是美国社会强烈地对个人力量、个人权益的重视。对于美国人而言，创造美国辉煌历史的是无数个英雄个体杰出的行为、思想或观念。"美国人的民族角色认同源泉不是国家而是个人，不是整体而是个体，个人的边疆决定国家的边疆，个人主义才是美国主义的核心。因此，美国的自我优越感和救世主意识就是个人的英雄主义气质。"肯定和美化个人主义和英雄主义已经成为美国的主流意识形态之一，而电影所要做的正是将这种意识形态进行形象化和肉身化。

在漫威电影中，无论是拯救世界还是拯救纽约或者只是对付一个反派，他们都可以成为拯救世界的英雄。不管是美国队长牺牲自我将飞机开进冰川，还是奇异博士利用时空宝石拯救了全人类，抑或是在《蜘蛛侠：英雄归来》里高中生彼得撞破了一个贩卖违法武器危害公共安全的秘密，最后他们都是超级大英雄。这些电影无不反映了美国社会中强烈的对于个人力量的重视，对于无数英雄个体杰出行为的赞扬。

值得一提的是，美国动画电影并没有仅仅将个人主义和英雄主义阐释为主人公的能力超凡或成就斐然，而是强调个人奋斗、自我完善、自力更生，以及个体拥有表达个人观点、保护个人隐私的权利。还有就是每一部超级英雄电影都有必备的情节，那就是极度挫折之后的成长。

美式自由观

美式自由观意味着美国社会有着根深蒂固的对自由的肯定，正是基于对自由的向往，早期的欧洲移民在北美大陆上建立起脱离英法殖民统治的独立国家。长久以来，自由在美国社会中，与民主、幸福等概念紧密联系。小到个人，大到集体种族，都有维护其自由不可侵犯的权利。也正是这种对自由的较为一致的看法，增强了美国人的民族凝聚力。而在对自由的定义与维护上，美国社会有着明确的、以自我为中心的观念，美国被定位为自由的维护者。在其主流文化中，人们普遍对国家的这一身份深以为荣："在美国人看来，美国应该成为一个世界大国、自由世界的领袖、地球上最强大的国家、和平的维护者和和平的缔造者、世界宪兵、冷战斗士和热战斗士、国家缔造者、人权捍卫者和资本主义战争的鼓吹者。对远征者，堡垒，斗士，新世界的自由、民主和幸福无与伦比的特性的幻想，仍然占据主导地位，是美国人为其使命感所寻求的基本解释。"换言之，包括动画电影在内的美国电影所推行的是一种美式自由观。

例如在《钢铁侠3》里，就有明显的反恐主义。在《美国队长2》中，就体现出对于数据信息的泄漏带来的隐私问题的担忧，以及存有冷战时期美国对于苏联的臆想。同样，在《美国队长3》中，美国队长对于索科维亚协议的不妥协，不愿意被政府监管的行为也体现出美国强烈的自由主义倾向。自由主义不仅体现在这些超级英雄电影中，也体现在一些其他题材的电影中，如《楚门的世界》《肖申克的救赎》和《死亡诗社》等。

四、从美国电影看美国文化传播及对中国的启示

当前，世界上最强势的跨国界、跨民族、跨文化传播的电影非好莱坞电影莫属。近年来，在美国出口产值仅次于航空业的就是电影。作为美国文化出口产业重要的一环和西式文化的突出代表，好莱坞电影文化带来电影媒介技术更新和全球狂欢的同时，其文化输出方向的一面性和文化霸权主义也为世人所诟病。一方面，经济全球化使得不同国家、不同种族之间的文化交流频繁，擦出火花；另一方面，在这个过程中，一些文化凸显出来，愈加昌盛，而另一些文化则被遮蔽乃至逐渐消亡。美国电影作为美国文化的重要载体，为什么能够在全球文化中脱颖而出？中国需要把握好本国的文化主导权和用更加理性的态度来迎接和应对新一轮全球化大潮下的文化融合和文化共生。①

1. 美国电影中的美国文化传播

早在20世纪30年代，美国政府就意识到，文化输出已经成为一个国家对外竞争的强有力武器。文化输出可以影响到其他国家、地区和民族的历史意识、社团意识、宗教意识、文化意识乃至语言，淡化甚至重写这些地区的传统和文化，从而创造新的民族文化记忆，促使其与美国的信念和价值融合。因此，从第一次世界大战开始，美国便通过各种政治和经济手段向全世界推销电影和推销电视节目、录音唱片以及其他大众文化产品。在罗斯福执政的第二次世界大战期间，好莱坞电影成为推销美国形象、美国民主，进行政治宣传的重要工具。

好莱坞电影从诞生之日起每部电影都肩负着宣传美国价值观的重任。好莱坞电影以一种观众便于接受的形式在不同的国家、不同的种族、不同的阶级当中蔓延开来，自然而然地将其独有的美国精神和传统的价值观念

---

① 张燕. 从好莱坞电影看美国文化传播及对中国的启示 [J]. 今传媒，2014.（3）.

输入到每个观众的心中，而观众对这种传播方式更是欣然接受。好莱坞电影的文化软实力效应，已经远远超出一般意义上的现实政治阐释和外交政策的宣教。

个人英雄主义 从20世纪50年代起，具有"个人主义"的英雄人物就出现在美国的西部片中。1978年《超人》电影成为美国个人英雄主义的鼻祖，超人以拯救人类和世界为己任，对抗邪恶，保护弱小，他像是超级警察一样捍卫着世界和平与真理，在经济大萧条的时代保有基本的社会良心，这个英雄形象无疑受到了人们的普遍欢迎，并且取得了巨大的成功。

人性化 经典好莱坞电影以"人性化"作为其主要思想内核，它的叙事被要求服务于人物的展现和情节的进程。这种叙事的方法本身是将电影媒介的作用最大化：通过对主人公心态的描述，将人性中美好积极的一面展现给观众，让观众受到鼓舞，振奋精神，勇往直前地面对任何困难和挫折。比如电影《阿甘正传》就是这种精神的典型代表，这一主题仅仅是《阿甘正传》浅层面的主题，是一种可以被其他国家、其他民族的观众理解的普遍的人性化主题。除此之外，《阿甘正传》还有更深层面的主题：即展现20世纪60—80年代，是一代美国人传统价值观走向没落、新的价值观正在产生的时期，这一历史动荡时期由于信仰的丧失，美国人出现了焦虑、不安、失望、无助、迷惘、绝望、希望、追寻等复杂的情绪，更展现了这代美国人对传统美国精神、美国价值观的摒弃、寻求与最终回归的过程。

价值观 美国是个既尊重个性、崇尚个人主义，又提倡自我奋斗的国家。个人奋斗的前提是不依靠别人，勤奋工作是方法，获得成功是最终目的。成功包括获得更多的物质财富、过上更富足更美好的生活、实现个人价值、获得别人的尊重和较高的社会地位等。这种价值观念契合了不同社会阶层共同的心理诉求，因而也成为好莱坞电影的"灰姑娘模式""成长模式"长盛不衰的根本原因。

美国人认为比道德堕落更不能原谅的是懒惰。这一点在《当幸福来敲门》中有着很好的表达。该电影讲述了一个黑人的创业史，从一开始的穷困潦倒，家庭破碎，到后来成为的成功人士，虽然一路的坎坷不幸，是让所有人遗憾和失落的地方，但他的不放弃却真实地证明了通过不懈的努力，幸福终究是会来敲门的。美国电影在呈现宏大场面的同时，还特别注重其故事的完整性和对人情人性的深度挖掘，表现人性的普遍认同。比如影片《乱世佳人》以内战前后的美国南部为背景，讲述了一位美国南部佐治亚州庄园主的女儿在内战前后10年多时间的人生经历，不仅着重勾画了她与埃斯利、查尔斯、弗兰克和白瑞德错综复杂的爱情纠葛，更着重体现她为保护家园、照顾家人做出的不懈努力。战争夺取了她的骄傲，却塑造了她勇敢坚强、乐观独立的品格。

成败有时就是一步之遥，但这一步的距离有着太多的辛酸与苦楚，坚持与放弃是一道永远也做不完的选择题。然而，在美国人的观念里，为了目标他们乐意向别的民族学习，乐意创新，而不会选择倒退，不会选择向现实和传统妥协。不可否认，这也是美国科技经济领先世界和美国电影被世界观众喜欢的原因。

资源整合和利用　美国电影会积极主动地研究美国之外的电影市场，挖掘其他国家很畅销的电影或者小说，然后购买其版权，进行改编和翻拍，再注入美国的精神内核，成为一部具有美国特色的崭新电影。福克斯一位制片人说："未来每产生四部美国电影，就会有一部是针对中国和东方市场的。"经常借用别国的故事和在市场国取景已经不是新闻了，全世界的故事都可以为其所用。但是，不会改变的是讲述美国的思想。借用苏格兰的独立战争来宣扬美式自由，借用中国花木兰、熊猫的形象，借用闻名于世的金字塔、秦朝的兵马俑来满足冒险需求，等等。收拢、挪用他国的文化进而改造取代，这是好莱坞的全球化文化策略之一。经过好莱坞包装过的异域文化再以好莱坞出品的方式出现在世界电影市场上。美国电影的多元化取材使得它在对外传播的过程中消除了障碍，成为全世界可以接受的文化产品。

美国的文化核心是个人中心主义，主张个人以自己喜欢的生活方式生活，不喜欢受到外界的干预和限制。美国人有很强的成功意识，有深厚的成就崇拜和英雄崇拜。通过自己的努力改变自己的社会地位，实现自己的人生梦想，也就是人们常津津乐道的"美国梦"。大多数美国人认可世上万事万物都有存在价值，世界上一切生灵应该平等对待，分享本民族的成就，允许异于本民族的声音存在是美国作为文化大熔炉的文化态度的精髓之所在。

2. 美国电影的跨文化传播对中国的启示

美国电影成为美国对外进行文化输出，甚至进行文化霸权的武器。美国电影在全球的强势传播，对当代中国电影带来不小的冲击，同时也带来深刻的启示。

　　我们应当正视并警惕英美影视文化传播中的文化霸权（帝国）主义。作为后殖民主义思潮的分支——文化帝国主义，起源于 20 世纪 60 年代。这一时期，第三世界国家崛起并获得独立，但是长期的战争和压迫导致这些国家的文化、经济、科技、思想等各方面落后于像美国这样的帝国主义国家，导致了刚刚独立的第三世界国家又以不同的方式和形态继续依附于发达国家，于是文化帝国主义悄然崛起。凭借文化优势，大力拓展和占领世界文化市场，企图将一国的文化优势变成世界性的文化优势就是文化帝国主义。

　　"全球化"成为文化帝国主义的强力助推器，借助"全球化"带来的机遇，发达国家拥有了足够的理由实行文化帝国主义。世界电影霸主的美国电影就成为美国实现文化帝国主义的一个强有力的工具。我们以美国漫威电影系列为例来看看其文化霸权的深远影响。

　　漫威超级英雄电影中几乎囊括了所有的美国主流文化价值观——个人主义、民族主义、普世主义、白人至上等思想，再加上漫威影视在中国的受众，更使得其文化波及范围更广，程度更深，力度更大。漫威影视所夹带的文化帝国主义具有霸权性、隐蔽性、渗透性，这些美国文化价值观掺杂在剧情里的各个角落，蔓延在中国年轻一代心中，影响着中国人的方方面面。

　　漫威电影并没有深邃的主题作为支撑，而是在娱乐性、视听、人物的魅力方面下了很大的功夫，更具爆米花属性，这些都是符合主流观众审美的东西，因此在北美市场之外取得成功是意料之中的。漫威这种集结了喜剧、动作、科幻、冒险类型的影片使中国观众耳目一新，贩卖特效是好莱坞的撒手锏，尤其像漫威这种顶级工业、特效影片，自然更会受到观众的强烈追捧。更重要的一点是漫威影业精准的布局和规划，打造的电影宇宙令人无法拒绝，通过人物的关联、彩蛋等各种有趣的东西加强对漫威的喜好。观众乐意进入角色的世界、乐意跟着角色一起冒险、担心角色的命运，一旦观众进入这个体系，就很容易成为它的粉丝。

　　尽管美国与中国在最基本的价值观上都秉承着不同的底层逻辑，但漫威公司俨然在全球公众价值观领域上做足了功课，在漫画改编电影这一过程中，从舆论和公众心理上最大限度的贴切全球受众，采取可行、现实、易操作的受众传播策略——让电影的传播及价值观最大限度地呈现在观众眼前；另外，中国电影市场缺乏这类影片，这使得中国公众对此类影片从开始的猎奇到最后的饥渴难耐，漫威也通过电影这种媒介对旗下IP进行宣传和包装，最大限度地迎合中国市场受众特点，制造噱头吸引关注，为电影的票房和后期的周边产业创造更为有利的条件。作为电影的接受者，公众对电影的剧情和IP都存在着强烈的"期待心理"。全球受众的审美经验、文化经验、社会经验等既有经验，都存在于不同个体的"自我期待"中，每个民族、每种文化，对电影的剧情都会根据自己的文化来阐释其内核。对于漫威在中国市场上而言，"80后""90后"是其主要的营销目标和受众群体。这一群体在成长过程中，通过网络技术、文化交流等，受西方思想冲击较为强烈，这在不同程度上深刻影响了他们在表意模式、接受心理、思想意识等各方面的行为塑造。

挖掘电影的教育性，得益于美国独特的地缘文化背景，美国建立了人类文明史上第一个现代意义上的资产阶级共和制民主政体。民主输出是美国重要的外交战略之一，即把美国的民主制度、政治价值观念和意识形态等，通过各种途径传播到世界各地，使得输入国形成类似于美国的民主制度和价值观念。一些西方政界人士更是将其民主制度蒙上一层"全民民主""普遍民主""永恒民主"的面纱，作为一种"普世价值"不断向外推销。

西方民主制度经历了一个长期的发展过程，尽管在不少人看来美国资本主义国家民主制度日益完善，统治技术日益精巧，统治手段日益多样，但无论是其自身还是其在许多国家的移植和推广，从一开始就暴露出其先天不足和存在的严重问题。

人们可以从美国影视文化角度来看美国政治制度的缺陷，看看它是否真正能够做到服务大众，人人平等。

很多人都看过美剧《越狱》，在《越狱》中有一个"公司"，这个"公司"能力通天，可以控制白宫的高层。在"公司"逼迫下，副总统的弟弟被害，州长被害，最后副总统自己也自杀了，足见这个组织的威力有多么大。这个公司到底是什么？其实就是大资本家。虽然资本家的能力在现实中未必真能使美国白宫势力完全沦为傀儡，但是资本对于政治的干预程度确实是显而易见的。

从美国电影及其主流文化价值观的大力传播，以及反映美国现实电影中暴露出来美国政治、法制、价值观等的缺陷和不足，我们应保持清醒的认识。电影产业已经进入了一个全球化竞争的时代，竞争的不仅是制作技术，更有通过电影所表达出的国家内涵以及国家文化。中国电影应该增强民族多样性的艺术特色，勇于面对国际市场，抓住良好机遇，加大宣传力度，高扬民族精神，树立文化自信。

深刻理解中国文化的核心价值观　宣扬和传承的前提是我们要认真研究和深刻了解中国文化的核心价值观。先秦儒家提出了以"仁义"为核心的价值体系。孔子以"仁、义、礼"构建礼治秩序，孟子延伸为"仁、义、礼、智"。西汉中期以后，新儒家杂糅了法家、道家、墨家、阴阳家、兵家等各个学派，建构了中国古代社会的正统价值学说体系。董仲舒将孔孟的基本价值规范扩充为"仁、义、礼、智、信"，后称为"五常"。

仁义作为中国传统伦理的核心要义，对忠孝、智勇、诚信、廉耻、勤俭等其他伦理价值规范具有统领作用。中国自殷商灭亡后，大多数历史时期没有全国统一信奉的国教，而仁义既是基本伦理规范，又发挥着统一思想的功能，是整个国家的核心价值。但中国传统价值又不限于仁义，其在仁义基础上由内心而行为、由个人而群体，形成的（国）忠（家）孝、智勇并重、诚信奉法、廉而明耻和崇俭戒奢五组基本价值构成了中国传统文化核心价值观念。[①]

中华传统文化是新时代中国特色社会主义文化的根基和重要组成部分，其内含的传统价值体系，能够为培育和践行社会主义核心价值观提供历史文化参考和丰厚滋养。富强、民主、文明、和谐是国家层面的价值目标，自由、平等、公正、法治是社会层面的价值取向，爱国、敬业、诚信、友善是公民个人层面的价值准则，这24个字是社会主义核心价值观的基本内容。

发挥精神文化产品育人化人的重要功能。一切文化产品、文化服务和文化活动，都要弘扬社会主义核心价值观，传递积极人生追求、高尚思想境界和健康生活情趣。同时要避免过分宣教，中国电影要努力说好故事，

---

① 尼莎．先秦儒家核心价值观研究．［D］．石家庄：河北师范大学．2017.

而不是只注重要表达的观念，勉强的故事情节和人物完全变成了导演意图的工具。美国影视文化热衷表现尊重人权、追求民主和法制、歌颂英雄主义、追求自由和公平等主题，探讨反战、环保、能源、灾害等重大问题，不断从当代人类的切身利益出发寻找艺术和审美上的突破点，满足受众的精神需求，这些都值得中国电影借鉴。中国电影应该努力创作出观众喜闻乐见的作品，给观众"润物细无声"的最好教育。

重视跨文化传播　中国电影要想在全球化语境下改变自身的弱势地位，将本国电影推向世界，就必须积极地参与跨文化传播。一个民族或国度文化的进步，离不开文化传播。没有交流的文化系统是没有生命力的静态系统，断绝与外来文化信息交流的民族不可能是朝气蓬勃的民族。

电影是工业化大生产的产物，是一项规模巨大的社会文化事业，它总是对时代和社会的一切都非常敏感地做出反映。"作为一种复杂的文化现象，它的意义决不仅仅在其自身，而是由它可以观照出特定时代和特定社会的文化精神。反过来当然也可以说，这些不同时代、不同社会、不同民族的文化精神，也必然给电影留下投影。"因此，电影作为一种"为他人而拍"的社会艺术，必然具有倾向性。这种倾向性，来自电影制片人、编剧、导演、摄影、演员等创作人员的思想文化归属、政治信仰、民族历史积淀在影片中的自觉不自觉的反映和流露，体现在影片的形式、内容上从而形成了一部电影的政治主题和民族主题。

中国电影由于深受传统儒家文化艺术价值观的影响，以及出于对伴随中国电影成长的中国百年历史动荡的反思和社会责任感，更是一向具有强烈的政治倾向和厚重的民族性格。但是，过于重视政治电影和民族电影的现实，却同电影的本性和中国电影走向国际影坛的普遍希望存在着事实上的矛盾。

中国电影要在挖掘电影的内涵上下功夫。内容不能一味迎合西方观众的口味，塑造神秘、古老、落后的银幕形象，而是要表达中华文明的精髓、展示中华民族传统文化的优点。这既是国人要传承的地方，也是向世界展示中华文化的亮点，这是中国电影的立足之本。在此基础上表达人类共同的情感——爱、荣誉、责任、怜悯、牺牲等精神，使电影既具有民族性，也体现世界性，这是中国电影的发展之路。

发展中国影视产业链　构建完善的文化传播产业链应当上升到国家层

次的战略高度，应当在国家主导、政策支持下建立可持续发展的、全面的文化传播战略体系。文化产业链的核心就是影视产业链。

中国电影在关注艺术性的同时要充分考虑观众的需求和兴趣，以开放包容的态度进行类型电影的创作。一个国家必须有各种类型的电影共同发展才算得上具有成熟的电影市场。

发行和放映在电影产业链的发展中的作用重大。美国具有完善的后电影开发体系。中国电影产业要在加强知识产权意识的同时，找到适合我国电影市场和文化市场现状的后电影开发体系。只有制片、发行、放映后电影市场都得到应有的发展，电影产业链才能得以高效运转。

当今的世界是开放和交流的世界，要增强我国的综合国力，提高我国的国际影响力，必须重视文化外交，加大文化传播力度。电影是最受大众欢迎的传媒之一，美国电影产业的巨大成功给中国电影诸多启示，有助于推动中国电影产业蓬勃发展。

第九章　美国节日与节日文化

在中国文化中，节日的"节"的本义是竹节。用竹节来比喻一年时间的分段，"节"这个字就有了季节、时期、节气、节日的意义。节日则是一些特殊的时间点，指生活中值得纪念的重要日子，是世界人民为适应生产和生活的需要而共同创造的一种民俗文化，是世界民俗文化的重要组成部分。节日已成为人们生活的一个重要组成部分，它让大家的生活充满期待。一个民族的文化决定了他们的节日，文化滋养着节日，节日则承载着文化的内涵。

节日文化是一种历史文化，是一个国家或一个民族在漫长的历史过程中形成和发展的民族文化，也是一种民族风俗和民族习惯。节日有深刻的寓意，有的是为了纪念某一重要历史人物，或纪念某一重要历史事件，有的是庆祝某一时节的到来等。

每个文化都有自己的节日。英语"holiday"（节日）这个字的本义是"holy day"（神圣的日子），然而大部分美国的节日多富有纪念意义，反倒与宗教渊源不大。美国充斥着不同种族的民族遗产，而美国的节日文化作为美国文化的一个重要组成部分，在很大程度上承载着美国民族历史及其文化渊源。

严格来说，美国并没有所谓的全国性假日，因为50个州的州政府皆有权决定本州的假日。所以美国节日有美国联邦政府法定假日和其他节日之分。1971年生效的美国统一假期法案对美国联邦节假日有了比较一致的规定。美国一共有50个州和1个特区。在休假安排方面，除重大传统节日（比如圣诞节、感恩节等）和国家级纪念日（如独立日）这样的联邦假日之外，很多州还会单独安排一些纪念日，或者虽然在同一天休假，却有着不同的主题和文化，在休假安排方面也会体现出现较大的差异。

一、美国的主要节日

全国性节日（National Celebrations）：如新年（New Year's Day），每

年的 1 月 1 日；马丁·路德·金日（Martin Luther King Day），每年 1 月的第三个星期一；林肯总统诞辰纪念日（Abraham Lincoln's Birthday），每年的 2 月 12 日；总统日（Presidents' Day），每年 2 月的第三个星期一；华盛顿总统诞辰纪念日（George Washington's Birthday），每年的 2 月 22 日；植树节（Arbor Day），4 月里接近 4 月 22 日的某一天，或 4 月 22 日当天；母亲节（Mother's Day），5 月第二个星期日；阵亡将士纪念日（Memorial Day），每年 5 月最后一个星期一；国旗日（Flag Day），每年的 6 月 14 日；父亲节（Father's Day），每年 6 月的第三个星期日；独立纪念日（Independence Day），每年的 7 月 4 日；劳工节（Labor Day），每年 9 月第一个星期一；哥伦布日（Columbus Day），每年 10 月的第二个星期一；退伍军人节（Veterans' Day），每年的 11 月 11 日；感恩节（Thanksgiving Day），11 月的第四个星期四和圣诞节（Christmas Day）；每年的 12 月 25 日。

宗教性节日（Religious Celebrations）：如复活节（Easter），在每年 3 月 22 日至 4 月 25 日间的某个星期日举行。

有趣的节日（Fun Days）：如 2 月 14 日举行的情人节（St. Valentine's Day）；4 月 1 日的愚人节（April Fool's Day）和 10 月 31 日的万圣节（Halloween）。

种族与地方性节日（Ethnic and Regional Celebrations）如：在 1 月 21 日至 2 月 19 日中的某一天举行的中国新年（Chinese New Year）；2 月或 3 月举行的丰富的星期二（February/March）；3 月 17 日的圣派翠克节（St. Patrick's Day）；每年 5 月 5 日庆祝的五月五（Cinco De Mayo）和 3 月至 8 月美国原住民祈祷仪式（Native American Pow—Wows）。

其他美国节日（Other American Celebrations）：如 8 月最后一个周一到 9 月第一个周一举行的火人节（Burning Man Festival）。[①]

现今的美国是一个文化大国，短暂却独特丰富的历史把它造就为一个民族的熔炉和世界文化的汇聚之地。若想到这座庞大的社会人文宝库中去一探究竟，人们不妨取一条捷径，那就是对它的节日做一个大概的了解，因为节日是文化的缩影。透过复活节和圣诞节，人们不难看到美国人宗教

---

① 杨卫东，戴卫平．美国社会与文化研究［M］．北京：世界图书出版社．2014. p. 64—68.

信仰的影子；透过圣帕特里克节和愚人节，人们可以找到美国民族构成的渊源；透过感恩节、国旗日和一个个历史名人的诞辰，人们又会感受到美国历史的积淀。当人们了解了美国人是怎样度过母亲节和植树节时，人们还能对美国人的日常生活和思想观念略见一斑。透过美国的节日文化及其习俗，人们可以更充分地认识美国民族的历史与文化，加强与美国人民的沟通与相互了解，同时通过审视和比较自己的民族节日，从而增强民族文化意识，增强对自己民族文化的自豪感，提高跨文化交际意识与对话的能力。

我们以时间先后为序，选取一年当中 10 个具有鲜明美国特色的节日，介绍这些节日的起源、历史发展与演变、节日的庆祝方式、独特习俗的传播以及影响，以便更深入地了解美国节日所蕴含的文化内涵。

1. 新年

美国历史上对于哪个日子为所谓的"新年"有不同的看法，因此人们常在不同的日子来庆祝新年。大英帝国及当时他们在美国的属地于 1752 年正式采用格利高里历（即现在通用的"公历"），将 1 月 1 日定为"新年"。各地庆祝新年的方式因宗教信仰或习俗的关系而有所差异。

新年是全美各州一致庆祝的主要节日。美国人过新年，最热闹的是新年前夕。是夜，人们聚集在教堂、街头或广场，唱诗、祈祷、祝福、忏悔，一同迎接新年的到来。午夜 12 点，全国教堂钟声齐鸣，乐队高奏著名的怀旧歌曲《一路平安》。在音乐声中，激动的人们拥抱在一起，怀着惜别的感伤和对新生活的向往共同迎来新的一年。纽约时代广场上的新年倒计时活动闻名全球。

美国印第安人在新年前夕会举行富有特色的篝火晚会，迎接新年来临。新年降临时，钟声响起，本部落 16 个最有力气的男子托着一只巨大篮子，从东方的大门步入栅栏，人们注视着篮中那象征太阳的血红色巨球悬在一条高柱上慢慢升起，巨球升到柱顶时人们便欢呼："新太阳诞生了！吉祥的一年又来临了！"随后，栅栏四周的大门齐开，这意味着新的太阳升起来了，它的光芒普照四方，给人们带来幸运。

在 1 月 1 日当天，美国人会拜访亲朋好友及左邻右舍，与他们一起聚餐和收看在加利福尼亚州帕萨迪纳市举办的玫瑰花车游行与玫瑰杯美式足球赛的电视转播。加利福尼亚州的玫瑰花会是美国规模最大的新年庆典。

七八十年前，加利福尼亚农村的一些俱乐部成员，每逢柑桔成熟季节，使用鲜花装饰自己的马车，在村里搞一些小型庆祝活动。时至今日，它已发展成十里长街布满鲜花的盛大庆典。五六十辆完全用鲜花、特别是用玫瑰花扎成的彩车徐徐而行，长达数英里，车上还有用鲜花做的各种模型。

在费城，有长达 10 小时之久的化装游行。这种活动的起源要追溯到 17 世纪中叶定居于德拉瓦河沿岸的瑞典与英国移民的习俗。当年他们总是身着盛装在乡村举行新年庆祝游行。现在费城的化装游行固然比当年更有组织，但仍然保留着昔日的特色。参加游行的人们，有的装扮成小丑，有的化装成妇女（按照古老习俗，这个游行不允许妇女参加），随着彩车，载歌载舞，人流如水，热闹非凡。

由于化装游行和玫瑰花比赛已属于美国人庆祝元旦的传统节目，因此，这两项活动常常通过电视实况转播供全国人民欣赏。它们与节日的保留节目——美式足球（橄榄球）一起，构成了美国人欢度新年的主要娱乐内容。

在大部分的文化中，人们都砥砺自己在新的一年要有所成长，美国人亦继承了这个传统。美国人会在新年许愿立志，他们称之为"新年决心"。这决心通常不是什么宏图大志，而是一些朴实而实际的打算。例如："我一定戒烟"，或者"我要好好对待邻居"等。他们总是坦率地讲给大家听，以期得到监督和鼓励。

2. 马丁·路德·金日

马丁·路德·金是 20 世纪五六十年代为美国黑人争取平等权利的民权运动领袖。1964 年，他获得诺贝尔和平奖。1968 年，马丁·路德·金被种族主义分子暗杀，年仅 39 岁。

多年来，27 个州及华盛顿特区都于 1 月 15 日放假纪念马丁·路德·金，直到 1986 年里根总统宣布 1 月的第三个星期一为纪念金博士生日的联邦法定假日，全美才终于统一放假。1986 年 1 月 20 日星期一，举国上下首次正式纪念马丁·路德·金日——这是联邦假日中唯一一个纪念非裔美籍人士的假日。在佐治亚州亚特兰大市的一个旧火车站里，有一个格外感人的仪式，大家齐聚在这里一起歌唱、游行。

学校及联邦机构在马丁·路德·金日当天都放假，人们会精心安排肃静的纪念仪式或典礼来向金博士致敬。在前一天的星期日，各宗教的神职人员都会给予信众特别的布道，提醒他们金博士为了和平而奋斗的一生。整个周末，电台播放着与民权运动相关的歌曲及演讲，而电视台则播放介绍金博士生平及那个年代的特别节目。

3. 情人节

情人节又叫圣瓦伦丁节或圣华伦泰节，是西方国家的传统节日之一，起源于基督教。在古罗马帝国时期，传播基督教是不被允许的，许多基督徒遭到残酷迫害。圣瓦伦丁是当时一名虔诚的基督徒，他在传播基督教时被捕入狱。在 2 月 14 日那天，圣瓦伦丁被处决。据称他让典狱长盲眼的女儿重见光明。在行刑前一晚，圣瓦伦丁给典狱长的女儿写了一封告别信，信的落款是"From your Valentine"。就在他被处决的当天，典狱长的女儿在圣瓦伦丁的墓前种了一棵开着红花的杏树。公元 496 年，圣徒罗马教皇盖拉西厄斯一世把 2 月 14 日命名圣瓦伦丁节。虽然这不是一个官方节日，但大多数美国人仍会在这天庆祝。

如今在美国，情人节不仅仅是年轻情侣会隆重庆祝的节日，而是老老少少都会参与其中，夫妻之间、父母和孩子们之间、师生之间、朋友之间都会互送糖果、卡片，互道祝福，可以算得上是全民狂欢了。美国人不分老少都热衷于收送情人卡。情人卡可以是爱心状的，或者是有爱心图案的，爱心是爱的象征。

美国小学生会为同学制作情人节卡片，并把卡片放到类似邮箱或者装饰精美的大箱子中。当 2 月 14 日来临时，老师会打开箱子，把卡片发送给每个孩子，孩子们读完卡片后，大家会一起开小型派对。对青少年及成人而言，他们可以参加各大报纸在情人节当天举办的特殊活动。任何人都可以花小钱投稿，留言给未来的情人、好友、熟人等。

对于一个美国家庭来说，情人节这天，年长的丈夫要请妻子外出共赴晚宴；年轻的丈夫除了要安排全家的情人节晚宴之外，一定会给妻子买来玫瑰花；爸爸会给女儿买花和巧克力，妈妈会给儿子准备鲜花和巧克力。

美国的各大商场更会早早精心策划情人节的主题，各种的毛绒公仔玩具随处可见；粉色爱心包装的糖果和巧克力琳琅满目。大家都会购买一些礼物送给自己的朋友。

通常，美国的情人节过法要有美味的食物、盛装的礼服、娇艳多姿的鲜花、浪漫的灯光和精心挑选的礼物来烘托气氛。总之，情人节在美国是一个十分隆重、浪漫的节日。

4. 复活节

复活节一般在每年春分后月圆第一个星期天，是 3 月 22 日至 4 月 25 日间的某个星期日，约在 3 月 7 日左右。该节是未来庆祝基督（Jesus Christ）的复活，属于美国的联邦假日。

据《圣经》记录，耶稣被叛徒犹大出卖后遭到逮捕，最终被钉死在十字架上。临终前，耶稣说的最后一句话是："我的信徒们，无须为我的死而悲伤，三日后我必复活。"三天后的黎明，一个白衣天使从空中降临，他推倒封住坟墓的石头，正襟危坐，对两位虔诚的玛丽亚说："耶稣不在墓中了，他已经复活，到加利利（地名，在今巴勒斯坦的北部地区）去了。"就在此时，耶稣在加利利见到了自己的 11 个门徒，他对他们说："我常与你们同在，直到世界末日！"在基督教教义中，耶稣基督之死是为了赎世人之罪，因此在基督教中，复活节具有重要意义。在信仰基督教的国家中，它是仅次于圣诞节的重要节日。

在美国，复活节是相当重要的宗教节日。一方面，是庆祝耶稣的复活，感谢他为人类所做的牺牲和奉献。另一方面，是庆祝春天的到来，万物在经过了冬天的严酷考验之后，开始复苏，欣欣向荣。

复活节有不少传统习惯，最典型的要数复活节彩蛋。古人常把蛋视为多子多孙和复活的象征。后来基督教徒又赋予蛋新的含义，认为它是耶稣墓的象征，未来的生命就是从其中挣脱而出世的。复活节时人们把鸡蛋染成红色，代表耶稣受难时流出的鲜血，同时也象征复活后的快乐。还有一种古老的习俗，是把煮熟的鸡蛋送给街头的孩子们做游戏，他们把蛋往前滚，谁的蛋最后破，谁就获得胜利，蛋全归他所有。白宫也会在复活节组织这种游戏，不过是将彩蛋放在草坪上滚。一年一度的美国白宫滚彩蛋活动经常被电视台实况转播。人们相信，彩蛋在地上来回滚动可以使恶魔不断惊颤、倍受煎熬。成年人还会在塑料鸡蛋里放小玩意或零钱，埋在院子里，让孩子们寻找，这就是所谓的寻找复活节彩蛋活动（Easter Egg Hunt）。复活节的另一象征是小兔子，原因是它具有极强的繁殖能力，人们视它为新生命的创造者。

在多数西方国家里，复活节一般要举行盛大的宗教游行。游行者身穿长袍，手持十字架，赤足前进。他们打扮成基督教历史人物，唱着颂歌欢庆耶稣复活。如今节日游行已失去往日浓厚的宗教色彩。节日游行洋溢着喜庆的气氛，具有浓烈的民间特色和地方特色。在美国，游行队伍中既有身穿牛仔服踩高跷的小丑，也有活泼可爱的卡通人物米老鼠。

复活节这天，人们一般会在房门上挂上可爱夸张的卡通兔子，房前的树上缀满装着糖果的彩色塑料鸡蛋。家长会带着孩子去社区聚会场所，品尝美味食品，参加各种各样的游戏。

复活节中美国人的食品也很有特点，多以羊肉和火腿为主。根据《圣经》记载，有一次上帝为考验亚伯拉罕的忠诚之心，命令他把独生子以撒杀掉作祭品，亚伯拉罕万分痛苦，最后，他还是决定按上帝的旨意去做。就在他举刀要砍向儿子的一瞬，上帝派天使阻止了他，并为他预备了一只公羊，亚伯拉罕便将这只公羊祭献给了上帝。以后，用羊作祭品祭祀上帝就成了该节的习俗。吃火腿的习惯，据说是英国移民带入的。

在复活节时，亲戚朋友见面要互相祝贺，象征生命的蛋、火、水、兔等成了复活节的吉祥物。典型的复活节礼物跟春天和再生有关：鸡蛋、小鸡、小兔子、鲜花，特别是百合花是这一节日的象征。

5. 愚人节

4月1日愚人节是西方也是美国的民间传统节日。愚人节起源于法国。1564年，法国首先采用新改革的纪年法，即目前的公历，以1月1日为一年之始。但一些因循守旧的人依然按照旧历固执地在4月1日这一天庆祝新年。主张改革的人对这些守旧者大加嘲弄。在4月1日给他们送假礼品，邀请他们参加假招待会，并把上当受骗的保守分子称为"四月傻瓜"。从此人们每逢4月1日便互相愚弄，成为法国流行的习俗。18世纪初，愚人节习俗传到英国，接着又被英国的早期移民带到了美国。

愚人节，人们常常组织家庭聚会，用水仙花和雏菊把房间装饰一新。典型的传统做法是布置假环境，如把房间布置得像过新年一样，等客人到来时则祝他们"新年快乐"，令人感到别致有趣。

不过愚人节最典型的活动还是大家相互开玩笑，捉弄对方。比如，小孩子会告诉父母说自己的书包破了个洞，或者脸上有个黑点，等大人俯身来看时，他们就一边喊着"四月傻瓜"，一边笑着跑开。

恶搞、无厘头是美国文化重要的一部分，所以愚人节在美国是个很重要的节日。普通民众、大公司、甚至总统都参与，乐在其中。美国大公司在愚人节都会动足脑筋，因为这是个展现创意、使品牌更人性化的好机会。他们会推出假产品，跟用户开玩笑。白宫通常在愚人节发布一段总统的搞笑视频。

6. 国旗日

美国的国旗日是纪念美国大陆会议于 1777 年 6 月 14 日通过的美国第一面由贝蒂·罗斯（Betsy Ross）所设计的"星条旗"。星条旗当年只有 13 颗星，因为美国独立时只有 13 州，现在，上面有 55 颗星。

美国第一次大规模的国旗纪念活动是在 1876 年庆祝建国 100 周年时进行的。19 世纪 90 年代，不少公立学校倡议每年在 6 月 14 日举行国旗纪念活动，很快得到了广泛的响应。1893 年费城首先承认 6 月 14 日为国旗日。为响应全国各地的要求，1949 年美国国会通过法案，将每年的 6 月 14 日确定为"国旗日"；1966 年又进一步把从这一天开始的一个星期定为"国旗周"。

美国人如此重视国旗，是因为国旗已经成为美国民族认同的重要象征物。美国是一个移民国家，美国人没有天然的血缘基础。来自不同国家的不同种族、不同信仰的人们能够凝聚在一起，依靠的是最早由《独立宣言》所阐发的一套共同价值观，而在独立战争中诞生的"星条旗"则成为美国价值观的象征物。1892 年，借纪念哥伦布发现美洲 400 周年之机，美国"青年联盟"等组织在全国开展了"效忠国旗教育"活动，弗朗西斯·贝拉米为中小学生撰写的国旗誓词很快家喻户晓："我宣誓效忠国旗以及她所代表的共和国，一个不可分割的国家，一个人人自由、社会公正的国家。"20 世纪 50 年代初，在麦卡锡主义盛行时期，美国国会又在国旗誓词中加入了"在上帝之下"一句话，即"我宣誓效忠美国国旗以及她所代表的共和国，一个在上帝之下、不可分割的、人人自由的、社会公正的国家"（"I pledge allegiance to the Flag of the United States of America，and to the Republic for which it stands，one Nation under God，indivisible，with liberty and justice for all."）。

时至今日，为对少年儿童进行"爱国主义教育"，美国中小学每周都要举行升国旗仪式，学生们要集体诵读"国旗誓词"。一代代移民为了表示自己对美国的忠诚，在入籍仪式上也都要宣誓效忠国旗及其所代表的美国，然后才能"归化"为美国公民。

在国家面临危难之时，美国人的民族凝聚力和爱国热情空前高涨，这个时候，美国人的国旗意识也最强。"9·11"事件后，全美国几乎成了星条旗的海洋，各种建筑物和私人住宅悬挂着国旗，汽车车身、车窗上贴着国旗图案，美国人希望以此表明举国一致，支持政府，应对灾难。恐怖袭击大大强化了美国人的国旗意识和美国社会的凝聚力，这是出乎恐怖分子意料的。

美国政府很重视引导民众的这种情绪为己所用。特别是在政府遇到危机的时候，只要是沾点边，政府就会大作国旗文章，激发民众的爱国热情，在这种情况下，反对政府的声音就会被弱化，政府也就容易渡过难关。

国旗象征着一个国家的尊严。同各国人民一样，美国人在任何时候和任何场合都要保持对国旗的崇敬。美国许多州专门制定有关法律，规定了对国旗的礼节。美国还规定，任何物体和徽章都不得置于国旗之上，也不得将国旗挂放在肮脏之处。

7. 独立纪念日

独立纪念日是美国的主要法定节日之一，以纪念 1776 年 7 月 4 日大陆会议在费城正式通过《独立宣言》。《独立宣言》开宗明义地阐明所有人生而平等，具有追求幸福与自由的天赋权利，历数了英国对北美 13 州进行殖民统治的罪行，最后庄严宣告美利坚合众国脱离英国而独立。《独立宣言》是具有世界历史意义的伟大文献。通过《独立宣言》的这一天也成为美国人民纪念的节日，定为美国独立日。

早期独立日的庆祝活动主要是游行和演讲，后来又增加了户外活动、体育比赛等项目。燃放烟花爆竹的活动曾一度十分流行。

独立日在美国是一个相当热闹的节日。每逢这一天，全美大大小小的教堂钟声齐鸣，首先敲响的是费城自由钟。很多美国人在自家房屋前、车前、商店门口插上红白蓝三色的美国国旗，大多数人会穿上带有美国国旗图案的衣服，带上同款主题的墨镜，拉上一家老小欢天喜地去街头参与花车游行。除了盛装游行外，烧烤和野餐也是必不可少的。美国人会和亲朋好友们找一处风景优美的公园，寻一处树荫架起餐桌和烤炉，牛排、鸡翅、香肠摆上烤架，全家动手烹制美食。

热狗是独立日的传统美食，据统计，美国人每年在独立日当天能吃掉

1.5 亿只热狗，足以绕美国首都华盛顿特区到洛杉矶五次。每年的 7 月 4 日这一天的著名赛事——国际吃热狗大赛，在纽约布鲁克林的康尼岛上举行，由美国传统的连锁热狗店 Nathan's Famous 赞助。吃热狗比赛源自一个有趣的传说，根据大赛官网介绍，据说曾经有 4 个移民都想证明自己最爱美国，因此他们展开了吃热狗比赛，并承认吃的最多的人最爱国。

独立日的晚上则是烟花的独角戏。美国各地都会在当天燃放起各色烟花照亮城市，欢庆节日。

而 2019 年的 7 月 4 日与往年不同，美国总统特朗普打破独立日"非政治化"的惯例，举行了以音乐、军事演习和飞行表演为主题的盛大庆祝活动。

庆典当天上午，首都华盛顿宪法大道依照惯例举办"国家独立日游行"，长达 1.6 公里的游行路线由军乐队、横笛和鼓队、花车、军事方队、巨型气球、马术方阵和演习部队进行各项表演，场面热闹盛大。特朗普还发表了一场关于爱国主义的演讲，成为首位独立日当天在林肯纪念堂发表讲话的在任总统。伴随着演讲，各军兵种共 23 架战机依次飞越华盛顿地区上空，进行飞行演示。随后，国会大厦西部草坪上举办了传统的"国会四日音乐会"。最后这个不一样的独立日庆典以比上一年时间长一倍的盛大烟花秀画上句号。特朗普表示，当晚的烟花秀是"华盛顿特区有史以来最大的烟花表演"。

但美国作者丹尼尔·布尔斯廷在《美国人：建国的历程》一书中却提醒人们：7 月 4 日是如何成为一个举国庆祝的日子的？这或许是一个永远不能解开的谜。

首先确定美国独立的决议，是由大陆会议在 1776 年 7 月 2 日（不是 7 月 4 日）通过的。因为大陆会议是在 7 月 2 日正式投票通过了 6 月 7 日由理查德·亨利·李提出，经约翰·亚当斯附议的决议，这个决议宣布："这些联合起来的殖民地从此成为，而且有权应当成为自由独立的合众国；它们解除了对英国王室的一切隶属关系，而它们与大不列颠之间的一切政治联系，也应从此完全废止。"

就在第二天（7 月 3 日）约翰·亚当斯给他的妻子写信说："1776 年 7 月 2 日，这一天将是美国历史上最值得纪念的日子。我倾向于相信，它将为我们的后代作为伟大的周年喜庆日而加以庆祝。"

假如 7 月 4 日不是正式宣布美国独立的日子，那么它有什么理由得到这种荣誉呢？因为它也不是《独立宣言》的签署日子。《独立宣言》签署于 7 月 4 日的这个观点所以得到流传，是由于许多错误的个人回忆，甚至是由于某种历史上的事后捏造。在这神圣的 1776 年之后的 10 年中，富兰克林、约翰·亚当斯和杰斐逊分别著文称，《独立宣言》是在 7 月 4 日签署的。这种混乱的出现还由于 1776 年大陆会议本身甚至都未宣布"签署者"的名单。

美国人在 7 月 4 日庆祝独立日，或许是一个美丽的历史错误。

8. 万圣节

万圣节又叫诸圣节，在每年的 11 月 1 日，是西方的传统节日；而万圣节前夜的 10 月 31 日是这个节日最热闹的时刻。从起源上，万圣节也算是一个宗教节日，它表示活力四射的夏天已经结束，代表死亡的冷酷的冬天正在来临。

在基督纪元以前，凯尔特人在夏末举行仪式感激上苍和太阳的恩惠。当时的占卜者点燃火把并施巫术以驱赶据说在四周游荡的妖魔鬼怪。后来罗马人用果仁和苹果来庆祝的丰收节与凯尔特人的 10 月 31 日融合了。在中世纪，人们穿上动物造型的服饰，戴上可怕的面具是想在万圣节前夜驱赶黑夜中的鬼怪。尽管后来基督教代替了凯尔特和罗马的宗教活动，早期的习俗还是保留了下来。孩子们带着开玩笑的心理穿戴上各种服饰和面具参加万圣节前夜舞会，这些舞会四周的墙上往往悬挂着用纸糊的巫婆、黑猫、鬼怪和尸骨，窗前和门口则吊着龇牙咧嘴或是面目可憎的南瓜灯笼。

万圣节前夜，即 10 月 31 日夜晚，是儿童们纵情玩乐的好时光。在孩子们眼中，这是一个充满神秘色彩的节日。夜幕降临，孩子们便迫不及待地穿上五颜六色的化妆服，戴上千奇百怪的面具，提上一盏"杰克灯"（南瓜灯）跑出去玩。"杰克灯"的做法是将南瓜掏空，外面刻上笑眯眯的眼睛和大嘴巴，然后在瓜中插上一支点燃的蜡烛。

为了保护儿童和对他们加以引导，美国的学校和家庭常在万圣节前夜为他们组织丰富多彩的晚会和娱乐活动。孩子们自己动手布置会场，装饰环境，然后装扮成女巫或海盗等表演各种节目或做游戏。万圣节前夜最流行的游戏是"咬苹果"。游戏时，人们让苹果漂浮在装满水的盆里，然后让孩子们在不用手的条件下用嘴去咬苹果，谁先咬到，谁就是优胜者。

和中国人对鬼节的避讳相比，美国人好像非常喜欢这个节日，尤其是孩子，10 月还没开始，他们就在热切地盼望万圣节的到来。美国人快乐的万圣节，对于孩子的心理成长，也许有着积极的作用，它能帮助孩子们用一种乐观的心态去对待死亡这样一个沉重的话题。

9. 感恩节

感恩节是美国人民独创的一个古老节日，是美国人合家欢聚的节日，因此美国人提起感恩节总是倍感亲切。

感恩节和早期美国历史最为密切相关。在美国广为流传的是感恩节的设立，最初的意思是为了感谢上帝的慷慨，使得大地丰收，人们可以收获粮食。同时为了感谢当地土著印第安人，在新移民刚来新大陆的时候，给了他们非常重要的帮助。如今，感恩节成了美国家庭聚会的重要节日。

1620 年，"五月花"号驶离英国，102 名清教徒在海上颠簸折腾了两个月之后，终于在酷寒的十一月，在现在的马萨诸塞州的普利茅斯登陆。1620 年冬天，他们饥寒交迫，102 人的队伍，只剩下 50 多人。善良的印第安人给他们送来生活必需品，还特地派人教他们狩猎、捕鱼和种植玉米、南瓜。在印第安人的帮助下，他们终于获得丰收。在欢庆丰收的日子，按照宗教传统习俗，要向上帝表示感谢。但若没有印第安人伸出援救之手，恐怕他们也无力回天。于是这些清教徒邀请印第安人一同庆祝节日，表达对他们的感谢。

1621 年 11 月下旬的星期四，清教徒们和马萨索德带来的 90 名印第安人欢聚一堂，庆祝美国历史上第一个感恩节。黎明时，他们鸣放礼炮，列队走进一间用作教堂的屋子，虔诚地向上帝表达谢意，然后点起篝火举行盛大宴会，将猎获的火鸡制成美味佳肴盛情款待印第安人。之后两天又举行了摔跤、赛跑、唱歌、跳舞等活动。男人外出打猎、捕捉火鸡；女人则在家里用玉米、南瓜、红薯和果子等做成美味佳肴。就这样，清教徒和印第安人围着篝火载歌载舞，整个庆祝活动持续了三天。第一个感恩节的许多庆祝方式一直流传至今。

历史上真正第一次出现的官方感恩节，是在独立战争时期。1777 年，当独立战争陷入僵局的时候，反抗军总司令华盛顿将军建议设立一个"祈祷和感恩的日子"，后来作为总统，华盛顿在 1789 年 10 月 3 日宣布 1789

年 11 月 26 日是感恩节，但并非所有的州都遵循这一安排，这个节日也没有形成真正的传统。

到了 1863 年，时值美国内战最艰苦的时期之一，林肯总统认为需要去设立一个"祈祷和感恩的节日"来整合美国人的爱国精神。他效仿华盛顿总统，在同一天（10 月 3 日）正式宣布 11 月 26 日（也就是这个月的最后一个星期四）成为全国性的公共节日——感恩节。最初，美国的感恩节并没有固定的日期，由各州临时决定。直到 1941 年，美国国会才正式将每年 11 月的第四个星期四定为"感恩节"。感恩节假期一般会从星期四持续到星期天。

这个节日是美国所有节日中最重要的节日，可以和中国的春节相提并论。感恩节前夕，在外工作的人总要赶回家里和父母亲人一起过节。每逢感恩节，美国家家户户都要吃火鸡。火鸡已成为感恩节的象征。当然，也有一只最幸运的火鸡，按照美国人的风俗，得到总统的赦免而幸免于难。人们通常还吃一些传统菜肴，如西葫芦、奶油洋葱、土豆泥、南瓜派等。感恩节宴会后，人们有时会做些传统游戏，比如南瓜赛跑是比赛者用一把小勺推着南瓜跑，规则是不能用手碰南瓜，先到终点者获胜。比赛用的勺子越小，游戏就越有意思。

此外，人们还会前往教堂做感恩祈祷，城乡市镇到处举行化装游行、戏剧表演和体育比赛等，学校和商店也都放假休息。孩子们会模仿当年印第安人的模样穿上离奇古怪的服装，画上脸谱或戴上面具到街上唱歌、吹喇叭。身处异乡的人们也会回家过节，一家人团团圆圆。感恩节后，学校会让学生们画一张关于感恩节的画，火鸡是大多数学生的首选。

这一天，好客的美国人还会邀请好友、单身汉或远离家乡的人共度佳节。

从 18 世纪起，美国就有给贫穷人家送一篮子食物的风俗。当时有一群年轻妇女想在一年中选一天专门做善事，认为选定感恩节最恰当不过。所以感恩节一到，她们就装上满满一篮食物亲自送到穷人家。这件事远近传闻，不久就有许多人学着她们的样子做起来。不管遇到谁，他们都会说一句"谢谢！"

美国人还习惯把感恩节第二天的周五称为"黑色星期五"。在这一天，美国的各种商店都会对商品进行打折销售，近年来尤为如此，甚至有商家把打折日提前到了感恩节当天，每年都会掀起美国的购物狂潮。

然而，感恩节历史也许没有上面描述的那么美好。三天的盛况没有在印第安人的历史里留下记录，存活下来的印第安人也不认可这个传说；相反，他们认为真实的情况是，由于欧洲人的到来，印第安人成批成批地遭到屠杀和种族灭绝。甚至于有人认为感恩节是白人入侵美洲后，为庆祝对印第安人的大屠杀取得胜利而设的节日。

在印第安人心目中，感恩节记录了西方的白人恩将仇报的历史，暴露了人性最深处的残忍和冷酷。

1970 年以来，新英格兰的美国印第安人把感恩节这个全国性的节日称为全国哀悼日，他们在马萨诸塞州的普利茅斯纪念这一天。组织者称活动是为了纪念"数百万原住民的种族灭绝、对原住民土地的掠夺和对原住民文化的无情侵犯"。然而他们的行动在美国并不被人接受，他们被看作是非主流，是反社会的，然而对于幸存下来印第安人来说他们必须要告诉所有美国人感恩节的真相，还印第安人一个公道！

10. 圣诞节

12 月 25 日是圣诞节，以纪念耶稣诞辰，是美国盛大的节日。圣诞节的庆祝活动是从 12 月 24 日夜间开始，半夜时分达到高潮。这一夜就被称为圣诞夜。有的聚在酒馆、舞厅、俱乐部中尽情欢乐；有的全家共进丰盛的晚餐，然后围坐在熊熊燃烧的火炉旁共叙天伦之乐；虔诚的信徒们则在灯火通明的教堂里，参加纪念耶稣诞生的午夜礼拜。睡觉之前，家里的孩子们会把红色的圣诞袜挂在壁炉边，用以盛装圣诞老人夜里从天而降给自己送的礼物，家里的圣诞树下也会摆满家人互送彼此的礼物。最高兴的莫过于圣诞节当日早晨一家人一起拆看自己的圣诞礼物了，大家互相问候节日快乐，感谢赠送礼物之人。

圣诞节又称耶诞节、耶稣诞辰，译名为"基督弥撒"，是西方传统节日，起源于基督教。弥撒是教会的一种礼拜仪式。最开始教会并无圣诞节，大约在耶稣升天后百余年内才出现的。据说由于圣经未明确记载耶稣生于何时，故各地圣诞节日期各异。公元 440 年，由罗马教廷将 12 月 25 日定为圣诞节。公元 1607 年，世界各地教会领袖在伯利恒（Bethlehem，巴勒斯坦中部，传为耶稣降生地）聚会，进一步予以确定，从此世界大多数的基督徒均以 12 月 25 日为圣诞节。

西方人以红、绿、白三色为圣诞色，圣诞节来临时家家户户都要用圣诞色来装饰。红色的有圣诞花和圣诞蜡烛。绿色的圣诞树是圣诞节的主要装饰品，用砍伐来的杉、柏一类呈塔形的常青树装饰而成。上面悬挂着五颜六色的彩灯、礼物和纸花，还有点燃的圣诞蜡烛。

圣诞节活动中最受欢迎的人物是红色与白色相映成趣的圣诞老人。据说他原是小亚细亚每拉城（现土耳其西部港口城市伊兹密尔）的主教，名叫圣尼古拉，死后被尊为圣徒，是一位身穿红袍、头戴红帽的白胡子老头。每年圣诞节他驾着驯鹿拉的雪橇从北方而来，由烟囱进入各家，把圣诞礼物装在袜子里挂在孩子们的床头上或火炉前。因此，西方人过圣诞节时，父母把给孩子的圣诞礼物装在袜子里，圣诞夜时挂在孩子们床头。第二天，孩子们醒来后的第一件事就是在床头寻找圣诞老人送来的礼物。如今，圣诞老人已成为吉祥如意的象征，不仅是过圣诞节时不可缺少的人物，欢庆新年时也会出现。

基督教堂在圣诞夜时会门庭若市，教徒们会前往教堂同庆耶稣诞辰。午夜时分的礼拜，备受非基督教徒青睐，纷纷前往教堂满足其好奇心。当然，教士也不失时机地向来者讲述基督降生的故事。

圣诞夜里最有趣的活动要数"报佳音"，象征天使在伯利恒郊外向牧羊人报告基督降生的喜讯。深夜来临，教堂里的唱诗班挨家挨户地来到教徒家门前齐声唱起圣诞颂歌。于是这家人便走出来加入合唱。唱罢，主人把大家邀入屋中，以茶点招待。说笑一番后，唱诗班再到别人家去唱，主人一家也往往随同前去，"报佳音"的队伍愈来愈大，他们一家家地唱，欢乐的气氛有增无减，常常持续到天明。

圣诞节在美国如此受人重视，人们恐怕很难想象，他们的祖先曾经被禁止过圣诞节。当年英国清教徒受尽英国国教的迫害，千里迢迢来到新大陆，他们对英国国教的倒行逆施深恶痛绝，以至发展到凡是国教所实行的，他们都加以反对，对圣诞节的庆祝也因此严加禁止。他们规定，凡移民中有人胆敢庆祝圣诞节者，必须罚款。这条禁令一直到 19 世纪德国及爱尔兰移民大量移入美国后才逐渐解除。今天圣诞节已成为美国人民最喜爱的节日之一，这段往事也成为一件历史趣闻了。

从以上文字我们了解到美国的节日，从 1 月的新年到 12 月的圣诞节，每一个季度都有属于这个国家值得纪念的节日。就像中国的那些传统节日一样，是一个国家的珍贵记忆。

二、美国节日文化内涵

美国节日与宗教的密切关系。考察美国的建国史和发展史人们不难发现，基督教的触角已经延伸到美国生活的方方面面：美国民主的基石——《五月花号公约》记载，要以上帝的名义继续清教实验来完成上帝的事业。短短的美国《独立宣言》中竟有四次提到上帝。如果删去"上帝"二字，《独立宣言》的精神就无法理解。

基督教文化是美国的主流文化。深层次的基督教主流文化犹如一棵大树的根系，不断地为大树枝干提供着养份，只有认识了这个根系，才能真正了解美国社会成功的真谛。美国社会的民主、法制、自由等许多思想都根源于《圣经》的教义，具有宗教基础。[①]

受基督教的影响，基督教主流文化的精髓在于其平等观与博爱观。基督教宣扬平等、宽恕与博爱，爱所有人，爱人如己，甚至于爱我们的敌人。这是形成西方社会民主、自由风尚的思想基础。

具有普遍性的民主制度的基础，来自于基督教的根本精神：人是有限的，有罪的，人不但不完美，而且有缺陷。人所创造的制度亦如此。因此，对权力必须加以限制和制衡。三权分立，是西方流行的政治学说，也是美国政治制度的重要原则。美国政府实行立法、行政、司法三权分立，国会、总统和最高法院地位平等、相互制约平衡。在当今西方各国，美国是实行分权制衡最典型的国家。

美国人相信《圣经》，很多人周末都去教堂接受心灵的洗礼。《圣经》中教育人们友好、行善、道德高尚，许多人便怀着这样的信仰去生活，去与人相处。正如人们所说：多一个教堂，少一座监狱；多一个基督徒，少一个罪犯。

基督教认为神是神，人是人，只有上帝是神，上帝永远至高无上，人永远是上帝的仆人，人的权力永远不能超越上帝。因此，这从思想深处限制了人的私欲的膨胀。这就使再大的官，也要对老百姓笑脸相迎；再有名的人，也不敢在公众面前肆意妄为；再伟大的人也要检点自己的行为，不得做有违上帝意志的事情。

---

① 石洛祥，等. 借来的狂欢英美节日文化［M］. 重庆：重庆大学出版社 . 2011. p. 34.

基督教文化还宣扬天赋人权，珍惜生命，尊重人权。受基督教思想的影响，美国人视民主、平等、自由为生命，永远都选择民主政体、自由经济。专制、独裁与特权在美国人的思想深处就没有存在的余地。

基督教文化不排斥经济，甚至鼓励人们通过自我奋斗获得财富。新教伦理不仅不把追求财富和金钱的活动视为罪恶，而是把它和荣耀上帝联系在一起，正确地使用和管理财富荣耀上帝。勤奋工作、节俭和奉献是美德和道德义务，是基督徒的天职。正如著名的牧师约翰·卫斯理所说："拼命地赚钱，拼命地省钱，拼命地捐钱。"

在漫长的历史中，基督教信仰不仅发展成为一套存在于西方人头脑中的思想观念体系，还成为主导西方社会日常生活制度与礼仪的规范。刻骨铭心的罪孽深重感与上帝之子的大慈大悲，使居主流文化的基督教徒对"博爱"有独特的理解，产生了"感恩"文化。感恩和给予，一直是美国节日文化的重要组成部分。有统计表明，普通美国人近 1/4 的捐助行为都发生在从感恩节到新年假期的这六周时间里。2010 年，美国有 128 万个正式注册的非营利性慈善组织。慈善捐赠总额高达 2900 多亿美元，占 GDP 的 2%。从 1970 开始，美国慈善捐款占 GDP 的比例一直处于 2%左右。

在节日期间，人们除了为各种慈善机构团体捐款，还有很多节日特色的活动。如人们把买来的各种食品送到以帮助贫困人口闻名的救世军、食物银行（Food Bank）等组织，并到这些地方"义务劳动"。

节日季的周末，在一些十字路口人们常常会看到一些为慈善机构募捐的人，他们身穿标志鲜明的服装，手拿口袋或盒子，穿梭在等红灯的车辆间。很多人会摇下车窗捐出几块钱，而这些不停奔走的人都是义工。

在美国大部分地方都会看到这样一道节日风景，很多大商场和超市门口都站着戴着红色圣诞帽的先生或女士，手里不停地摇着一个铃铛，向过往的人们说着"节日快乐"的祝福话。他们旁边挂着一个红色的铁桶，进出的很多人都会停下脚步，把钱放到桶里。每年美国各地人们放到红铁桶里的钱达到上亿美元。一个小铃铛，一个红色铁桶，已经成为圣诞季节乐善好施精神的象征之一。

美国节日与个人主义。个人主义（individualism）是法国历史学家和政治家亚历克西·德·托克维尔（Alex de Tocqueville，1805—1859）创造的术语，指竭力强调个人自由、不受外来约束的一种政治和社会哲学，认为个人价值至上，强调自我支配和自我控制，反对权威、宗教、国家、社会及其他外在因素以任何方式干涉和阻扰个人的发展。尽管个人主义概念的内涵和侧重点一直在随着美国社会和经济的发展而变化，但其核心内容始终是承认每个人都有权利选择自己的生活道路，任何人都不得加以干涉和控制。个人主义思想的精髓依然是自主、自决、自负其责。①

在社会关系的价值取向上，美国民众更崇尚个人主义，以事取人。他们认为自己是控制自己生活的独立个体，而不是紧密相依的家庭、宗教团体、部落、民族或其他团体的成员。因此，在美国历史上产生正面影响的人物、在现实生活中作出贡献的角色，往往成为民众共同感激的对象。从母亲、父亲等普通角色到印第安人、黑人等异族，从默默无闻的阵亡将士、退伍军人到开国总统等，一律予以铭记和感谢。所以美国节日中的母亲节、父亲节、马丁·路德·金日、林肯总统诞辰纪念日、华盛顿总统诞辰纪念日和哥伦布日都属于全国性节日。

美国节日的精神性

按照黑格尔的解释，精神的东西包括自由的伦理、真实的情感和内在的宗教。精神的东西应该是高度个性化，一定是自发而为或自觉的思想行为，而非政治上所谓的自由，不是表面的随从或敷衍。

美国节日的精神性可从宗教信仰、民众参与以及"爱"的文化等方面感受到。在节日期间，民众更多的是参与活动，如游行、聚会、庆祝等，或去教堂礼拜，对人类美好的善行予以铭记缅怀。民众对这些节日投入的热情来自个体，来自内心，而非功利需求、政治需要或行政命令。

以美国的独立日为例，美国人庆祝国庆的一个很大特点，是民众自发参与程度很高。民众在节日前清洁院落，装饰家居，悬挂国旗。各地居民自发地进行庆祝游行，有的扮作骑马的旧时牧师或坐着古式马车的贵族小姐举行化妆游行；有的组成家庭小乐队参加游行。各种彩车、模型车、杂技车和小孩玩具车同欢乐的人群一起排成浩浩荡荡的队伍行进，景象十分壮观。游行结束，人们往往聚在公园或公共场所共同欢度节日。

美国节日的教育性

传统节日与传统文化互为表里、密不可分。传统节日蕴含丰富的教育

---

① 钱家富．浅谈美国节日与节日文化［J］．外语教育研究，2009．（2）．

资源，具有极大的教育价值。美国的不少节日对国民都有很好的教育意义。爱国教育和感恩教育在美国节日活动中得到充分体现。

爱国教育　美国的爱国主义教育无时无处不在，十分巧妙地渗透在节日活动中。美国的全国性公共假日中，一半以上都与爱国主义教育有关，如马丁·路德·金日、总统日、独立日、阵亡将士纪念日以及退伍军人日、国旗日等。这些节假日往往伴随着全国各地的庆典和游行，由美国不同军种的现役及退役军人、"二战"老兵、国民警卫队、童子军、各大高校和初高中、社区、企业代表组成队列。伴随着庆典，从政治家讲话到媒体报道、社交媒体评论，都时时刻刻在提醒美国公民这是一个多么伟大的国家。在独立日很多美国人在自家房屋前、车前、商店门口插上红白蓝三色的美国国旗，大多数人会穿上带有美国国旗图案的衣服，在国家庆典，人人都背诵"我爱这个国家，保卫这个国家"的誓词；美国中小学在国旗日甚至每周都要举行升国旗仪式，学生们要集体诵读"国旗誓词"。

感恩教育　感恩节是教孩子学会感恩的最好时机。老师们会告诉孩子们感恩节的历史，如五月花号、清教徒在印地安人帮助下有了好收成等。孩子们很多时候都会带回家一张卡片，上面列举了自己想要感恩的人和事，有的学生还会写关于感恩节的小文章。这样的文化熏陶、耳濡目染，一点一滴培养孩子美好的情操。

三、美国节日文化对中国节日文化的启示

一个民族有一个民族的节日，一个民族有一个民族的情怀，源远流长的传统节日和民族文化是一个民族的自豪和民族的情结。节日代表着一个社会的文化，节日的背后是历史、文化和信仰。一个国家的节庆活动不仅反映了这个国家的历史背景，而且也充分体现了这个国家的民族文化。

伴随着全球经济一体化，加速了外国文化对我国的影响。中华民族的一些传统节日也被许多人淡化了，各类洋节自然就会乘虚而入。特别是年轻人，逢洋节必过，洋节日之所以受到追捧，原因是许多年轻人追求时尚，喜欢热闹的气氛。西方的节日属于大社会的东西，比较轻松浪漫，注重情调，迎合年轻人的口味，容易受年轻人的喜欢。

针对洋节在中国兴盛的问题，我们没有必要过于反对洋节，而是应该了解人们为什么喜欢洋节。我们应该从洋节中吸取有益的道德文化元素，

可接受的娱乐元素，洋节也可以本土化——中国年轻人在平安夜送平安果即为一例（欧美并无此风俗），本土化的洋节逐渐形成一种别具特色的文化现象。

中国人应该挖掘中国节日深刻的文化内涵，推广中国人自己的节日文化。中国的传统节日，大都是伴随着传奇的神话故事，凄美的爱情故事，丰富的传统民俗等，具有非常深厚的中华文化底蕴和内涵。

从中国传统节日的起源来看，有些是为了纪念文化名人，比如端午节的设立是为了纪念爱国诗人屈原，寒食节的设立是为了纪念一代忠臣介子推；有些则是由崇拜祭祀活动演变而来，比如春节就是由上古时期的祈福祭祀，逐渐发展为现在的举国盛事。

春节是农历的岁首，春节的另一名称叫过年，是中国最盛大、最热闹、最重要的一个古老传统节日，也是中国人所独有的节日，是中华文明最集中的表现。在春节这一传统节日期间，我国的汉族和大多数少数民族都要举行各种庆祝活动，这些活动大多以祭祀神佛、祭奠祖先、除旧布新、迎禧接福、祈求丰年为主要内容。活动形式丰富多彩，带有浓郁的民族特色。

端午节起源于中国，是古代吴越地区（长江中下游及以南一带）崇拜龙图腾的部族举行图腾祭祀的节日，在农历五月初五以龙舟竞渡形式举行部落图腾祭祀。战国时期的楚国（今湖北）诗人屈原在该日抱石跳汨罗江自尽，后世将端午作为纪念屈原的节日。

七夕节起源于民间故事《牛郎织女》，相传牛郎织女一年一度的鹊桥相会就是在农历七月初七，又因为织女有一双能织云霞的巧手，民间的少女们希望能得到织女的灵气，所以在七夕节那天"乞巧"。直到今日，七夕仍是一个富有浪漫色彩的传统节日。如今不少习俗活动已弱化或消失，唯有象征忠贞爱情的牛郎织女的传说，一直流传民间。

起源于中国的中秋节已成为东亚民间的一个传统节日，为每年农历的八月十五。按照中国的农历，八月为秋季的第二个月，古时称为仲秋，因此民间称为中秋，又因为这一天月亮满圆，象征团圆，又称为团圆节。

可以说，无论是为"慎终追远"而悼念祖先，还是祈求丰收吉祥、人丁兴旺，中国传统节日呈现出了丰富深刻的文化内涵。

节日仪式是节日文化、信仰、价值观的形象载体，其符号与标志对传统节日精神的传播具有重要意义。节日仪式承载着节日的内容，烘托节日氛围。庆祝节日在一定意义上就是使用节日符号、举行节日仪式的过程。

很多年以来，人们误会了"文化"与"文明"这两个概念，把很多文化的东西当作是落后的文明加以革除，造成了事实上的文化断裂和文化遗忘，这是很不应该的。我们应该重新找回那些被遗忘的仪式，传承和创新中国节日仪式，重新点燃和传承文化香火。

在美国，圣诞节的点灯仪式是传统的节日活动，代表着圣诞节庆序幕的开启，表达了欢乐与温暖、憧憬美好未来的节日精神。自1923年起，每年12月初，美国白宫都会举行"国家圣诞树点灯仪式"。

中国春节　贴春联、吃年饭、包饺子、守岁、拜年、发红包、燃放烟花爆竹等，都是仪式。同样是吃饭，吃年饭跟平时吃饭是很不一样的，年饭有很多菜式，其中不少菜式隐喻着美好的愿望，蕴含着祈福的含义，吃饭时要缅怀祖宗，一家人必须团聚……所有这些其实都是仪式。正是这些仪式决定了春节之为春节。

端午节这一天人们吃粽子、赛龙舟，挂菖蒲、艾叶，薰苍术、白芷，喝雄黄酒。吃粽子和赛龙舟，主要是为了纪念屈原，因而端午节曾定名为"诗人节"，以示对伟大诗人屈原的纪念。至于挂菖蒲、艾叶，薰苍术、白芷，喝雄黄酒，则是为了压邪，表征着人们对正气的崇尚。

节日需要仪式化，更需要意义的本土化，意义是对民族精神的传承。但仪式需要内容支撑，不能沦为空壳。随着文化的地位和作用的全球凸显，文化成了当下经济社会发展的一种重要资源，于是我们看到节日经济的火爆，节日俨然成了商家"快意恩仇"的平台，豪华的包装、天价的粽子、高档的烟酒遮蔽了节日本有的精神底蕴和文化价值。

从中西方节日的内涵关键词诸如团圆、感恩、纪念、快乐等可以看出，不管节日的来源如何，就其所要传达的本质意义，中西方节日是有很多共同点的。中西方节日文化对错之分，高低之分只是有的人刻意加上了主观判断罢了。

节日是每个国家人们的精神寄托和倾诉感情的载体。美国人的母亲节、国旗日、感恩节，大都具有鲜明的美国特色，有着它自己的国情和诉求。

中国人感恩父母，讲究的是传统的忠孝文化；中国人感恩天地和大自然，是弘扬"天人合一"的思想文化；中国人感恩炎黄帝，因为他是我们的老祖宗，我们是炎黄子孙。

所有节日文化的存在，都是为了更好的让人们感觉到幸福感，感受亲情、友情、爱情对一个人与社会的重要价值，也是为了让我们在工作繁忙的闲暇之余可以静下心来更好地去体会、回味一下这个世界所带来的美好感觉。

传统节日历经千年而不衰，蕴含着丰厚的优秀传统文化因子。让传统文化插上节日的翅膀，定能让我国优秀传统文化从历史的尘埃中走来，从沉寂的现实中苏醒，飞向世界舞台，在国际视野中留下光辉灿烂的身影，成为让世界读懂中国的一扇天窗。

一个没有自己节日的民族，一个没有自己文化的民族，是一个没有希望的民族。

第二部分　美国社会

第一章　梦想与现实：美国的种族问题

众所周知，美国是个移民国家，来自世界各地不同地域、不同肤色、不同文化、不同宗教信仰、不同背景的移民与当地土著人汇集在一起组成了多种族、多族群的美利坚合众国。一方面，多元文化的碰撞为美国注入了无穷的活力，迸发出了无限的创造力。另一方面，不同文化、不同信仰、不同背景的种族和族群之间也不可避免地产生诸多冲突和矛盾。从英国殖民者在北美建立殖民地开始，美国就始终面临着非常复杂和激烈的种族冲突，400 多年来从未间断。美国一直向全世界标榜的自由和平等，在美国国内也远未实现。种族问题由来已久，一直是美国最核心的社会问题，困扰着美国社会，成为美国国内最重要的不稳定因素，也是美国社会无法根治的痼疾。种族问题对美国的政治、经济、文化影响深远，要深入了解美国社会，就必须了解美国的种族问题。

一、美国的种族和族群

提到种族（race），我们通常会联想到肤色，如白种人、黄种人、黑种人。但是美国的种族问题非常复杂，不能简单以肤色划分，而应以族群（ethnic group）来区分。除了体质（如体型、肤色、毛发等）因素，更强调不同群体之间在语言和文化上的差异。同是白人，欧裔白人和拉美裔白人在美国的境况有天壤之别，即便是欧裔白人之间，英格兰裔和爱尔兰裔、德裔和意大利裔移民情况也各不相同，不能简单用白人种族来区分，因此要讨论美国的种族问题，族群是一个更科学、更客观、更全面的概念。

美国的族群大致可以分为欧裔（白人）、非裔（黑人）、拉美裔（说西班牙语的拉美人，如墨西哥、波多黎各、古巴等国移民）、亚裔以及美国本土的土著印第安人，各个族群在体貌、语言、文化、经济水平、受教育程度、社会地位等方面都有较大差异。从人口比例来看，白人一直都在美国社会占主导地位。2010 年美国的人口统计数据显示，美国总人口 3.08 亿，白人占 65％，黑人占 12.8％，拉美裔占 15.4％，亚裔和太平洋裔占 4.7％，印第安人只占 1％左右。[①]

美国的种族问题主要是作为主体种族并在美国社会起主导作用的欧裔白人与其他少数族裔之间的矛盾和冲突，其中欧裔白人与非裔黑人之间的矛盾和冲突最为突出，少数族裔之间也存在不少矛盾和纷争。近年来，白人人口数量有逐渐下降的趋势，随着黑人人口因高生育率而迅速增长，以及拉美裔移民不断增加，不断攀升的非裔黑人和拉美裔人口将会改变美国的族群人口结构，人口结构的变化将会使美国种族问题更加突出。少数族裔的力量变得越来越强大，引发白人至上的欧裔白人种族主义者的恐慌和担忧，并使固有的矛盾不断升级，种族问题将变得更加复杂。

二、美国移民史

美国历史既是一部移民史，也是一部种族和族群之间的斗争史，族群之间的矛盾和斗争充斥着整个美国的历史发展过程。美国的种族和族群问题由来已久，根深蒂固，有深刻的历史原因。要理解现代美国社会的种族问题，有必要先追溯美国各个族群的移民史。

1. 欧裔移民

欧裔白人主要包括英国人、爱尔兰人、德国人、意大利人、法国人、西班牙人、俄国人、波兰人等。进入美洲大陆最早的殖民者是来自英伦三岛和北欧的盎格鲁—撒克逊人，他们绝大多数都是新教徒，因宗教原因或政治原因在国内受到迫害，或者是破产的农场主。来到美洲大陆后，他们相继在北美大西洋沿岸建立了 13 个殖民地，开疆拓土，发展经济，将从英国带来的盎格鲁—撒克逊文化发扬光大，成为美国的主流文化，并将他们的价值观变成了美国的普世价值观，他们也从最初的移民者变成了定居者，并逐渐成为北美大陆的统治者。从美国建国到现在，他们一直在美国主流社会起着主导作用，他们也是欧裔白人移民中的大多数。缔造了辉煌的大英帝国的盎格鲁—撒克逊民族，有着与生俱来的傲慢和强烈的优越感，骨子里就带着白人至上的潜意识，认为自己的民族是最优秀的，自己

---

① 资料来源：U. S. Census Bereau，2010. Census Summary file 1.

的文化是最好的，白人的智力和文明程度要优于其他人种。① 在英国受尽迫害来到新大陆的盎格鲁－撒克逊人，挣脱了大英帝国世袭社会等级的束缚，植入了自由平等的理念，但是其白人至上的意识从来不曾改变，成为美国几个世纪以来种族问题的根源。

　　除了占主导地位的盎格鲁－撒克逊人，欧裔白人中还有一些少数族裔，如德国人、爱尔兰人、意大利人、犹太人，他们移民美国的时间各不相同，在美国的境况也有很大差异。德裔美国人是欧裔白人中人数比较多的族裔，约占美国人口总数的17％。② 最早的德国移民于1608年抵达詹姆斯顿，和英国殖民者一样，他们也是美洲大陆殖民地最早的定居者之一。因为宗教原因以及对新大陆土地的渴望，大量德国人开始在18世纪来到美国，购买土地，建立村庄，靠耕种、打鱼或狩猎为生。第一次世界大战和第二次世界大战期间，因为政治原因或者为了躲避战乱，移居美国的德国人又创新高，其中包括许多优秀的德国科学家和工程师。从1848年到第一次世界大战期间，共有大约有600万德国移民来到美国，德国移民一度成为美国最大的移民族群。经过几代人的努力，尽管德裔美国人已经逐渐接受了美国的文化和习俗，想尽力把自己变成一个地道的美国人，但是在第一次世界大战和第二次世界大战期间，受当时政治气氛的影响，很多德裔美国人还是受到歧视、排斥、怀疑和迫害。他们被无端猜疑、跟踪、审查、盘问和拘禁，被判刑甚至被残忍地杀害。很多德裔公民被限制自由，财产被没收，找不到工作，甚至不得不放弃了自己的母语，以免暴露自己的德裔身份，处境非常艰难。今天的德裔美国人分布在美国各个州，经过近400年的经营，他们中的很多人已成为欧裔白人中的佼佼者，在各个领域都做出了卓越贡献，对美国社会政治、经济、科学、文化产生了深远的影响。圣诞树、德国啤酒、德国香肠、汉堡等德国舶来品已经成为美国人日常生活的一部分，美国城市辛辛那提也是以德裔美国人的年度节日"Zinzinnati"而闻名。德裔杰出人物更是层出不穷：布鲁克林大桥的设计者约翰·奥古斯塔·罗布林、火箭专家沃纳·冯·布劳恩，体育名将贝比·鲁斯、著名演员克拉克·盖博，汽车大亨斯塔德贝克和杜森博格兄弟

① 王晓德．美国文化与外交［M］．北京：世界知识出版社，2000，p.236.
② 〔美〕马丁·麦格．族群社会学［M］．祖力亚提，司马义，译．北京：华夏出版社，2007，p.137.

95

以及大家熟知的沃尔特·迪斯尼、约翰·D. 洛克菲勒、威廉·波音、比尔·盖茨、史蒂夫·乔布斯等。德裔美国人还积极融入了美国政界，美国历史上三位总统：德怀特·艾森豪威尔、赫伯特·胡佛和理查德·尼克松都有德裔血统，现任总统唐纳德·特朗普也是德国人的后裔。

爱尔兰人从 19 世纪开始移居美国，并在 19 世纪前半叶达到高潮。1845—1850 年，因土豆欠收造成爱尔兰大饥荒，大约有 130 万爱尔兰逃荒者为了生存涌入美洲大陆。这些在爱尔兰以种地为生的逃荒者没有一技之长，只能做劳工、搬运工、马车夫、修铁路的建筑工人、餐厅侍者或者富人家的佣人，又因为他们信仰天主教，与信仰基督教新教的英国人格格不入。虽然同为白人，也处处受到英国人的歧视，在美国经济和社会地位低下。这种状况经过好几代移民的努力才开始改变，逐渐被美国主流社会接受，随着财富的积累，后来也出现了像肯尼迪家族和克林顿家族这样在美国政坛有影响力的爱尔兰裔名人。

意大利移民进入美洲大陆比爱尔兰人晚，他们虽然也是欧洲白人，但是因为来自南欧，无论在体貌、肤色、语言、文化、伦理道德、社会组织还是宗教信仰上都与英国人不同，所以在美国一直受到歧视。来自意大利南部如西西里岛的移民相对比较贫困，文化程度低，在美国也没有社会地位，常常被主流社会拒之门外，在某些地方甚至一度被禁止进入某些白人社区、学校和俱乐部等。聚居在纽约、芝加哥等大城市的意大利人为了自保和自助，组建了很多帮会组织，著名的黑帮组织黑手党就让美国警察束手无策。

犹太裔美国人在美国人口中的数量很少，只占美国总人口的 2% 左右，但是 在美国有很高的经济和社会地位，对美国的政治经济、内政外交都有深远的影响。早期的犹太移民主要来自西班牙、葡萄牙和德国，19 世纪末因为遭到俄国沙皇的迫害，大批犹太人逃到美洲大陆，第一次世界大战和第二次世界大战时因为德国的种族灭绝政策，也有大量犹太人逃亡美国。犹太民族在历史上是一个特殊的民族，由于没有自己的国家，所以一直四处流浪，饱受欺凌和歧视，历经磨难。他们没有土地，只能经商，拼命积累财富，因为不断被驱逐和迫害，财富也不能带走，让他们意识到知识才是唯一不能被剥夺的财富，所以犹太人特别重视教育。加上犹太人勤勉、自律、善于经商，犹太裔虽然人口在欧裔中是少数族裔，但是他们具备良好的教育背景和优越的家庭条件，除了经商有道，大多数犹太人在美国都从事法律、科学、医学等专业性较强的工作，受人尊敬，成为全美家庭收入水平最高的族群，其平均收入大概是黑人的六倍。经济上富裕的犹太人在潜移默化中也影响并改变着美国乃至整个世界的政治格局，影响着美国的内政外交政策。美国最主要的电视媒体几乎都掌握在犹太人手中，信息时代靠媒体争取选民的总统竞选肯定离不开媒体的支持，因此历届总统和政客为了自己的政治前途都会考虑犹太人的立场和利益，美国在国际关系中一直向以色列示好就是一个例证。现任总统特朗普家族本身就与犹太裔有着千丝万缕的联系，更是以色列利益的坚定支持者和维护者。

2. 非裔移民

非裔美国人是美国所有移民群体中唯一一个非自愿被强制移居北美大陆的族群，这跟美国历史上罪恶血腥的贩奴历史有关。欧洲殖民者来到美洲大陆，因为经济发展的需要，急需大量劳动力，他们无法驯服本地桀骜不驯有自己文化传统和生活习俗的土著印第安人，开始从非洲大量掳掠黑人到美洲，大部分黑人做了南方庄园主的奴隶。17 世纪到 18 世纪，大约有 1000 万黑人被贩卖到美洲大陆，世世代代成为完全失去人身自由的奴隶，并且作为庄园主的私有财产被随意转卖。美国北方和南方因为奴隶制的存留问题爆发了南北战争。1862 年，林肯总统发表《解放黑奴宣言》，宣告所有黑奴在法律上获得自由，但是南方白人庄园主为了自己的利益对争取自由的黑人实施残酷的鞭刑和严厉的处罚，三 K 党横行，许多逃跑的黑奴遭到私刑或者被残忍地杀害。直到南北战争结束，黑人虽然在法律上已经成为自由人，但是由于白人骨子里根深蒂固的白人至上意识，白人认为黑人智力低下，总把他们与愚昧、犯罪和暴力联系在一起，处处排斥他们，根本没有把他们当成平等的公民来对待，白人与黑人之间冲突不断。[①]联邦政府制定了所谓"分离但平等"的政策，采取严格的种族隔离措施以减少冲突。黑人和白人不仅居住地分开，而且法律还规定黑人严禁使用白人的所有公用设施，如酒店、餐馆、商店、酒吧、电影院、学校、公共汽车、火车、候车室、公交车站、甚至厕所等。黑人如果在路上与白人相

---

① 〔美〕约翰·富兰克林. 美国黑人史［M］. 张冰姿，等，译. 北京：商务印书馆，1988，p.543.

遇，必须站到旁边主动为白人让道。① 这些带有严重种族歧视的隔离政策让白人和黑人严重对立。黑人无法融入社会，就业机会少，生活没有保障。黑人学校无论师资、教学条件、教学质量都无法与白人学校相比，教育水平的差异直接影响到就业，他们根本无法与白人竞争，改善自己的生活状况。白人的种族歧视激起了黑人的激烈反抗，全美各地暴乱和骚乱频发，不仅造成了社会的不稳定，也对美国经济造成了巨大损失。

20 世纪 60 年代，美国黑人民权运动风起云涌。1963 年，马丁·路德·金在华盛顿的黑人集会上发表了著名的演讲"我有一个梦想"，表达了黑人反对种族歧视，要求人人平等的公民权的强烈愿望。随着美国工业革命的兴起，大量黑人从乡村涌入城市，美国大中城市黑人人口比例迅速增加，黑人人口过半的城市越来越多，争取黑人选民的选票对竞选至关重要。为了政治前途，不少政客开始关心黑人问题，以赢得黑人选民的好感。1965 年，倡导黑人非暴力运动的民权领袖马丁·路德·金被种族主义者暗杀，引发全美 100 多个城市的骚乱，也激起黑人更加激烈的反抗。暴力斗争蔓延到全美，激进的黑人民族主义组织"黑豹党"甚至宣称要在美国建立独立的黑人国家，将美国一分为二，成为黑白两个国家。② 迫于黑人运动的压力，美国政府颁布了《民权法案》，终于从法律上废除了种族隔离的各项法令，但是南方各州仍然通过各种方式拒不执行该法案，联邦政府甚至需要动用军队护送黑人学生进入白人学校就读。法律上的平等并没有换来真正的平等，隐形歧视和隐形隔离依然存在。黑人和白人仍然是择地而居，如果黑人进入某一个白人居住的社区，白人就会陆续搬离，最后该社区又变成了黑人社区。美国实行就近入学，黑人社区附近的学校主要还是黑人学生，联邦政府给学校的财政拨款有限，更多的资金靠当地的税收和捐赠，黑人收入有限，因此黑人社区的学校与白人社区的学校相比差距仍然非常大，他们根本就不在一条起跑线上，最后的升学、就业、收入、社会地位差距不言自明。这种结构性的差异又会导致贫穷、犯罪和暴力，循环往复。黑人与白人之间的矛盾和斗争从殖民地时期开始，几个世

---

① 吴泽霖. 美国对黑人、犹太人和东方人的态度［M］. 北京：中央民族学院出版社，1992，pp. 56—58.

② 〔美〕约翰·富兰克林. 美国黑人史［M］. 张冰姿，等，译. 北京：商务印书馆，1988，p. 571.

纪以来从没有停止过。

3. 拉美裔

拉美裔主要由墨西哥移民（占拉美裔移民的 63%），波多黎各移民（9%），古巴移民（4%）以及拉美其他国家移民组成。[①] 他们既不是黑人，也不是黄种人，大多说西班牙语，文化和信仰与白人不同，因为肤色比白人稍黑，白人也不把他们当成自己人，所以他们的处境在美国很尴尬，只能算是"二等白人"，经济和社会地位甚至还不如亚裔和非裔，这也与美国历史有关。为了掠夺更多的土地，美国通过 1846—1858 年的美墨战争，割占了墨西哥大片土地，现在美国西南部的新墨西哥、得克萨斯、加利福利亚几个州以前都是墨西哥的土地。美国还在战争中和战后无偿征收了大量墨西哥私人和社区的土地，使无数墨西哥人一夜之间失去了自己的家园和财产，彻底摧毁了当地墨西哥人的经济基础，让被割占领土的墨西哥人别无选择，只能成为雇工，靠为西南部的白人庄园主打季节性短工为生，一直生活在美国社会最底层。[②] 又因为地理位置的关系，在美墨边境，每年有大量的拉美人从墨西哥非法入境，仅 2000 年非法入境人数就高达 480 万人。非法移民不仅带来治安问题，还有毒品和犯罪，让美国移民局和警察防不胜防，边境的非法移民问题经常演变成暴力冲突和流血事件，让美墨两国关系一直处于紧张状态。

4. 亚裔

亚裔主要有华裔、印度裔、日裔、韩裔、越南裔、菲律宾裔等，与以上几个族群相比，所占人口比例相对较小。亚裔大量移民美国的时间较晚，20 世纪 70 年代，欧洲经济快速发展，社会稳定，福利待遇优厚，移民美国的欧洲人明显减少。为了吸引更多的移民，美国调整了移民政策，开始增加亚裔移民的配额，通过各种方式从第三世界攫取人才，为美国经济和科技发展注入强劲动力。80%～90% 在美国留学的亚裔留学生毕业后都留在了美国，通过人才引进、技术移民等政策，美国不用花费巨额教育成本就汇集了很多高素质专业人才，其中很大一部分来自中国。菲律宾曾

---

① 〔美〕马丁·麦格 . 族群社会学 ［M］. 祖力亚提，司马义，译 . 北京：华夏出版社，2007，p. 147.

② G. E. Simpson and J. M. Yinger. *Racial and Cultural Minorities：An Analysisi of Prejudice and Discrimnation* ［M］. New York：Plenum Press，1985，p. 186.

是美国的殖民地，学校都是英语授课，印度也长期是英国的殖民地，官方语言为英语，移民美国有得天独厚的语言优势。印度人通过留学和技术移民定居美国的人不少，很多从事软件开发和管理，并在硅谷闯出一片新天地。韩裔和越裔批量移民美国主要是因为战乱。日韩战争后，大韩帝国灭亡，朝鲜半岛成为日本殖民地，大批韩国人开始移民美国。目前居住在美国的韩国人约 200 多万，主要聚居在美国的一些大城市，如纽约、洛杉矶、旧金山、波士顿等，仅洛杉矶就有 60 多万韩裔。韩裔通常也聚集在一起居住，形成一个韩裔居住区，称为"韩国城"，主要从事服务业，如开餐馆、商店。经过多年经营，他们垄断了不少城市的蔬菜和水果零售业。大批越南人移居美国是在 1975 年越战结束后，越南裔美国人目前在美国约 120 万，主要散居在美国西部如加利福尼亚和得克萨斯州的大城市。

日本人移民美国始于 18 世纪末，在 19 世纪初曾达到 10 万之众。日裔在美国无论经济条件还是社会地位都比较好，因为移民美国的第一代日本人都是经过日本政府审查和挑选的青壮年，来美国后一直得到日本政府的保护和支持，从事商业、农业等非苦力工作，发展比较顺利。但是珍珠港事件爆发后改变了很多日裔美国人的命运，日裔美国人遭到美国社会普遍仇视和怀疑，许多人因为日裔身份被无故解聘。西海岸大约 14 万日裔被集中送到拘留营关押直至战争结束，许多日裔多年积累的财富也化为乌有，精神和心理上也为自己到底是日本人还是美国人，是彻底效忠美国，背叛自己的日本亲人还是顾念心中的故国而备受折磨和煎熬。为了证明自己作为美国人的忠诚和对美国的爱国心，有约 30 万日裔美国人参加了第二次世界大战，被派往欧洲战场，或者在太平洋战场美军与日军的战斗中充当日语翻译。战后由于日本人的勤奋和团结，日裔族群在美国的社会地位和经济地位得到迅速恢复，在日裔人数占优势的夏威夷，日裔还成功入选参议院并竞选出日裔州长。在所有亚裔族群中，日裔移民可能是最成功和最有影响力的群体。尽管如此，种族歧视也一样存在。20 世纪 80 年代，美日贸易出现巨额逆差，影响到不少美国制造业工人，尤其是汽车和电器行业，又引发了美国人的反日情绪，针对日裔美国人的暴力事件不断发生。

华人定居美国已有 170 多年的历史，目前是亚裔移民中人数最多的族裔。2018 年公布的人口普查数据显示，目前亚裔移民约 2142 万，华人约 508 万。19 世纪，大清帝国摇摇欲坠，鸦片战争爆发，国内民不聊生。自 19 世纪 30 年代开始，陆续有中国人开始远渡重洋，到美国西部谋生，其中大部分来自广东。他们像难民逃难一样，一路历尽千辛万苦来到加利福利亚，大部分都做苦力，从事最艰苦、最危险的工作，伐木、修铁路、挖矿，领着微薄的薪水，为美国的西部开发做出了重要贡献。北美兴建的横贯美洲大陆的太平洋铁路，主要就由中国劳工建造。1848 年，加利福利亚发现金矿后，越来越多的中国人涌入加州，聚集在圣弗朗西斯科的中国人曾达 10 万，中国人将这座城市命名为"旧金山"，希望能在这里淘到金子，发家致富，光宗耀祖。① 但是勤劳的中国劳工在这里并没有得到应有的尊重，他们的待遇与黑奴并无两样。由于中西方巨大的文化差异，还有白人潜意识里的种族优越感，留着长辫子，来自封闭保守的封建帝国，目不识丁的中国劳工在白人眼里就是"外来者""异类""暴力"的代名词，他们是"不受欢迎的人"。美国政府制定了许多针对华人的歧视性政策，如华裔妻女不得移民，不能与白人通婚等。由于当时来美国的华人几乎清一色都是男性，人为造成了华裔第一代移民男女比例严重失调，留在美国的华裔几乎都成了单身汉，许多人即便没有葬生矿场和铁路工程线上，最后也都终身未娶，孤独地客死他乡。

　　1870 年后，美国爆发经济危机，失业率急剧上升，勤劳、俭朴、工作努力的华裔成了美国人的潜在竞争对手，美国社会开始了排华浪潮，针对华人的暴力事件屡见不鲜。美国政客为了迎合白人种族主义的排华情绪，不断抨击华人。1882 年美国政府颁布了《排华法案》及一系列修正案，限制华人的正当权利，禁止华人成为美国公民，禁止华人在法庭上作证，禁止华人投票等，华人首次成为因为种族原因被以法律形式公开排斥的族群。此外，美国社会还通过各种手段如征收特别税等排挤打压华人，一些州还颁布针对华人的特别禁令，纽约州甚至禁止华人从事 20 多种职业。② 华人在美国的生活举步维艰，许多华人被集体屠杀，华人店铺甚至整条唐人街被打砸烧毁，侥幸活下来的华人受尽凌辱，生活非常艰难，多靠开餐

---

　　① 吴景超. 唐人街：共生与同化 [M]. 天津：天津人民出版社，1991，p.38.
　　② 〔美〕托马斯·索威尔. 美国种族简史 [M]. 沈宗美，译. 南京：南京大学出版社，1993，p.181.

馆、洗衣店勉强度日，人口迅速减少。当时的清政府腐败无能，忙于内忧外患，根本无力保护在美华人的合法权益。直到1943年，美国迫于压力要向中国盟友示好，历时61年、臭名昭著充满种族歧视的《排华法案》才被废除。美国政府开始允许华人加入美国，成为美国公民，但每年的入境指标只有区区105名，远远少于其他族群背景的移民指标。[①] 尽管在美国地位卑微，受尽歧视，华人虽然没有像黑人那样通过暴力进行激烈反抗，在忍无可忍的时候也会通过罢工、集会、诉讼等各种方式表达自己的不满，争取自己的合法权益，但是收效甚微。

华人大多受过良好的教育，在美国从事专业技术工作，有一定经济基础，少部分华裔甚至还成功进入了美国的学术界、商界和政界。但是成功风光的华裔只是很小一部分，绝大多数华裔在美国仍然从事餐饮、家庭服务业、一线工人等低收入工作，有的并无职业保障，靠领取救济金生活。大多数华人在美国都谨小慎微，即使遇到歧视和不公正也总是默默忍受，避免与白人直接发生冲突，遇到困难也多依靠自己或华裔群体互助渡过难关，大多数华裔在美国真实的生活和社会现状并不为外界所知。

5. 北美印第安人

土著印第安人是北美大陆真正的主人。在殖民者登陆美洲之前，他们早已世世代代生活和居住在这里，有自己独特的语言和文化，以部落为组织，靠打鱼、狩猎或耕种，散居在北美各地。15世纪末欧洲殖民者刚踏入美洲的土地时，在危难之中曾受到过当地土著印第安人慷慨无私的帮助。然而，印第安人的善良和友善换来的却是殖民者残酷无情的杀戮。为了掠夺土地，他们对印第安人实行了种族灭绝式的屠杀，采用欺诈和武力手段迫使印第安人离开自己世代居住的土地，把他们赶到西部最贫瘠、最荒凉的深山峡谷和荒漠，给他们划出所谓的"保留地"将他们禁锢起来。生活在原始部落的印第安人虽然势单力薄，无法与手持枪炮的殖民者和美国军队抗衡，但是他们奋起反抗，从未屈服，在被驱逐与被征服的过程中一直与殖民者英勇斗争，让殖民者闻风丧胆。由于力量悬殊，北美印第安人几乎被屠杀殆尽。剩下的人，在被迫西迁的遥远路途中，因饥饿、疾病、恶劣的气候条件和自然环境，加上美军的不断突袭残杀，又死伤过半，人口

---

① 陈依范. 美国华人史［M］. 北京：世界知识出版社，1987，p.243.

从最初的 150 万人锐减到 38 万左右。[①] 生活在保留地的印第安人，过着与世隔绝的生活，被拘禁在保留地，没有就业机会和生活保障，也不能接受良好的教育，他们是被美国文明社会刻意遗忘的族群。[②] 美国印第安人的历史，是一部血泪史，也是美国历史上最黑暗的一个篇章，时至今日仍然是许多美国白人刻意回避的一个话题。直到 1924 年，印第安人才在自己祖先的土地上被授予公民权，被允许自由迁移、就业、领取福利。1934 年，《印第安人重组法案》通过，允许印第安人恢复自己的部落，重拾自己的文化。但是，重新回到现代社会的印第安人，由于长期与外界隔绝，受教育程度低，在美国处处受到歧视，就业困难，生活和健康状况令人堪忧，他们是所有美国人族群中受教育程度最低、收入最低、最没有保障、最贫困、居住条件最差的族群。走过最艰难的岁月，逆境中的印第安人展现出顽强的生命力和不屈的精神，战后他们也开始组织自己的政治和文化团体，向美国政府索赔，反抗种族歧视，为争取自己的合法权益和生存权利坚持斗争。

三、美国种族问题的根源和现状

回顾美国移民史，不难发现，是移民造就、发展和改变了美国。移民在各个历史时期为美国的发展做出了巨大贡献，但是美国的种族歧视、种族矛盾和冲突一直没有停止过。对印第安人的种族灭绝性杀戮、黑奴贸易和黑奴制度、种族隔离、排华法案、对日裔集体拘禁、对德裔的仇视、美墨边境的隔离墙……美国的历史就是一部充满血泪的种族歧视史。

移民的广泛性和差异性造成了美国族群的多元性和复杂性，因而种族和族群矛盾显得异常突出。几个世纪过去了，尽管美国也在不断调整自己的移民政策和策略，从最初强行推行英国人的主流文化和价值观，企图同化其他族裔，到承认不同族裔的文化和生活方式，主张来自不同国度、不同宗教和文化的人在美国这座"大熔炉"里共同打造一种理想的具有美国特质的美国文化，再到接受移民文化的多元性和差异性，认识到各种族、

---

① 〔美〕布·罗贝 . 美国人民：从人口学角度看美国社会［M］. 董天明，等，译 . 北京：国际文化出版公司，1987，p. 141.

② G. E. Simpson and J. M. Yinger. *Racial and Cultural Minorities：An Analysisi of Prejudice and Discrimnation*［M］. New York：Plenum Press，1985，p. 194.

族群文化的平等性，在各族群接受美国基本价值观和社会规范的基础上，允许各族群在美国"共同文化"的基础上保留自己特有的文化传统，每一阶段的进步都对改善种族关系，减少族群矛盾和冲突起到一定推动和促进作用。但是，在现实生活中，主导美国主流社会的欧裔白人总是带着他们与生俱来的优越感和强烈的自我认同感排斥其他族裔，用他们的价值观和文化来审视其他少数族裔的美国公民，他们对少数族裔显性和隐形的歧视和偏见几个世纪以来其实并未消减，这也是种族问题的根源所在。

由于历史和体制的原因，除了文化差异，各种族、族群之间还存在着巨大的结构性差异，在教育、就业、经济收入、社会保障等方面存在巨大鸿沟，导致各种族、族群之间不可调和的矛盾和冲突，并通过各种方式表现出来，成为美国社会无法根治的毒瘤，影响着美国社会的发展。美国这座"大熔炉"，不仅没有融合各族群的矛盾，反而变成了随时会爆炸的火药桶。在经济繁荣稳定时，矛盾会有所缓和，一旦经济不景气，失业率下降，或者遇到国内外各种突发事件的影响，种族和族群矛盾就会爆发出来，引发动乱。

整体来看，当今美国社会最突出的种族矛盾依然是黑人和白人之间的矛盾和冲突。经过多年的斗争，黑人虽然争取到一些权利，待遇有所改善，少部分黑人也跻身社会名流、精英阶层，甚至在美国历史上还选出了奥巴马这样的非裔总统，但总体来看，因结构性差异引起的贫困问题依然严重，黑人在美国社会方方面面遭遇的种族歧视也更加突出。

黑人普遍受教育水平低，失业率高。虽然美国实行义务基础教育，但是黑人上的学校无论小学还是中学，教学质量和教学条件都无法与白人相比，导致非裔受教育程度偏低。拥有大学本科学历的黑人只有17％（白人为31％），而且因为无力负担高昂的大学学费，许多黑人还是从社区大学毕业，根本无法与毕业于名牌精英大学的白人竞争。[①] 虽然非裔和拉美裔劳动人口占美国劳动人口的比例都超过12％，但非裔在白领劳动力人口中仅占2％左右，拉美裔仅占5％。大部分非裔只能从事低工资非技术性的职业，家庭收入普遍偏低，平均收入只有白人的60％左右。同等条件下，黑人应聘的录取几率比白人低，而在裁员的时候，被裁的几率却比白人高，

① 〔美〕戴维·波普诺. 社会学［M］. 李强，等，译. 北京：中国人民大学出版社，1999，p. 303.

导致黑人失业率居高不下。20~29 岁的大学毕业生中，非裔的失业率高达 21.6%，是白人的 2.5 倍。①

非裔犯罪率高居不下。聚居在黑人社区的非裔在毒品暴力中长大，缺乏家庭关爱和社会关注，未婚生育非常普遍。许多孩子在贫穷的单亲家庭长大，又成为问题少年，最后走上犯罪道路，成为恶性循环。在美国经济转型过程中，从事低技术含量工种的非裔人失业率大大增加，怨恨情绪日积月累，成为暴力冲突事件的导火索。无法通过合法途径改变命运，前途渺茫，有些人就孤注一掷，铤而走险，导致非裔犯罪率居高不下。据统计，20~29 岁的黑人男性中，23% 的人正在监狱服刑或假释中。占总人口 13% 的非裔，却占美国囚犯总数的 36%。

美国司法体系对非裔滥用暴力。由于非裔犯罪率偏高，白人民众和警察都带着有色眼镜看黑人，毫无理由地把非裔当成潜在的罪犯和威胁。黑人进出商店、超市、公共场所都会受到无端怀疑，甚至会被店员、保安和警察尾随盯梢，警察对非裔暴力执法事件时有发生。2014 年 8 月 9 日，18 岁的迈克尔·布朗在圣路易斯市弗格森地区被白人警察枪杀，他当时并未携带武器。8 月 19 日和 10 月 8 日，又分别有一名黑人青年在圣路易斯市附近被白人警察枪杀，引发当地黑人强烈不满和愤怒，举行了连续两周的抗议示威，最后升级为大面积骚乱和暴力事件。有研究报告显示，美国非裔男子中大约有一半人在 23 岁前至少遭拘捕过一次，非裔男子遭监禁的几率是白人的六倍。近几年，每年被警察无辜枪杀的非裔都有 300 人左右，造成严重的警民对立。白人警察对黑人的暴力执法和枪杀事件层出不穷，白人警察执法中过度使用武力的行为广受社会诟病，但是却很少受到惩罚和制裁，让人不由联想起种族主义者滥用私刑的场景，给非裔带来极大的心理创伤，对非裔公民权利、政治权利、经济社会文化权利造成了极端负面的影响。警察对手无寸铁的非洲裔的杀戮，只是司法体系中普遍存在的种族偏见的冰山一角，折射出种族歧视在美国仍是一个相当严重而棘手的问题。

非裔移民创业艰难。由于家庭经济条件和社会地位的限制，教育资源

---

① Christopher G. Ellision and W. Allen Martin. *Race and Ethnic Relations in the United States：Readings for the 21ˢᵗ century* [M]. Los Angeles：Roxbury Publishing Company，1999，P. 325.

有限，受教育程度偏低，非洲裔的综合教育水平普遍比白人低，在就业、创业方面都没有竞争优势。想自主创业，又很难从银行获得贷款。黑人开的餐馆、商店因社会偏见和媒体的大肆负面宣传，也鲜有其他族裔光顾，很难生存。连申请房贷，相同情况下黑人要付比白人更多的贷款利息，让许多非裔望而却步，不少人只能一辈子租房居住。

法律上人人平等，但是黑人和白人在现实生活中和心理上的隔阂却客观存在，无法消除，所谓的平等也只是一纸空文。非裔想主动融入美国主流社会，但是一直遭到白人冷漠无情的抵制和排斥。从废除奴隶制到废除种族隔离，非裔美国人曾一次次看到希望，却又从短暂的希望中重新跌入失望的深渊。直到现在，非裔所遭受的系统性种族歧视并没有多大改观。

近年来，随着国内外政治经济形势的变化，美国国内的种族和族群之间的矛盾和冲突也愈演愈烈。美墨边境的非法移民和难民人数越来越多，每年通过边境非法入境的拉美移民有200万～300万，令美国移民局和警察束手无策。代表白人利益的共和党人特朗普为了拉拢白人选民，在竞选时立下誓言，如果当选会在美墨边境竖起一道千里隔离墙，阻止非法移民入境。当选后的特朗普为了连任，不惜宣布国家进入紧急状态，让政府停摆，想绕过国会通过边境墙预算。2018年4月美国政府开始对非法移民实施"零容忍"政策，导致2300多名儿童被迫与父母分离，如此缺乏人性的移民政策遭到国内外舆论的一致谴责和猛烈抨击。美墨边境的非法移民问题其实主要还是因为美国西南部的农场主每年都需要大量季节性廉价短期劳工，非法移民问题的根源其实是美国既想剥削墨西哥的廉价劳动力，又不愿意发给他们合法签证让他们留居美国和享受美国的福利。

亚裔在美国虽然经济和社会地位都有所提升，但是也不断遭遇各种歧视。亚裔家庭由于普遍比较重视教育，亚裔学生也比较勤奋，成绩优异，所以大学升学率一直比较高，却遭到美国社会的打压和排挤。美国许多名校制定歧视性招生政策，刻意提高亚裔学生的录取条件，限制和降低亚裔学生的录取名额，人为制造教育机会不公和种族歧视。同等条件下，亚裔学生录取机率为25%，白人录取机率35%，拉美裔录取机率75%，非裔则有95%的可能性被录取。在美国，如哈佛、耶鲁、普林斯顿、麻省理工、斯坦福和其他常青藤名校，录取学生的种族顺序从高到低依次为：白人、欧裔、非裔、拉丁裔、亚裔，亚裔被排在了最末端。大部分名校打着多元化的旗号搞配额制录取，引起亚裔学生及家长的愤怒。亚裔学生，尤其是华裔，在学校遭遇校园欺凌、网络欺凌、人身攻击甚至暴力袭击的几率是其他族裔的三倍。据统计，54％的亚裔学生有遭到欺凌的经历。

　　近年来，中国经济迅速增长，一跃成为世界第二大经济体，直逼美国，引起美国的焦虑和不安。对外有美国政府对中国一系列的贸易制裁，美国国内从高层到普通民众对中国的敌意情绪明显增加，从政界到商界都在宣扬中国威胁论。因为美国制造业衰退，产业结构问题而失业的大批民众在舆论的误导下把矛头对准中国，认为是中国人抢了他们的饭碗，"黄祸"论甚嚣尘上。他们排斥中国制造，打砸华裔店铺，在公共场合侮辱华裔的事件频发。很多华裔在教育、升学、就业、升职等方面都会受到不同程度的歧视。同等职位亚裔的收入明显低于白人，不少华人觉得自己的地位有时候还不如黑人。近期中国暴发新型冠状病毒肺炎，在中国和世界各国人民一起携手抗击疫情的关键时刻，美国却率先从武汉撤出使领馆工作人员，率先禁止中国内地公民入境，禁飞内地航班，引起世界各国恐慌，纷纷效仿，孤立中国。美国国内重新燃起仇华和排华情绪，在媒体的恶意渲染下，华裔被污蔑为"中国病毒"，甚至有戴口罩出门的华裔被残忍地推下地铁铁轨，在公共场合被公开辱骂和袭击。在"不歧视黑人"成为绝对政治正确的今天，公众不敢在公共场合公开发表歧视黑人的言论，却很少有法律明确保护华人的利益，华人对平等的诉求也屈指可数。大多数华人游离于主流社会之外，不关心政治，被极度边缘化，也不被主流社会了解和认知。也许华人也应该像黑人族群那样，奋起抗争，才能为自己争取平等的权益，赢得其他族裔的尊重和敬畏。

　　"9·11"恐怖袭击事件后，欧美世界"反伊斯兰""恐穆斯林"情绪日趋激化。"9·11"恐怖袭击事件不仅撞毁了纽约双子塔，更击碎了美国曾引以为荣的人性包容与种族和谐。"9·11"恐怖袭击事件过去多年之后，多数美国穆斯林仍然感觉到明显歧视。许多人不了解伊斯兰教，他们认为IS就是伊斯兰教。今天的美国穆斯林，如同半个世纪以前的犹太教徒和一个半世纪以前的天主教徒那样，因为自己的信仰而遭到政治上的歧视和孤立。针对穆斯林的歧视、暴力和迫害事件不断增多，许多穆斯林工作上被歧视，受到人身侵犯、遭到无端怀疑、逮捕和审讯。皮尤报告指出，当前美国"共和党人、白人福音基督徒和受教育较少的人，对穆斯林和伊斯兰教的成见最深"。65%的共和党人认为伊斯兰教与民主原则存在天然冲突，伊斯兰教不是宗教，并认为穆斯林天生就有暴力倾向，是潜在的威胁。共和党人特朗普赢得美国大选后，以特朗普为首的民粹主义抬头，美国政府接连颁发"穆斯林禁令"，禁止多个伊斯兰教国家的公民入境，美国各地右翼势力蓄势待发。不仅穆斯林遭遇暴力和枪杀，许多穆斯林清真寺也不断收到恐吓和受到攻击。加利福尼亚的多座清真寺都曾收到一封"给撒旦的小孩"的威胁信，信中不仅称穆斯林为"邪恶和肮脏的人"，还指特朗普会对他们进行"种族大灭绝"。美国大选后，已经发生近700起针对少数族裔的仇恨骚扰或恐吓威胁，引发美国穆斯林族群集体恐慌。

种族歧视加剧了社会分化，贫富差距日益加大。美国白裔的财富是非裔的12倍，拉美裔的11倍；4500万美国贫困人口中，28%是拉美裔；1450万美国贫困儿童中，37%为拉美裔；12%非裔处于极度贫困中；60%印第安人生活在贫困线下；印第安人的平均寿命比美国人平均寿命少5岁。特朗普执政以来，奉行美国利益至上政策，煽动民粹主义，国内白人种族主义大行其道，助长了美国国内的种族仇恨、种族歧视和排外情绪，潜移默化中营造了对非白人族裔充满敌意的社会环境。美国各地"民族主义团体"不断增加，目前仅"白人至上"团体就有600多个。

激烈的种族和族群矛盾和冲突，不断撕裂着已经分化的美国社会。挣脱大英帝国桎梏，在新大陆建立起来的美国，废除了君主制和贵族的世袭制，标榜自由和平等以及公平竞争，但是由于历史原因、机制问题以及美国社会根深蒂固的白人意识，各族群间存在巨大的结构性差异，造成了事实上的机会不均和贫富分化，社会分化和阶层固化现象日益严重，美国宣扬的人人平等在现实生活中远未实现。

半个多世纪过去了，马丁·路德·金在他的演讲中憧憬的种族平等的梦想仍然还只是一个遥远的梦想，而无数怀揣着"美国梦"飘洋过海移居美国，梦想在美国改变命运，实现美国梦的人们，在残酷的现实面前，梦想早已破灭，化为泡影。法律上宣誓种族平等很容易，要在现实中构建真正的种族平等，还有很长的路要走。人人平等，前路漫漫，其修远兮。

第二章　枪支问题，美国人挥之不去的噩梦

2019 年 5 月 31 日，美国又发生一起枪击案。弗吉尼亚州弗吉尼亚海滩市市政府大楼遭到袭击，造成 12 死 6 伤的惨剧。枪手是在此大楼工作的一名雇员，枪击案发生前几个小时刚递交了辞职信。目击者描述该枪手在大楼内逐层扫射，最后被随后赶到的警方在激烈的枪战中击毙。

在美国枪击案已不是新闻，隔三岔五就有报道，每次都听得胆战心惊。国内的亲朋好友也不断告诫尽量不要到人多的地方去，但是在美国，枪击案随时随地都在发生，教堂、音乐厅、酒吧、电影院、办公室、学校、政府大楼、体育场、购物中心、停车场、公园、街道，到底哪里才是安全的地方呢？即便不出门，歹徒也有可能持枪而入。美国是一个枪支泛滥的国度，从某种程度上说，美国是天堂，也是地狱，恐怕也是全世界最没有安全感的地方。

近年来，美国的枪击案不断创下新高。还没进入 6 月，据统计，2019年已发生的枪击案就有 187 起。

5 月 23 日，阵亡将士纪念日，弗吉尼亚州切萨皮克霍利湾的一个街区聚会上发生枪击案，造成 1 人死亡，9 人受伤。

5 月 21 日，印第安纳州鲍尔州立大学附近发生枪击，至少 7 人遭枪击，其中 3 人伤势严重。

5 月 7 日，科罗拉多州丹佛市一所中学发生枪击案，造成 1 死 8 伤。

4 月 30 日，北卡罗来纳大学夏洛特分校发生枪击案，21 岁的学生瑞利·霍伟尔（Riley Howell）奋力冲向枪手并扑倒了对方，献出了年轻的生命。此次枪击事件造成 2 名学生死亡，4 人受伤。

4 月 27 日，加利福尼亚州圣迭戈一座犹太教堂发生枪击案，造成 1 死3 伤。

3 月 28 日，西雅图突发枪击案，至少 4 人中枪，1 人死亡。

3 月 27 日，康涅狄格州一所小学发生枪击案，造成 20 名学生死亡。

2 月 15 日，芝加哥以西的奥罗拉市发生一起枪击事件，造成包括枪手在内的 6 人死亡、多人受伤，伤者包括多名警察。

2 月 15 日，芝加哥郊区一座工业园发生枪击案，造成 5 人死亡，5 名警员受伤，枪手被击毙。

1 月 26 日，路易斯安那州两个教区发生枪击事件，共造成 5 人死亡。

以上列出的只是 2019 年枪击案中的一小部分，几乎每月都有，而且频度越来越高。近几年发生的重大枪击案就更多了。

2018 年 2 月 14 日，佛罗里达州迈阿密都会区一所高中发生大规模枪击事件，造成 17 人死亡，14 人送院治疗，加上 2 名学生事后因不堪压力自杀共造成 19 人死亡。

2018 年 5 月 18 日，得克萨斯州圣达菲市的圣达菲高中发生校园枪击案，造成至少 10 人死亡。

2017 年 10 月 1 日，拉斯维加斯露天音乐节发生枪击事件，造成至少 58 人丧生，500 多人受伤，枪手自杀身亡。

2017 年 11 月 5 日，得克萨斯州萨瑟兰斯普林斯市一间教堂内突发枪击案，凶手向正在祈祷的人们开枪，造成 27 人死亡。

2016 年 6 月 12 日，奥兰多一家同性恋酒吧发生枪击案，凶手持突击步枪和手枪在酒吧内乱枪扫射，共造成包括凶手在内的 50 人死亡。

2015 年 12 月 2 日，加利福尼亚州圣贝纳迪诺的内陆区域中心发生一起枪击案，造成 14 人死亡，21 人受伤。

美国疾病和预防控制中心的统计数据显示，1968—2016 年，美国涉及枪支案（非军事用途）死亡的人数为 158 万，死于枪击案的人数甚至超越了美国历史上所有战争人员死亡人数的总和，包括在海外的军事冲突。仅 2016 年，死亡人数就达 34923 人。2015 年，全美共发生 53000 多起枪击案，造成 13000 多人死亡，27000 多人受伤，包括 3300 多名未成年人，这些数字令人触目惊心。枪支泛滥，枪击案频发，已经成为美国人挥之不去的噩梦。①

每发生次枪击案后，控枪和禁枪的呼声又开始高涨，然而过不了几天就烟消云散，直到枪击案再次发生。许多人都无法理解，在如此重视人的

---

① 资料来源：FBI，Mother Jones，美国防止自杀基金会。

生存权力的美国，为什么上百万枪击案受害者的生命都无法堵住美国人自己的枪口？宝贵的生命和冷冰冰的枪口，究竟孰轻孰重？做出一个明智而理性的选择真的那么难吗？要明白控枪在美国为什么那么难，必须要理解美国的枪支文化。美国人对枪支爱恨交加，始终恋恋不舍，有历史原因、社会原因，更有政治、经济因素。

早期的欧洲移民来到美洲时，美洲大陆还是一片蛮荒之地，人烟稀少，自然环境恶劣，野兽出没，为了防身，出行必须携带武器。欧洲移民到达美洲时，畜牧业和农业都还没有发展起来，狩猎是主要的谋生手段，猎枪成为主要的谋生工具。早期的移民为了掠夺土地，与印第安人爆发了激烈的冲突，他们大肆屠杀世代定居于此的土著印第安人，也遭遇印第安人的激烈反抗。如果没有枪，他们的人头随时都有落地的危险。此外，在美洲这片土地上，英国、法国、西班牙等列强为了各自的利益经常相互厮杀，枪就是他们抢夺和保护地盘的保障。在美国建国之前，美洲大陆基本上是无人管辖之地，鱼龙混杂，没有警察，也没有法律。在盗匪横行的世界里，枪就是王法，有枪才能保证自己的人身安全，随时可以防身自卫。因此，欧洲移民一踏上美洲的土地，枪支就成了他们安身立命之本，既是谋生的手段，更是防身自卫的武器，美国人的枪支情结也正源于此。

美国人的枪支文化还深深根植于美国的建国历史中，枪支在美国国家的形成过程中起到了至关重要的作用。美国的独立战争中，3.5万大陆军面对的是5.6万装备精良训练有素的英军，双方力量对比悬殊，正是由于当时的民众几乎人人有枪，成立了广泛的民间武装组织——民兵。是民兵在莱克星顿打响了反抗殖民者的第一枪，揭开了独立战争的序幕，也正是由于34万民兵奋不顾身的加入和帮助，才力挽狂澜，使美国的独立战争，取得最后胜利。在电影《爱国者》中，非常生动地描述了民兵参与独立战争，奋勇抗敌的这段历史。有美国学者评论"美国在诞生之时手中就握有一支来福枪"，人民持枪反抗暴政成了美国的立国之本，并通过宪法的形式确立下来，枪支即自由的理念深入美国人的骨髓，为美国的枪支文化打上了深深的烙印。

宪法修正案第二条又为美国的枪支文化提供了一把尚方宝剑。美国建国之初，为了限制联邦政府的权力，在杰斐逊等人的推动下，通过了《权利法案》，禁止联邦政府侵犯人民的"天赋人权"，即生命权、自由权和追求幸福的权利，"人民持有和携带武器的权利不得侵犯"就是其中重要的条款，确保在必要时，人民可以拿起武器，废除违背公民意愿的政府。该法案还规定，公民自由持有枪支的条款不得更改。宪法修正案为公民合法持枪保护个人自由提供了坚实的法律保障，也是反对禁枪派手里握着的牢不可破的盾牌，成为美国人不可撼动的持枪理由。禁枪派的诸多努力往往都是在禁枪违宪的堡垒前败下阵来。

持枪权本来是要保障公民的自由权和生命权，具有讽刺意味的是，现在越来越多的美国公民倒在了本该用来保护他们生命和自由的美国人枪口之下。任何法律必要时都可以修改，禁枪派也多次提出控枪和禁枪法案，但都被一一驳回，除了美国人根深蒂固的枪支文化，最根本的原因还是涉及军火商和相关企业财团的利益问题。枪支在美国有巨大的市场，贩卖枪支为枪械企业带来了巨大的利润，政府可以获得可观的税收，也为民众带来了许多就业机会。年产值高达300多亿美元的枪支产业财团成为美国最有政治影响力的利益团体，他们不断利用巨额资金进行运作，赞助参议员、众议员甚至总统选举，进行政治宣传，利用政治献金影响立法投票和立法进程。2016年美国总统选举期间，特朗普就曾接受过这些财团3000万美元的资助。此外，美国还有一个有500万会员的NRA（National Rifle Association of America）组织，即美国步枪协会，很多名人都是该协会的会员。他们和军火商一起，通过政治献金和游说，同时花费巨资进行各种宣传，举办各种公益活动，早已渗透到美国人政治和社会生活的方方面面，成为抵制禁枪和控枪的强有力支持者，其巨大的影响力短时间内也难以撼动。对比之下，禁枪协会无论在资金还是影响力上，完全没有办法和他们相提并论，自然显得势单力薄，人微言轻。

在民间，由于长期形成的持枪习惯和传统，普通民众对枪支的态度也有很大分歧，支持持枪的人不在少数。据调查，75％的美国人是拒绝禁枪的，因为禁枪让他们觉得没有安全感。美国地广人稀，尤其在偏远的乡村，因为税收和财政不足，警力配置有限，民众往往需要持枪自卫来保护自己的人身和财产安全，他们都是控枪和禁枪最坚定的反对者。每有控枪法案需要投票，按选区投票的机制很快就让人口密集愿意禁枪但选区少的城市占了下风，致使控枪的法案很难通过。此外，还有很多人觉得，枪杀案频发，不是枪支的问题，而是人的问题。正常人是不会乱开枪的，而要对付个别有问题的持枪者，更应该鼓励人人用枪自卫，用枪支对付枪击。因此，更让人不解的是，随着枪击案的增多，人人自危，人们买枪的热情非但没有降低，反而更加高涨，更加剧了枪支泛滥和枪击案频发的恶性循环。

在美国，各州对于购买和持有枪支都有不同的规定。1968 年，国会通过立法，禁止未成年人、吸毒者、精神病人、罪犯等购买枪支。但直到 20 世纪末美国才开始实行持枪背景审查制度。购买枪支需要到警察局填写申请表，出示相关证件，提供至少 3 名美国公民担保，留存指纹，接受警官面谈，再经过联邦调查局审查，确认没有犯罪前科，才发放持枪证。由于申请流程烦琐，很多不愿意按流程申请，不具备申请资格的人也能通过很多其他渠道轻易购买到枪支。比如时下流行的网购或者黑市交易，让很多没有在警察局登记备案的人也能轻易购买到枪支。军火商贪利，警方疏于监管，让黑市枪支交易成为巨大的黑洞，给犯罪分子以可乘之机，加上美国枪支价格便宜，购买方便，只要花费 100 美元到上千美元，随随便便就可以在商店和超市挑选自己喜欢的枪支。枪支市场上摆满了各种型号、规格的枪支，琳琅满目，顾客就像逛菜市场，可以随意挑选。见过此情此景，枪支在美国泛滥也就不足为怪了。

美国目前已成为世界上私人拥有枪支最多的国家。据统计，全球已注册的 8.75 亿支枪，6 亿在民间，美国民间枪支数量为 2.7 亿支（美国总人口约为 3.1 亿）。每年世界上生产 800 万支枪，其中的 450 万支是被美国人买走的。美国有 56％的公民持枪，其中 12％的人拥有 3 支以上枪支，平均每 10 人拥有 9 支枪。[①] 这些数据还不包括从黑市流入未经登记在册且数量庞大的枪支。美国成了名副其实的枪支天堂，也成了枪击案频发的地狱。控枪难，禁枪更是天方夜谭。

鉴于枪击案频发，控枪无望的严峻形势，美国人也只有绞尽脑汁，想方设法尽量减少不可预期的枪击案造成的危害。为了防患于未然，学校加强了安保，在校门口加装了金属探测器，在教室增加了出入口，对校园门上锁。有的学校要求教职员工，如教师、行政人员、甚至校巴司机都持枪上岗，随时应对突发情况。

---

① 　资料来源：美国联邦调查局网站。

媒体也被要求在报道枪击案时尽量不要将焦点放在枪手身上，不要报道枪手的姓名，不公布枪手的照片和背景资料，不披露详细的枪击细节等，因为很多枪手作案的动机可能就是为了出名，媒体不应该给他们出名的机会，避免更多有犯罪动机的人效仿。

鉴于很多枪击案的枪手是因精神出现问题袭击公众，还有的州提议如果发现家人、邻居、朋友或同事出现精神障碍，应该及时向警方报告，取消他们的持枪资格，避免悲剧发生。

尽管人们想方设法采取了种种措施，但只要控枪和禁枪问题不解决，枪击案就像一颗定时炸弹，防不胜防，几乎每个月都会密集上演，成为美国人生活中挥之不去的噩梦，悲剧也一幕幕重演，没有人知道哪一天子弹就会飞到自己身上。尽管持枪是宪法赋予美国公民捍卫个人自由的权利，但时至今日，美国政府的军事实力早已是世界第一，仅凭民众手中的枪支，又怎能撼动和对抗强大的国家暴力？靠宪法赋予的持有枪支特权来保护公民废除违背公民意愿的政府无异于痴人说梦，宪法修正案其实早已失去了存在的前提和基础。即便如此，美国枪支文化的复杂性，并不会因外界的评判或者几百万无辜的美国公民失去的生命就能改变，而是许多相关利益集团一场又一场的博弈。控还是不控？禁还是不禁？真的是个无解的问题。

第三章　脱口秀与娱乐化的美国政治

在标榜自由民主的美国，政治似乎渗透到了民众生活的方方面面。翻开报纸，打开电视，无论是网络还是广播，天天都充斥着政治新闻：参众两院、民主党和共和党无休无止的争斗；各总统候选人轮番上阵，为争取选民用尽浑身解数；"政府关门""国家紧急状态""通俄门""堕胎""边境墙""贸易摩擦""关税"，小道消息满天飞，各种争吵、谩骂、诋毁和攻击。政客们为了扳倒对手，都在互相诋毁、拆台，或者高喊口号，但是很少有人真正关注民生问题，提出建设性的解决问题的方法。普通民众天天被抢政治热点的媒体舆论轮番轰炸，早已失去了独立思考的空间，只能被动地跟着舆论走，投出的选票到底是不是表达了民主的意愿可能也很难界定。还有相当多的民众干脆不看新闻，不问政治，也不去投票。

虽然越来越多的美国人对政治越来越冷淡，但是在美国有一档与政治有关的节目却越来越受追捧，收视率一直居高不下，那就是美国的晚间脱口秀（talk show）节目。美国受欢迎的脱口秀节目不下十余种，排名靠前的基本上都是拿政客开涮，尤其特朗普上台以后，他就成了各个脱口秀节目长盛不衰的话题，天天讲，月月讲，主题都是特朗普。每天晚上，许多美国人可以不看新闻节目，不追电视剧，但是睡觉之前，一定要锁定脱口秀节目，看着主持人对特朗普嬉笑怒骂，戏谑调侃，挖苦讽刺，把他说过的蠢话，做过的傻事，犯过的错误像单口相声演员说相声抖包袱一样慢慢抖出来。他们模仿他的声音、表情、语气，配合大屏幕上他演讲、出访或发推特的截图、视频或夸张的漫画，有图有真相，再加上主持人一针见血、毫不客气的点评，观众们就这样在一阵阵哄笑声中了解了美国的国内外大事，在轻松愉快的调侃氛围中参与了政治，好奇心和对政客的蔑视心理得到了极大满足。总统成了民众解压的娱乐明星，也成为媒体源源不断的娱乐资源和电视节目收视率的保证。不管你喜不喜欢，严肃的政治与不正经的娱乐就这样完美地结合在一起，政治成了大众娱乐的工具，政治人物俨然成了大众的娱乐偶像，不管这偶像是正面还是负面的。

脱口秀源于 18 世纪英格兰咖啡馆，原是年轻人聚集在一起演讲探讨社会问题的一种方式。脱口秀节目随着电视和广播的普及在美国诞生，60 多年来一直深受欢迎，长盛不衰。NBC 于 1954 年推出的今夜秀（The Tonight Show）是脱口秀电视节目的鼻祖，此后各电视台争相模仿，相继推出广受好评的各类脱口秀节目。有以健康、情感、家庭为主题的日间脱口秀节目，如中国观众比较熟悉的奥普拉秀以及现在的艾伦秀，观众主要是妇女、老人和学生等。但是最受观众欢迎，收视率最高的还是各家电视台推出的深夜脱口秀节目，如囧司徒每日秀（The Daily Show with Jon Stewart），扣熊夜间秀（the Late Show with Stephen Colbert），肥伦秀（The Tonight Show with Jimmy Fallon），鸡毛秀（The Jimmy Kimmel Live），赛金花秀（Late Night with Seth Meyers），小崔每日秀（The Daily Show with Trevor Noah）等，每档脱口秀节目都有上百万忠实粉丝。

由于脱口秀节目制作成本低，收视率高，生命力长，脱口秀在美国娱乐界一直长盛不衰，形成了百花齐放，百家争鸣的局面，多年来培养了大批优秀的脱口秀主持明星。他们收入不菲，年收入从几百万到几千万美元。中国观众熟悉的知名脱口秀主持人奥普拉 2011 年收入高达 3 亿多美元，扣熊（Stephen Colbert）的年薪据说也有 450 万美元，而且工作稳定，有的主持人一档节目可以做几十年，拥有大批忠实粉丝，成为美国家喻户晓的明星。当然，在成为明星之前，很多人也是摸爬滚打，练得十八般武艺，说学逗唱，样样精通。不仅如此，脱口秀主持人还要知识渊博，才华出众。有的明星还是名牌大学毕业生，如柯南毕业于哈佛，扣熊是西北大学毕业生。脱口秀节目除了单口表演，通常还有访谈节目，如扣熊夜间秀的深夜脱口秀访谈节目，邀请的嘉宾都是政界和社会名流、影视明星、企业家、科学家等，非常有影响力。

正因为脱口秀节目有强大的吸引力和超高的收视率，所以早就成为政客进行自我宣传的阵地和舞台。60 多年里，肯尼迪、尼克松、克林顿、小布什、奥巴马、特朗普，几乎所有的总统竞选人在竞选时都会到脱口秀节目中为自己竞选造势做宣传。美国人选总统在意的不仅是政治家的政见和主张，也许更在意政治家的风度和幽默。因此，政客们也不容易，不仅要会演讲，还要长得帅，更要有幽默感，最重要的是要成为段子手，才有可能俘获选民的心。有的竞选团队每天都会花大量时间研究脱口秀节目的内容，根据观众的反应及时调整竞选策略，不断制造卖点和笑点，让观众不知不觉中潜移默化地受到影响，引导他们进入已经设好的圈套，最后做出有利于该竞选者的选择。

因为脱口秀节目的通俗性、大众性、长期性和普及性，很多忠实粉丝也早已模糊了政治和娱乐的界限，把脱口秀节目当成最信任的新闻来源渠道，成了比官宣还官宣的新闻发布源。据统计，19～29 岁的美国年轻人中，大概有 50% 的人会利用脱口秀节目获取与政治有关的信息。参与投票的选民中，约 1/4 的选民在投票时会受脱口秀节目的影响。因此，竞选的成与败，也许取决于竞选者是否能占领脱口秀这块阵地，脱口秀节目也变相成为带着民主的面具为政客们招徕观众的舞台。

近些年来，美国的政治越来越娱乐化和视觉化，政治明星和娱乐偶像的界限越来越模糊。国家领导人的形象不断地被恶搞和丑化，成为娱乐大众的笑料，如最近风靡一时的特朗普表情包、特朗普玩偶、带纸尿裤的特朗普充气宝宝、特朗普马桶刷、特朗普袜子等。这些形象生动、直观、通俗、新奇，不断成为大众消遣和狂欢的工具。脱口秀节目中主持人针砭时弊、插科打诨，嬉笑怒骂也往往点到为止，只是为了博观众一笑，在观众的笑声中更深层次的社会和经济问题被深深地掩盖起来，严肃的政治议题也往往被娱乐化、简单化、片面化，没有人去做深度解读与分析，更没有人去进行深入思考。嘲讽和谩骂其实都解决不了任何问题，表面上看来大众都自由地参与了政治，参与了民主，实际上大家都被带入了娱乐的圈套，政治被娱乐消遣，也被娱乐消化了。看完脱口秀，解了气，消了恨，洗洗睡觉，第二天照常上班，仿佛什么事情也没有发生，晚上再接着看脱口秀解压消遣，这就是走入怪圈的美国式民主。

在政治不断娱乐化的过程中诞生了特朗普这样一个超级娱乐明星也就不奇怪了。有丰富电视真人秀节目经验的特朗普深谙娱乐之道，也知道如何吸引眼球，如何炒作自己，如何制造噱头。竞选之前他就频繁上脱口秀节目和各种访谈节目，为了迎合选民的心理和期望，在节目中一改以前政客中规中矩的形象，不按常理出牌，言辞大胆犀利，口无遮拦，不着边际，让人大跌眼镜。很多人都以为他竞选无望，没想到正是他的这些离奇大胆的言论和怪异行为让他成了收视率机器，也成了舆论关注的焦点。特朗普成了政界和娱乐界一颗冉冉升起的双料网红明星，并且一路高歌猛进，收获铁杆粉丝无数，成功入主白宫，坐上了总统宝座，让不明就里的世人大惑不解。

特朗普可能是美国历史上最受争议的一位总统，有人说前无古人，也许后也无来者。有机构对200名政治学者进行了问卷调查，在现有44位美国总统中，特朗普排名垫底，被评为最差最糟糕的一位。特朗普的各种囧事不但没有让他下台，反而让他因为他的出格和离经叛道得到更多追捧和关注。特朗普正是利用这种超常规的高超表演手段，把自己成功地塑造成了一个喜怒无常的叛逆型总统，牢牢抓住了媒体和公众的注意力。你可以不喜欢他，但你没法不关注他。在媒体推波助澜不断的丑化下，美国民众对政客越来越反感，越来越冷淡，也让爱他的铁杆粉丝更加疯狂地为他摇旗呐喊。正是这些疯狂铁粉的投票决定了美国政治的现在和未来，虽然让外界很多人不解，但却是美国真实的政治环境写照。

特朗普的意外成功，抛开复杂的政治因素，从某种程度上也反映了大众的猎奇心理，或者说审丑心理。总统不再是高高在上，严肃理性，完美无缺的代表，在政治娱乐化的今天，也许选民们更喜欢的是一个有明显缺点，但是更具娱乐性的娱乐偶像。因此，尽管现在特朗普天天被脱口秀节目主持人讽刺挖苦，尽管大家在茶余饭后都拿他做谈资笑料，特朗普仍然拥有很高的支持率，甚至有粉丝说，即便特朗普当众在纽约第五大道杀了人，铁粉们也不会离他而去。特朗普高居不下的人气和声名显然不是因为他在政治上的建树或成就，而是因为他不断地挑战各种权威，挑战社会道德和习俗的底线，不断突破以往政客严肃正统的形象，以吸引全世界的眼球，这也是政治极度娱乐化的体现。

脱口秀节目主持人虽然天天拿政客开涮和戏弄，也主要是讽刺挖苦，寻找笑点和卖点，娱乐大众，很少真正触及政客的政见和立场，更不可能为民发声，为民请愿，除弊兴政。在商业化和资本化运作的政治娱乐洪流中，媒体向观众呈现的都是经过精心挑选、裁剪、包装过的内容，并以戏剧化、通俗化、极端化的方式有选择性地向观众呈现和传播，满足观众猎奇心理的同时，也屏蔽了真相，阻碍了公众理性、客观、公正的思考和理性的评判能力，娱乐包裹下的民主也就成了一场虚幻的公众狂欢。

娱乐无极限，政治娱乐，更没有底线！在铺天盖地的政治宣传中，要点燃麻木且已经政治冷淡的美国人民对政治的兴趣，真不是件容易的事情。只有把政治当娱乐，把娱乐当政治，在脱口秀节目主持人的冷嘲热讽，嬉笑怒骂中，美国人也才能提起一点精神以不正经的方式了解点正经的天下大事。如果特朗普没有那么多的笑料，不知道美国的脱口秀节目主持人要讲啥？笑过之后，不禁要问，这样一个任性、狂妄、反复无常的特朗普，要将美国带向何方？没有人知道。

第四章 NBA 与美国全民体育

美国人崇尚运动，体育运动既是美国人生活中非常重要的一部分，也是美国人日常交流中津津乐道的一个话题。棒球、篮球、橄榄球都是美国最流行的球类运动，NBA 联赛不仅在美国拥有大批观众，在中国乃至全球都有众多球迷，许多人对 NBA 球队和球员的情况了如指掌，对 NBA 球星如数家珍。美国人把篮球打得出神入化，观众在一场高水平的篮球比赛中可以欣赏到娴熟的运球、巧妙的传球、准确的投篮、机智的抢断、精彩的扣篮和出奇的封盖，再加上攻守交错、对抗变换，比赛双方斗智斗勇，球场形势瞬息万变，高潮迭起，富有戏剧性，使观众得到极大的满足和愉悦，因此 NBA 风靡全球也不奇怪。带着好奇心，初到美国不久，我也去现场观看了一场骑士队对魔术队的比赛，体验一下美国观众对体育的热情。

比赛在克利夫兰的 Quicken Loan 体育馆进行。在网上购票时就发现家庭票或团体票不仅便宜，还有爆米花、汉堡赠送，单张的票反而很难买到。到了现场才发现原来看比赛的几乎都是全家出动，因为 Quicken Loan 体育馆是骑士队的主场，大家都穿着骑士队的队服，扶老携幼，欢欢喜喜，像是参加一场开心的聚会。而体育馆内的氛围也像是举办嘉年华，提前两小时入场，巨大的圆形体育馆宽敞的通道内就已经人头攒动，里面出售各种快餐、饮料、球队纪念品、年票、季票。欢声笑语和各种美食的香味在通道内飘荡，还有性感的啦啦队美女们等着与观众拍照留念。

Quicken Loan 体育馆是美国最大的体育馆之一，能容纳近 2 万名观众。周日晚上克利夫兰雨雪交加，室外温度零下十几度，但上座率也有九成左右，可见球迷们对篮球比赛的热情。体育馆设计合理，周围有四个大型停车场，完全能满足观众的停车需求。场内入口很多，方便观众快速入场和离场。体育馆很大，即使坐在最后一排，观众的视线也丝毫不受阻挡，场内还有四个巨幅电子显示屏，让观众能更清晰地观看现场节目和比赛。比赛还没正式开始，场内已有啦啦队在表演劲歌热舞，加上主持人热情洋溢的渲染，场馆的气氛已经开始热烈起来。观众跟着音乐的节拍开始摇摆，摄影师不失时机地把镜头对准了正在尽情舞动的小观众，并投影到大屏幕上，引起一阵阵兴奋的尖叫。美国小观众都很有表现欲，也很配合，为了抢镜，更卖力地扭动舞蹈，大屏幕上一张张富有感染力发自内心的天真无邪的笑脸更增添了欢乐的气氛。事实上，整场比赛除了赛前全场起立奏唱国歌气氛稍显肃穆，场内的氛围都是轻松愉快的，整场比赛就是一场欢乐嘉年华，大大小小的观众都被照顾得妥妥贴贴：有美食，有劲歌热舞，有烟火彩带，有体育彩票，有现场抽奖，有游戏互动，有孩子们喜欢的卡通吉祥物表演，有小记者现场采访体育明星，有3~5岁的明星小宝宝投篮比赛（顺便插播少儿篮球集训营招募广告）；有现场观众不定时被摄像机捕捉到的惊喜，更有随着比赛的进行被主持人点燃的山呼海啸般有节奏的呐喊助威，连中途偶尔穿插的广告也是创意无限，还有被现场抛出的小礼物砸中的欣喜……总之，三个小时的比赛，高潮迭起，大小观众都绝不会觉得无聊，散场时大家还惦记着下一场比赛的到来。

值得一提的还有赛事的组织有序，赛前预付停车费，散场后大家有序离场，近2万观众，而且都是开车来的，不到半个小时车都安安静静地驶出了停车场，丝毫没有感觉到拥堵和混乱。也许这就是美国的体育文化，比赛本身精彩与否好像已经不那么重要了，大家都乐在其中，享受着体育带来的快乐。孩子们从小跟着父母来看比赛，在这样的氛围熏陶下慢慢就爱上了体育，把快乐的体育文化一代代传承下去。

体育是美国人最痴迷的娱乐活动，体育运动渗透进了美国社会的方方面面，深入美国人的骨髓，成了美国人生活中密不可分的一部分，也成为联系美国人的纽带，将不同肤色、不同种族、不同宗教信仰和政治派别的人联系到一起。同美国人聊天有很多禁忌，但是体育永远是一个不会触雷并受大家欢迎的话题。无论电视、网络还是体育场馆，体育比赛永远都是最激动人心，拥有最多忠实观众的节目。

体育运动能锻炼强健的体魄，培养挑战自我、坚韧不屈的毅力。团体运动还能培养团队合作和奋力拼搏的精神，体育比赛中体现出来的公平、公正、坚持不懈是全社会都推崇的美德，所以父母从小就带孩子观看各种体育比赛，引导孩子参加各种体育活动，鼓励孩子参加各种体育俱乐部或者夏令营，培养孩子对体育的兴趣，让孩子们在体育运动中锤炼坚强意志和品质，也在体育运动中释放自我，享受快乐和友情。

完善的基础设施为美国的全民体育创造了良好条件。居民区、学校都有设施齐全的健身馆，里面不仅有健身设备、恒温游泳池、室内标准篮球场等标配，还有专门的教练进行指导和专业训练。社区附近的公园都有跑道、篮球场、足球场、棒球场、网球场、沙滩排球等，而且所有场地都免费，充分满足社区居民的休闲健身需求。许多家庭还在家里或者庭院中设有篮球架或者练习场地，篮球成了一种健身方式。学校、健身馆开设很多针对各个年龄段、各种水平的训练营、俱乐部、培训班为大家提供专业的训练课和辅导，并组织各种比赛。

美国的学校特别重视体育运动，在普及和推广体育运动方面发挥了巨大的作用。每所学校都有自己的球馆，有专业的训练器械和教练，有专门的训练时间，通过训练和比赛选拔培养优秀运动员。高校间有体育联盟，全美大学生体育联合会，是美国各大体育联盟人才的摇篮，也代表了美国校园体育的最高水平。高校间定期举办各种体育赛事，从篮球、棒球、橄榄球、网球到高尔夫球等，比赛水平都非常高。参与各项体育运动是美国大学生活的重要内容，体育赛事是大学里最有影响力的活动之一，吸引的不仅是在校大学生，美国主流体育媒体，如 ESPN 也会现场直播，拥有的观众数量有时甚至超过职业比赛，成为全美关注的焦点。校队的体育明星得到的关注度绝对比学霸多得多，成为众多女生仰慕的偶像。为了提高学校的体育竞争力，许多学校也特招体育特长生，只要满足基本入学条件，体育拔尖的学生甚至可以轻轻松松进入名校。在校队表现优异的学生也有机会进入职业联赛，美国许多优秀的职业球员都有令人羡慕的大学教育背景。高校为职业球队源源不断地输送了大量综合素质高、比赛经验丰富、技术过硬的职业球员，这也是美国职业球队保持竞争力的有力保障和坚强后盾。

美国没有中国国家体育总局这样的机构，政府在体育赛事中发挥的作用也极其有限，一般只介入如奥运会组织参赛，兴奋剂监督、运动员男女平等事情，一般不会干预赛事。每个体育项目组织各自的联盟联赛，赛季结束后进行季后赛产生总冠军。比如超级碗就是 NFL 的年度冠军赛，胜者被称为"世界冠军"。超级碗一般在每年 1 月最后一个星期天或 2 月第一个星期天举行，那一天被称为超级碗星期天。超级碗多年来都是全美收视率最高的电视节目，并逐渐成为美国一个非官方的全国性节日。对于美国的职业球队而言，联赛的成绩是最重要的，对国际性的体育赛事关注度反而不那么高，这也从另一个侧面说明了美国全民体育的特性。

　　体育运动不仅仅是为了在国际赛事中拿名次和奖牌，体育是娱乐，体育是商业，体育是休闲，体育更是一种生活方式。体育运动重在全民参与，强身健体，锻炼品质，塑造健全的人格。良好的体育运动文化氛围，完善的基础设施，健全成熟的运行机制，为美国营造了一个充满活力和激情的全民运动氛围和一种健康积极的生活方式。

第五章　美国的社区居家养老模式

　　人口老龄化越来越严峻，是目前许多国家都要面临的问题，老有所养是所有社会追求的共同目标。老有所养，是指老年人的经济、物质需要基本能得到保证，随着年龄增加，因日趋衰老或病痛生活无法自理时，能依靠政府、社会和家庭及时得到帮助或救治。被人称为"孩子的天堂，中年人的战场，老年人的地狱"的美国，65 岁及以上的老年人已达 13％以上，养老问题也成了美国社会最关注的一个问题。那么，美国的老年人到底是如何养老的？

　　养儿防老是中国人的传统，中国老人不愿意去养老院，子女也觉得把老人送去养老院是大不孝，西方人没有这样的传统，美国也不例外。美国人崇尚独立，孩子一般年满 18 岁就会离开父母独自生活，连上大学的学费也需要自己申请助学贷款支付。不像中国的父母，孩子小时呵护备至，孩子成年后父母还要倾尽全力为孩子买房、结婚、工作操心。由于这种独立性，在美国子女和老人都喜欢拥有自己独立的生活空间，一般不会住在一起，虽然传统节假日也会经常团聚，情感上相互关心，但互不干涉。尽管有些父母年老生病或生活不能自理时也能得到子女的照顾，但在美国，子女没有义务一定要赡养老人。因此，在美国，传统的家庭养老方式并不普遍，但美国有一套很成熟的居家养老体系。

　　由于美国地广人稀，大家都住得比较分散，日常的住宅也都是 house，也就是中国的独栋别墅，不像中国的小区公寓，人口密集，比较集中，所以美国的老人到了一定年纪，通常会将原来的房子卖掉，并根据自己的经济情况和健康状况，还有自己的喜好，搬进适合自己的养老社区居住。

　　美国人注重个人隐私，喜欢独立和个性化的生活，因此不到万不得已，一般不会进统一管理的养老院过刻板的集体生活，90％的美国老人都希望能在自己的家中，在自己所在地的社区中养老，因此，依托专业的社会和社区服务机构的社区居家养老成为美国老人主要的养老方式。在养老社区，老人仍旧可以住在相对比较集中的社区联排别墅或社区公寓里，按自己的喜好布置家居。比如有的老人会从原来的房子里挑选一些自己特别喜欢的有纪念意义的物品和家具带到养老社区的家里摆放，一幅画、家人的照片、喜欢的餐具、沙发等，那是他们美好生活的回忆。在养老社区，他们依旧可以按自己的生活习惯生活，做自己喜欢的事情，在家里接待亲朋好友或子女来访，与他们原来的生活并没有太大区别。这种相对独立又相对集中的居家养老模式，一方面，可以满足老人对家的情感需求，另一方面，老人集中居住在同一个社区，可以最大限度地利用社区和社会资源营造舒适便利的居住环境，利用专业家居服务机构照顾他们的日常生活，依托医院，由有资质的专业护理和医疗服务机构为有需要的老人提供健康咨询、护理、医疗服务，尽量让老人住得安全、舒心，并且能在相当长的一段时间内保持相对独立有尊严的生活。

根据老年人的自理能力、健康状况和生活状态，美国的养老社区根据功能可以分成以下几种。

1. 独立生活社区（independent living community）

独立生活社区，也叫退休社区（retirement community），退休村（retirement village），老年公寓（senior apartments），适合退休后（年龄须在55岁以上，各州规定有所不同）身体健康，有独立生活自理能力，不需要照顾的老人。社区有舒适的居住环境，生活设施齐全，餐厅、泳池、健身房、图书馆、俱乐部等一应俱全，与普通的社区并没有太大差别。独立生活社区会根据老人的特点和特长，定期组织丰富多彩、形式多样的社交活动，如读书会、绘画、棋牌、电影、音乐、手工、参观等，让老人能经常聚在一起，交友聊天，做一些喜欢的事情，排遣寂寞，发挥余热。同时，社区也提供安保、维修和家政等服务，由经过培训的专业居家公司提供清洁、维修、洗衣、做饭、交通接送、寻医问药、购物等服务。

独立生活社区因地区、地段、房型不同价格差异很大，有独栋别墅、联排别墅，也有公寓，可以一次性购买，也可以租住，租金一般每月在200～3000美元。

在美国还有一种特别的独立生活社区是由社区老人联合经营，奉行"neighbor-helping-neighbor"，有点类似"抱团养老"，互助养老的理念。志同道合，有养老需求的老人聚集在同一个社区，由相关组织收取一定的会费，由义工提供社区居民的日常生活服务，如交通出行、购物、清洁、维修、洗衣做饭、求医问药，甚至遛狗等服务。提供服务的义工都是居住在本社区的老人，老人利用自己的一技之长，各显神通，互相帮助，互相支持。虽然都是老人，但身体相对健康、强健的会尽自己所能帮助有需要的邻居，每次只是象征性收取一定费用。通过互助互利可以大大降低养老成本，老人还能发挥余热，通过帮助他人和社区，提高自己的自信，重新找到人生的意义。而且，因为年龄相差无几，有相似的人生经历和背景，有共同语言和共同体验，相互服务起来更体贴、细致、周到，也进一步改善和增进了邻里关系。通过互助自治，以老养老的形式在一起安度晚年，也是一种养老模式的创新。

对于年收入 1.2 万美元以下，或完全没有积蓄，也没有任何收入来源的老人，政府会提供低收入老年公寓，由私人机构管理，租金为家庭收入的 30%，甚至可以完全免费入住，水电费全免，每个月还有一定的食品补贴。但是这样的免费公寓需要经过非常严格的审查，满足条件的人不会太多，这类公寓数量也有限，申请人往往需要排队耐心等候，直到有空位才能入住。

2. 协助生活社区（assisted living community）

协助生活社区，或称为协助护理社区（assisted care community），个人护理中心（personal care home），社区护理中心（residential care facility）等。该社区适合基本有自理能力，没有重大疾病，但日常生活需要协助，尚不需要 24 小时专业医疗护理的老人居住。生活环境和设施与独立生活社区相似，提供家政、健康、安保、体育锻炼、康复治疗等服务，有餐饮、保洁、维修、体检、出行、应急等配套服务，还提供 24 小时生活辅助服务，如穿衣、洗澡、吃饭、喂药、上厕所等，有些社区还有针对阿兹海默症等特别护理服务。每个州对协助生活社区的入住条件和护理标准有不同的规定，但服务方都需要申请特别的执照和资质，以保证服务的专业性。

协助生活社区以公寓为主，根据老人的健康状况、所需服务，住房类型等收费，大概为每月 2500～5500 美元。

3. 特殊护理院（nursing home）

特殊护理院，也称为专业护理中心（skilled nursing facility），恢复治疗中心（convalescent care hospital），护理中心（nursing center），长期护理中心（long term care facility），护理康复中心（nursing home care and rehabilitation），疗养院（rest home）。适合长期卧床、绝症晚期姑息治疗、慢性病、术后恢复、生活不能自理，又不需要住院的老年人以及其他需要长期护理服务的老人。特殊护理院提供基础护理、专科护理，康复促进，根据医嘱进行支持治疗、姑息治疗、安宁护理、社区老年保健、营养指导、心理咨询等服务。特殊护理社区与其他社区不同，又与普通医院有所区别，既可以为老年人提供日常的养生保健、康复治疗、生活照顾、健身娱乐等养老服务，还可随时提供必要的医疗救助和临终关怀。特殊护理社区是医疗与养老的结合，是医院的延续和补充。医养结合的方式减轻了家属负担，让老人能在家里，而不是在冰冷嘈杂的医院得到专业的医疗护理，让家属放心，也让老人安心。

居家护理的概念源自英国，在老龄化程度比较高的国家，很多医院有限的床位和资源被患有绝症晚期或慢性病长期卧床的老人占据，很多病人在医院长期接受不必要的过度治疗，给病人、病人家属也带来很多痛苦和困扰。英国的桑德斯博士首创了专门为老人提供专业护理的机构，对老人进行专业的护理和治疗，减轻老人的痛苦，让老人能在相对较为舒适与安宁的环境中度过最后的时光。

特殊护理社区提供 24 小时日常生活家政服务，按医嘱为老人准备营养餐食，有 24 小时医疗护理服务，部分社区也设有物理治疗、语言康复、阿兹海默症护理服务。特殊护理社区必须符合联邦政府和各州的相关法律法规，并且接受相关部门监管，医护人员必须有合格专业资质，能为老人提供专业的护理或治疗，这里也是除了医院以外最专业的养老护理机构。

特殊护理社区一般提供带家具的公寓，因为很多老人需要特殊治疗及护理，住户不能按自己的喜好布置家居。根据老人健康情况、所需服务和公寓大小，费用每月大概在 4000～12000 美元。

适合哪种养老社区需要相关机构根据相关指标进行评估后确定，各州对养老社区老人的生活自理能力和健康状况都有详尽的评估指标，如能否独自驾车、乘坐交通工具、购物、做饭、打扫卫生，是否能自己穿衣、吃饭、上洗手间、洗澡等，根据评估结果进行分级护理。

4. 持续护理退休社区（continuing care retirement communities，CCRCS）

上面提到的三种社区适合不同健康状况的老人，属于三种不同的类型。随着老人年龄的增加，生活自理能力下降，健康状况的恶化，对生活和护理级别的要求也会提高，这时候就需要更换到不同类型的社区。搬迁带来诸多不便，尤其老人。每到一个新的社区，老人需要重新熟悉环境，熟悉工作人员和邻居，情感上也带来不少困扰，因此有些老人愿意选择这种持续护理退休社区长时间居住。

持续护理退休社区是结合了上述三种社区类型的混合型社区。社区提供日常生活服务和医疗服务，包括康复、护理、健康监督等。住户可以根据自己的身体健康状况申请不同的服务和护理级别。生活和护理类型通常分为四类。

A 型：全包型护理，包含所有的生活和医疗健康服务，入住费 16 万～60 万美元，每月另加 2500～5400 美元服务费。

B 型：半包型护理，只包含指定服务内容，如果需要其他服务，需要另外收费。入住价格 8 万～75 万美元，每月服务费 1500～2500 美元。

C 型：选择性护理，只包含特定服务内容，其他服务需要另外付费，价格在 10 万～50 万美元，每月服务费 1300～4300 美元。

D 型：可以付费享受社区提供的生活和健康护理服务，服务费每月900～10700 美元。顾客租房入住，一般不需要入住费或入住费很低，费用1800～30000 美元不等。

持续护理退休社区可能是上面四种社区里价格最贵的一种，每个单元平均入住费高达 25 万美元（以上价格为美国联邦设计总署的调查数据，随着物价上涨，这些价格还会持续攀升）。

美国有着非常成熟完善的社区居家养老体制，有优美的环境，有一流的硬件和软件设施，有完善的生活配套服务和专业的医疗健康护理服务，让老人在不同的阶段享受到便利、周到的生活和医疗服务，满足老人不同的需求。但是，无论哪种类型的养老社区，入住和服务价格都不菲，低则几万美元，高则几十万美元。即便有养老金、养老保险和联邦医疗保险（Medicare），能享受的免费额度也是有限的，巨额的养老费用对中产阶级老人来说也是天价。有的老人提前购买了长期看护保险，但这种保险也只能支付头三年每天 150 美元的费用，超出部分仍然需要自己支付。有的老人辛辛苦苦一辈子积攒下来的养老钱，可能几年就消耗殆尽。教育和养老，成了美国年轻人和老年人最痛恨的两大巨型提款机。

　　不管是教育还是医疗，受惠最大的，反而是美国的穷人。低收入的美国人享受着各种各样的优惠，无论是教育、医疗还是养老，他们几乎都可以享受免费待遇。上大学可以免费，老了不仅可以入住免费的政府养老公寓，发放生活补贴，还能申请医疗补助（Medicaid），享受免费的医疗，甚至支付养老社区的生活服务和医疗护理费用。

　　而在美国辛辛苦苦工作一辈子的中产阶级，除非破产，否则永远也无法享受穷人享受到的免费养老福利。因此美国很多中产阶级感叹，美国是天堂，但是只是穷人和富人的天堂。对不少中产阶级来说，这种养老体制真的可能是让他们倾家荡产的地狱。许多美国人不愿意或者说不敢过早退休，有大约 29% 的美国老人超过 70 岁还在工作，希望能多攒点养老金，也希望退休后能多领点养老金，因为在美国退休的年龄越晚，领取的社保金就越多，通过工作养老有时也是不得已而为之的无奈之举。

　　中国早在 1999 年就已经进入老龄化社会。2016 年，中国 60 岁及以上老人有 2.31 亿，到 2050 年将超过 4 亿，平均每三个人中就有一个老人，这是个触目惊心的数字。美国是一个超级大国，也是个发达的资本主义国家，养老问题尚且是一个巨大的社会问题，对于一个 13 亿人口的大国，未富先老，已成为中国社会和家庭不能承受之重。提前到来的老龄化问题早已成为一个严峻的社会问题，严重影响中国社会、经济的发展，阻碍中国发展的进程，影响中国的长期发展战略。长期实行的计划生育政策，让独生子女无力承担起家庭养老的重任，而中国的老人长期受家庭养老观念的影响，又不愿意住养老院。人口老龄化已经到来，而社会化养老机制在中国还处于探索阶段，如何建立一个适合中国国情的养老机制，不仅关系到占总人口 20% 的中国老人的老年生活，也关系到所有中国家庭的幸福，更关系到社会的稳定和经济的健康发展。

　　美国的居家养老模式将居家与养老、养老和医疗、社区与医院、生活和护理结合起来，形成了一个以社区为依托，整合社会和医院资源，利用专业的家政和医护服务机构，分级分段为不同健康状况的老人提供不同服务，满足老人不同生活和健康需求的综合养老机制。社区和公寓本来就是中国老人居住的主要形式和场所，如何借鉴美国的居家养老模式，如何整合家庭、社区、社会、政府的资源，建立起一套适合中国国情的社会化养老机制，尽可能降低养老成本，减轻家人的负担，又能让老人在家中享受到有品质的晚年生活，衣食无忧，生病时能得到及时照顾、护理和治疗，能按照自己的意愿生活，有尊严地活着，体面地离去，保障所有老人老有所养，老有所依，老有所居，老有所乐，实现"安养、乐活、善终"的美好愿望，这也是全体中国人的"中国梦"。

第六章　桃花源里的阿米什人

在美国访学期间，旅途中，或在乡村集市，偶尔会遇到一个与众不同、特征鲜明的群体，非常引人注目。他们穿统一的服装，男人着白色无领衬衫，深色背带裤，戴宽边礼帽，女人穿长及脚踝的黑色或蓝色罩衫，戴白色无边小布帽，或者在白色便帽上加一顶黑色的祈祷帽，在下巴上打个结，低调朴素，没有任何装饰。车水马龙的公路上，有时会看到女人带着孩子负重前行，有时看到男人驾着老式马车慢悠悠地赶路，没有焦虑，没有抱怨，一副怡然自得的样子。在没有车几乎寸步难行的美国，这样的场景真的让人觉得有点不可思议，引发了我极大的好奇心。向美国朋友打听，原来他们就是阿米什人（Amish）。

阿米什人目前主要居住在美国部分州和加拿大安大略省，是 16 世纪早期瑞士激进宗教改革形成的再洗礼教派后裔，主要来自德国、荷兰、瑞士、比利时等国。再洗礼教派又称兄弟会，最初由曼兹和格莱伯发起。后来荷兰的罗马天主教教士门诺·西蒙斯（Menno Simons）改宗了再洗礼派，成立了门诺派，不仅在荷兰深受推崇，还影响到瑞士很多地区。

荷兰门诺派教规非常严格，但是传到瑞士，有些教规没有得到严格执行，比如闪避（shunning），即驱逐违反教规的教徒，拒绝其与家庭成员同吃同住，直到其悔改自己的过错。16 世纪下半叶瑞士的门诺派领袖雅各·阿曼（Jacob Amman）认为瑞士的门诺派已经偏离了西蒙斯领导的低地门诺派的教导，想要进行纠正，但是遭到瑞士门诺派的强烈反对与孤立。1693 年，阿曼领导的门诺派从门诺派分离出来，正式成立阿米什派。由于在瑞士受到原门诺派的排挤和孤立，从 18 世纪开始，一些阿米什人逃离欧洲，移居美国，最初定居于宾夕法尼亚州，后来陆续扩展到伊利诺伊州、印第安纳州、艾奥瓦州、肯塔基州、密歇根州、明尼苏达州、密西西比州、密苏里州、内布拉斯加州、纽约州、俄亥俄州、马里兰州、田纳西州、威斯康星州、缅因州等 22 个州，还有一些人移居加拿大的安大略省，在美洲大陆开始了与世隔绝的生活，想要继续保持自己的生活方式，维护自己教派的教规和教义。

阿米什派本是一个严密的宗教组织，保留了严格的宗教教义。他们的最大特征是保持生活简朴，尽量不与外部世界接触，保持团体的独立性，拒绝现代化社会的生活设施和生活方式，过着几乎与世隔绝的生活。然而，受现代化生活的巨大诱惑和冲击，移居美国的阿米什人迫于现代社会的生存压力，也逐渐产生了分歧。进步主义的阿米什教会放弃了严格的宗教教义，被吸纳到"旧式"的门诺派教会中，渐渐开始融入现代社会，但他们对外仍称自己为阿米什人。只有一小部分保守派阿米什人坚守教义，仍然拒绝融入现代生活，拒绝使用汽车、电话、电器，拒绝接受社会福利及任何形式的政府帮助，不从军，不买保险，不与外族通婚，自己教育子女，他们是真正意义上的阿米什人，被称为旧信条阿米什人。

阿米什人一直过着保守传统的农耕生活，主要靠原始方式耕作，鼓励生育，平均每个家庭有 7 个子女，人口增长迅速。目前在美国的阿米什人约有 20 万，分布于 20 多个州，其中俄亥俄州阿米什人最多，约 6 万人，其次为宾夕法尼亚州，约 5 万人，印第安纳州约 4 万人。由于阿米什人多是瑞士德裔人后裔，大多数阿米什人对外说英语，在家都说一种独特的德语方言。瑞士裔的阿米什人则说一种瑞士方言。阿米什人的孩子出生后先要学德语或瑞士语，然后才开始学英语。在一些重要场合，如布道、诵经、唱赞美诗都使用德语或瑞士语。[①]

阿米什人聚集在自己的社区生活，每个社区都按自己制定的社区规范（Ordnung 德语，意为条令）约束本社区民众的生活。各个社区的条令不尽相同，非常详细，如男人帽檐的宽度、女人裙子的长度、是否使用纽扣、是否吸烟、马车的颜色等。有些社区禁止在衣服上缝制纽扣，据说是因为纽扣在历史上与军服的历史渊源。条令可以应社区居民的要求修改，但必须得到教会的批准。"朴素，低调，不引人注目"是阿米什人的信条和通用准则，与美国主流文化鼓励张扬个性的个人主义至上不同，阿米什人强调集体主义，尽量避免任何突出个人的行为或着装。他们的着装只分

---

① 〔美〕史蒂文·M. 诺尔特. 阿米什人的历史 [M]. 毕其玉，译. 武汉：湖北人民出版社，2015，p. 88—90.

男女，不论老幼都穿款式、质地、颜色一样的服装，连发式都一模一样，不允许有任何多余的装饰品。阿米什男人婚前不能留胡须，婚后留鬓须，但是唇须必须刮干净，据说也是因为留唇须是 16 世纪和 17 世纪欧洲军队的习俗，有些社区甚至连鬓须的长度也有严格的规定。

除了着装规范，"谦卑"也是阿米什人的处世态度和行为准则。谦卑表现为顺从和服从，顺服上帝，服从团体，避免自我表达和独立意识，反对个人主义。服装统一，是为了最大限度避免攀比和虚荣心；与外界隔绝，不使用电力和电器，是为了避免竞争或对物质生活滋生更多的欲望打乱内心的宁静，破坏阿米什人简朴的生活方式；坚持手工耕作，使每家耕作的土地有限，会限制大家购买土地，以免引发不必要的竞争以及由此引起的各种负面影响，如嫉妒、虚荣心、优越感等。[1]

阿米什人只让孩子在自己的社区接受小学到初中教育，学校由阿米什人自己开办，教师也通常由阿米什人自己担任，授课内容大多与《圣经》相关，也有算术和音乐等课程。他们认为初中以上的教育对于农场生活毫无用处，而且高中以上教育更倾向于培养孩子的竞争意识和独立意识，与阿米什人强调的谦卑顺从理念背道而驰。没有完成义务教育有违美国的全民义务教育法，也因此引发阿米什人与政府的很多冲突。经过多年争取，联邦法院最后以宪法修正案中"信仰自由"为由，免除阿米什人遵守义务教育的责任和义务，接受阿米什人以自己的方式教育子女。阿米什人特别重视劳作，日出而作，日落而息，代代相传。孩子们从很小的时候开始就要参加力所能及的劳动，学会各种劳动技能。他们认为掌握劳动技能比学习无用的理论知识更重要。

阿米什派虽然教规严格，但他们没有教堂，每两周的周日社区的居民会轮流聚集到一户人家里做礼拜。由于人数较多，夏天通常会安排在户外，冬天天气寒冷的时候会移到室内，空间不够的时候会把家具搬到室外以腾出足够的空间。礼拜通常包括布道、诵经、唱赞美诗，没有乐器伴奏，简朴肃穆。做礼拜除了宗教活动，同时也是社交聚会。大家聚在一起午餐，聊聊家常，孩子们在一起玩耍游戏，气氛融洽。阿米什人生活基本自给自足，不纳税，没有保险，也不接受社会和政府的援助，家里有困

---

① BBC：Amish：A Secret Life.

难，只能依靠教会和社区的支持和帮助渡过难关。

阿米什派源于再洗礼派，不同于其他宗教，孩子出生后并不接受洗礼，因为他们认为幼童并没有对上帝的感知能力，因此给儿童洗礼没有意义。等孩子们长大成人，有足够的判断力，对上帝和教会有一定的了解后，他们才有能力自己决定是否正式加入教会，终身侍奉上帝。虽然绝大多数年轻人会按父母的期望做出侍奉教会的承诺，也有少数人经过慎重考虑选择不加入教会。不加入教会的人会脱离阿米什人社区独立生活，有些社区会回避脱离教会的人，甚至有些家庭也会回避脱离教会的人，与他们脱离关系。旧教条的社区一般不对外传教，以保持其独立性，避免与外界接触。

为了严守自己的教义，阿米什人有意将自己与日新月异的现代社会隔离开来，至今仍然保留着18世纪的生活方式。阿米什人尽量摒弃现代化的生活方式对他们日常生活的影响，采用手动劳作，如手工耕作、手工打铁制作工具、手工制作家具、手工纺纱织布、手工制作衣服、被子等，活成了18世纪乡村生活的活化石。他们所崇尚的简朴、谦卑、低调的生活方式也成了独立于当今物欲横流的美国主流社会之外的世外桃源，成为美国社会一道独特的风景。然而，全球化浪潮滚滚而来，无论阿米什人怎么努力，也难以完全避免现代化和商业化的冲击。有些阿米什人社区开始使用电话、小功率电器，如剪草机，甚至汽车等。随着社会的开放，在世人眼中神秘的阿米什农庄也开始对外开放，出售门票，接受游客参观，让游客有机会走进阿米什人的生活，感受阿米什文化，做一次心灵的洗礼。阿米什人也开始走出自己的村庄，参加当地的乡村集市，出售自己的农产品。在对游客开放的阿米什农庄，他们开始出售手工制作的旅游纪念品，甚至也开始在店里接受游客使用信用卡等现代化支付方式。偶尔他们也会主动走出自己的村庄去感知外面的世界，如参观博物馆或参加一些社区活动。

也许随着社会的发展，岁月的流逝，最保守传统的阿米什人最终也会不可避免地走出自己的堡垒，融入现代社会。毕竟，要做到完全脱离现代社会几乎是不可能的。如何尽量保留他们淳朴自然的生活方式，避免被物欲横流的现代生活方式同化，才是他们努力的目标和方向。

第七章　美国人的老年生活

在美国，一般不能直接称呼老人为"old people"，要尊称为"senior citizens"，意为"上了年纪的公民，年长者"。中国一直有尊老敬老的文化，老人往往也喜欢倚老卖老。美国的文化其实对老人也非常尊重和照顾，针对老人的优惠政策可以说无所不包，细致入微，但是美国老人不喜欢大家把自己当老人对待，一方面他们想竭力维持自己的自尊和独立，另一方面也表明了他们不服老的人生态度。许多美国人并不在意年龄，也不会把某个年龄作为人生的分水岭，停止对人生的追求。他们自始至终都愿意保持年轻的心智和心态，不断挑战自我，实现自我价值，探寻生命的意义，越活越精彩。

美国政坛就活跃着一批叱咤风云的老人，为普通民众树立了榜样。大家最熟悉的莫过于总统特朗普。1946 年出生的特朗普，现年 73 岁，在商场打拼多年后，在中国人认为"人生七十古来稀"的年龄出人意料地转型当选为美国最年长总统，开始走上自己人生的巅峰。尽管大家对这位离经叛道、行为想法怪异的总统颇有微词，但 73 岁的特朗普在内有通俄门调查，外有盟友众叛亲离的内忧外患中依然精神抖擞，在贸易战、边境墙、朝鲜、中东问题中频频出招，还不忘每天频发推特吸引粉丝，足见其精力旺盛。

2019 年 2 月，77 岁的民主党人伯尼·桑德斯（Bernie Sanders）再次出征，扛起民主党的大旗，雄心勃勃宣布加入竞选；2020 年是特朗普和拜登这两位历史上年龄最大的候选人之间的对决。同为民主党人的希拉里 2016 年参加总统竞选时 69 岁，竞选失败后，她也没偃旗息鼓，回家闲着。现年 72 岁的希拉里与前总统 73 岁的克林顿都成了空中飞人，马不停蹄在全球做巡回演讲，平均每周都有一次，日程安排得满满的。

新上任的美国众议院院长佩洛西（Nancy Pelosi），1940 年出生，这位年近 80 的老太太大权在握，锋芒毕露，经常与强硬的参议院和咄咄逼人的总统特朗普针锋相对，毫不示弱，不断在美国政坛掀起波澜。79岁的老太太还有如此旺盛的精力和斗志，这在中国人眼中简直不可想象。

另一位高龄女中豪杰是2020年9月去世的美国最高法院大法官鲁斯·金斯伯格（Ruth Ginsburg）。她的人生简直就是一部传奇。从1993年执掌大法官的法槌，她一直就是个工作狂，几次身患绝症她又挺过来，20多年来几乎没有离开过她一直热爱的工作岗位。因为大法官是终身制，除非自己主动要求下岗，否则没有人会强迫你退休。为了能让自己的身体能继续胜任这份高压忙碌的工作，她每周坚持到健身房锻炼身体。她坦言，退休是90岁以后才会考虑的事。

不仅名人如此，在各行各业，都有美国老人忙碌工作的身影，很多人的人生字典里根本就没有退休二字。

美国的大学都设有终身教职，拿到终身教职的教授只规定了最低退休年龄，如果愿意，他们可以一直在大学里从事自己喜爱的科研和教学工作。对他们来说，学术研究和教学是他们终身的事业和追求，也是他们的精神寄托，80岁甚至90岁还在实验室忙碌，在教室里讲课的老教授比比皆是。

除了从事脑力劳动的老人，从事轻体力劳动的老人在美国也很普遍。我经常在美国的服务场所如超市、酒店、音乐厅、体育馆、博物馆、公园、图书馆、健身房等地方看到不少高龄的老人做收银、清洁、前台、验票等工作，还有很多出租车司机、旅游大巴司机也是老人。据说美国超过85岁的卡车司机大概有1000～3000人，这在中国简直不可思议。据统计，美国还在工作的70岁以上的老人比例大概有30%。大多数人工作都是因为自己喜欢，在工作中能找到自信和成就感，也有一部分人是想多挣点退休金养老。无论如何，他们对工作的投入，他们不服老的积极心态，的确令人钦佩。

在美国还有不少老人退休后选择在大学课堂上圆自己的大学梦。有的老人年轻时忙于家庭或工作，或因各种原因错过了上大学的机会，现在孩子独立了，也不用上班了，终于可以完成上大学的心愿了。有的老人退休后想提升或培养自己的兴趣爱好，在大学旁听绘画、摄影、音乐、园艺等课程，或学习一门新的技艺，充实自己的老年生活。

政府也特别鼓励老年大学生，给老人提供了许多上大学的优厚条件和机会。大多数州规定只要有高中或高中以上文凭，就可以申请旁听任何课程。如果要拿学位，就得全职学习。大多数学校的申请要求和毕业条件与年轻大学生是一样的，必须要修满足够的学分才能毕业。即便如此，还是有很多老年人愿意自讨苦吃，不辞辛苦地攻读大学学位。在美国的社区大学，老年大学生占了 3％以上。美国堪萨斯州 95 岁的老太太诺拉·奥克斯，与自己的孙女一起获得堪萨斯州海斯堡州立大学历史学学士学位，而且还打算继续攻读硕士学位，誓将学习进行到底，成了年轻学子的榜样和楷模。

不仅大学之门对老年人敞开，各州都出台了对老年大学生学费进行减免的政策。比如俄亥俄州规定，60 岁及以上的老人可以免费旁听教室有空位的任何课程，加州州立大学每学期仅对老年大学生象征性地收取三美元学费。美国上大学都是自费，而且学费高昂，很多年轻人为上大学背负巨额助学贷款，免费上大学对老年人来说的确是个大福利。人生到了这个阶段，上大学已没有任何功利性和目的性，也不再是将来谋生的手段，完全是凭自己兴趣和爱好学自己想学的课程，做一件自己喜欢的事情，所以心态完全不一样，他们学得认真，也觉得生活过得格外充实和幸福。

除了工作和学习，美国老人还非常热衷公益活动，通过服务社会与他人实现自己的人生价值，保持与社会的联系，赢得别人的尊重，找回自信，让自己的生活更有意义。

在美国，很多老人退休之后都会有计划地安排丰富多彩的活动，每天都按照自己的日程做一些自己喜欢的事，如阅读、写作、画画、陶艺；参加读书会、各种讲座、音乐会、看电影、球赛；平时在家整理花园，养花种草，家里布置得温馨雅致，自己穿着得体，生活过得精致；坚持适度锻炼，慢跑、散步、钓鱼等，经常与亲人朋友聚会，做社区志愿者，帮助照顾有需要的人，为外国人补习英语，帮助社区组织各种活动。他们也会时不时出去旅游，开阔眼界，看看外面的世界。行动不便的老人会选择游轮环游世界，在路上时不时还会看到穿着皮衣皮裤，骑着哈雷机车又酷又潇洒的老人机车队风驰电掣驶过，令好多年轻人羡慕不已。

美国最励志、最治愈的摩西奶奶，76 岁开始学画画，80 岁在纽约办画展，90 岁作品开始畅销欧美，100 岁启蒙了日本作家渡边淳一，101 岁去世时，她的画已经卖到 10 万美金一幅，成为自学成才、大器晚成的原始画派画家，激励了无数人。

人生永远没有太晚的开始，只有不开始。这些老人的生命，都曾淋漓尽致地燃烧过，他们的生命发出炫目的光，照亮了别人，也照亮了他们自己。他们，都活成了自己喜欢的模样。

人老心不老是他们共同的心态。没有了孩子和生活的拖累，在经济自由的前提下，能按照自己的意愿去享受晚年生活，或继续追逐自己的梦想，用自己积累的丰富工作经验和人生阅历力所能及地奉献社会、服务他人，提高自己的社会参与感，积极、独立、乐观、自信，对生活永远充满好奇心。有了这样的心态，老年生活，才会过得更加精彩。

随着生活质量和医疗水平的提高，科技的进步，人类衰老的年龄在后延，传统意义上定义的老年已经有点不合时宜。按照世界卫生组织的新定义，45～59 岁为中年，60～74 岁为年轻的老年人，75 岁及以上才能称为老年人。

人生，每一段都有每一段的精彩，我们所能做的，就是尽自己所能，充分去享受自己的生命，永远不要给自己设限。岁月能改变的只是我们的年龄，改变不了我们一颗不服老的心。60 岁，不是人生的终点，而应该是一个新的起点。只要你愿意，60 岁以后的人生，同样有无限可能。

第八章　美国的公务员制度

在中国，公务员长期以来都是令人羡慕的工作，工作稳定，福利待遇好，受人尊敬，吸引了各行各业的优秀人才。报考公务员被称为"国考"，尽管招聘条件苛刻，难度大，竞争激烈，报考人数却屡创新高。相对于中国的公务员热，公务员在美国好像默默无闻，他们的情况也鲜为人知，很少被公众关注。

美国的公务员有联邦公务员（United States federal civil service），也有各州政府和地方政府公务员。联邦公务员制度可以追溯到1871年，现在主要指在联邦政府各公共部门和机构工作的雇员（非选举、非军事的文职工作人员），主要服务于四大类456个部门和机构，如联邦行政部门（国务院、财政部、国防部、司法部、内政部、农业部、商务部、劳工部、卫生和公共服务部、住房和城市发展部、运输部、能源部、教育部、退伍军人事务部、国土安全部），总统办公室（白宫幕僚、国家安全委员会、行政管理和预算局、经济顾问委员会、贸易代表办公室、国家药品管制政策办公室），政府独立机构（邮政署、国家航空航天局、中央情报局、环境保护局、国际开发署等），国营企业（联邦存款保险公司，国家铁路客运公司等）。

公务员种类大致分为三类：高级行政职务（Senior Executive Service）（通过任命制 Political Appointments 任命）、竞争性职务（Competitive Service）、特别职务（Excepted Service）。

高级行政职务通常指握有实权的高级行政职位，不需要通过选举产生，也不需要招聘和竞争流程，而是由当选官员任命，如当选总统任命内阁成员和驻外大使，内阁成员任命相关各部门人员，各州各县与联邦政府的运作模式相似。由于美国各级官员（总统、州长、市长、县议会成员等）都是选举产生，任期一般四年一届，而新上任的官员通常都会重新任命自己的亲信担任要职，所以被任命的行政官员通常任职时间都不会太长。当选总统或州长、市长通常会任命与自己关系亲密的亲信，或者有利益关系，或者曾经为自己竞选出钱出力、立下过汉马功劳的人担任重要岗位作为回报，而被任命的官员也会鞍前马后，充分利用其职位所获得的资源，倾尽全力为任命自己的官员效力，相互形成利益共同体，保证在有限的任期内为双方获取最大利益。

竞争性职务是指通过招聘竞争上岗的普通公务员，他们占了公务员群体的大多数。如果说任命制公务员是官，普通公务员就只是吏，他们才是在政府机构里真正做具体工作的公务员。相对于任命制公务员，普通公务员的工作更稳定，他们不会因某个政客下台或离任而被解雇或被迫辞职。

普通公务员招聘有固定的流程，有意报考的人需要关注政府公务员招聘网站 usajobs.gov，如果有符合自己条件的空缺，直接投递简历，通过开放的竞争性招聘流程后择优录用。一般由美国人事管理局进行初选，发送相关部门，经过第一次面试（通常是技术性），第二次面试（直接上司主持），甚至是多轮面试，如果最后通过，由人事管理局发录用通知后上班。

有些州应聘公务员需要先参加公务员考试（Civil Service Exam），考试分为通用型职位考试和专业岗位（如医生、律师等）考试。如果是消防员这样的特殊岗位，还需要加考体能、身体素质等。通过考试的入选者，一般会按成绩高低排名被列入雇用名单（hire list），等相关职位出现空缺时再通知面试，经过几轮面试确定是否录用。因为公务员队伍流动性很小，所以等待空缺的时间比较漫长，需要一年甚至几年。但是在公务员招聘中也有一些"潜规则"，如他们会优先录用少数族裔、残疾人、或者本地员工、公务员子女或家庭成员、退伍军人、持有议员推荐信的人员等。有些岗位需要特殊技能，符合条件者往往会被优先录取。还有些比较好的职位通常会直接内部调招，并不对外公布，一般人很难挤进去。公开招聘的职位通常都是初级职位，起薪往往很低。因为是为政府工作，多数公务员职位需要美国公民身份才能申请，少数职位持有美国绿卡也可，很多岗位都需要对申请者进行严格的背景审查。

特别职务，顾名思义是指某些特别岗位的公务员职务，如联邦安全和情报机构（联邦调查局、中情局、国务院等），这些机构因工作性质特别，不属于公开招聘的范畴，有自己的一套招聘政策和流程，薪酬体系和任免也与普通公务员不同。

　　根据美国《公务员分级法》，公务员可以按序列分，如行政序列、司法序列、制服序列、教育序列、邮政序列等，也可以按联邦、州和地方分成三个不同的层次。

　　据统计，2015 年美国私营企业雇员总数为 1.23 亿人，美国联邦、州和地方政府的雇员总数约为 1900 万人，公务员约占美国劳动力大军的1.5%，其中联邦政府文职人员约 220 万人，分布在 100 个联邦政府机构，涉及的工种多达 650 多个。60% 的联邦政府公务员主要分布在三个部门：国防部（34%），退伍军人部（17%），国土安全部（9%），3% 在立法部和司法部，37% 在白宫和其他各部门。在联邦政府雇员中，博士学历约为9%，硕士学历 20%，本科 31%，大专 27%，高中及高中以下 13%。[①]

　　除了联邦政府公务员，各州和各地方的公务员人数由各州和地方根据当地政府的管理理念、本地人口、财政状况、公共服务的需求量等因素确定，差别悬殊。如加利福尼亚州，2012 年有公务员 32 万人，纽约州有 20万公务员，而犹他州，由于人口少，政府主张小政府，少管理，公务员人数还不到 5 万人。

　　经过多年发展，美国联邦政府公务员薪酬体系形成了一套复杂、完善、等级森严的工资制度，主要分为五类：总等级表（General Schedule, US civil service pay scale），适用于白领雇员；联邦薪俸系统 Federal Wage System，适用于蓝领雇员；高级行政人员系统，适用于高级行政雇员；外交官等级表，适用于外交官；备用工资系统，或实验性工资系统。每一个类别又细分为多个等级，如联邦公务员系统中专业性、技术性、行政性特点最突出的白领雇员按总表可以分为 1~15 级（Grade），每一级又细分为10 等（step），1 级 1 等（最低档）年薪为 17981 美元，15 级 10 等（最高档）年薪为 130810 美元，差别悬殊很大。约 71% 的公务员是按照该总表发放工资。29% 的蓝领雇员工资按照联邦薪俸系统发放，其余类别参照各自相应系统执行。如高级行政人员分为 5 级，美国国务卿属于最高一级，2014 年的年薪为 201700 美元。这套薪酬制度的目标是要实现薪酬平权或同工同酬，但因地域不同，各个地方的财务状况各异，公务员的工资也会有所区别，一般是按照所有地区基本工资的 10% 左右浮动，但不能超过每

---

　　① 资料来源：美国联邦人事管理局网站。

一级别工资的下限（最低工资，1 档）和上限（最高工资，10 档）。美国法律规定了美国普通公务员工资封顶制度，即普通公务员的工资所有项目相加不得超过最高一级工资标准。通常情况下，公务员工资不得高于同级别私营企业员工工资，公务员的工资调整必须经过国会批准。[①]

美国公务员的工资与企业相比不算高，个人收入基本介于工薪阶层和中产阶级之间，但实行的是低工资高福利制度。与在企业工作的员工相比，虽然工资水平远没有私营企业员工高，但是美国的公务员可以享受优厚的福利待遇和医疗保险，较长的带薪休假，丰厚的退休金，工作稳定，工作压力也相对较小，还比较受人尊重，在经济形势低迷的美国，也是很多人趋之若鹜的工作。

美国国会预算办公室 2014 年的统计数据显示，硕士以下教育程度的联邦政府雇员，平均时薪加福利均高于私营企业雇员的平均时薪加福利；只有博士学历的联邦政府雇员，平均时薪加福利低于私营企业雇员。尤其对于低学历者，公务员的平均时薪加福利比私营企业员工高出很多，如高中以下学历的公务员时薪加福利平均为 50.9 美元，而私营企业员工只有 33.4 美元。按照 2015 年的统计数据，联邦政府雇员的平均年薪加福利为 123160 美元，私营企业雇员的平均年薪加福利为 69901 美元，联邦政府雇员的平均年薪加福利比私营企业雇员平均年薪加福利高出 76%，在美国 20 个行业中高居第四位，仅次于公司管理层（143809 美元），公用事业（水电煤气，137055 美元）和矿山（135003 美元）类。[②] 这一结果出乎很多人的意料，因为平时计算公务员工资都没有把他们享受的优厚福利待遇加进去，造成公务员工资偏低的假象。

美国的公务员可以享受几乎是全美最好最贵最全的保险，几乎是全包，甚至连最贵的牙医也都包括在内。保险范围不仅包括公务员本人，还可以包括整个家庭成员，其中儿子可以享受保险到 24 岁，女儿只要没出嫁可以一直享受保险。公务员退休后可以领取相对于在职收入 80% 的退休金，因为在职时每月都交了养老金和社保，政府同时按 1.5 倍匹配，工龄长的人退休时可以领取双份退休金，有的人甚至比上班时的领的工资还要多，而且本人和其家庭成员仍然可以享受与在职时同等待遇的医疗保险。

---

① 资料来源：美国联邦人事管理局网站。
② 资料来源：美国联邦人事管理局网站。

因此，一份年薪 6 万美元的公务员工作，如果将保险和退休金折算进去，与企业年薪 9 万美元的人收入相当。

除了保险和养老金，很多公务员还可以享受如公交补贴、幼儿园补贴，健身房补贴等福利。另外，每年除了公共假期，还有超长的带薪休假和病假。新入职的员工每年大概有三周带薪假期，随着工龄增加假期会越来越长，工作 10 年以上的可以带薪休假 1 个半月，工作 15 年以上的每年会有两到三个月的带薪假期。有些特殊岗位，如警察、消防员、法警等，带薪假期更长。病假分为长期和短期，三天内的病假，如感冒发烧等小病可以直接跟领导请假，长病假根据工龄长短有所不同，即便不是自己生病，以照顾老婆生孩子为理由，也可以请几个月病假，这些都是私营企业员工无法享受到的实实在在的福利。

公务员工作相对比较稳定。入职后都会加入工会，按月缴纳会费，有工会做强大后盾，只要你工作认真，两三年后基本上就可以稳定下来，除非遇到严重财政赤字需要减员的情况，一般公务员都可以工作到退休。即便是裁员，也是从下到上，从低学历到高学历开始裁，而且一旦情况好转，被裁的人一般会得到优先录用。当然，遇到特殊情况，如特朗普执政时联邦政府关门，公务员有可能会无薪工作，或者强制无薪休假，这属于比较极端的情况，持续的时间一般不会太长，而且事后也会补发工资。

美国法律对公务员的廉洁自律要求较高，没有任何灰色收入，收受超过 20 美元的礼物都要如实上报。一旦发现有受贿行为，一律重罚或者直接开除。许多人都想保住自己的优厚福利、退休金、养老金，因此一般都会洁身自好，不会去碰触底线。

公务员的工作相对轻松，每天工作时间 8 小时，工作按部就班，没有太大压力。升职涨薪通常也是按工作年限和资历，并且上升的渠道和空间并不大，所以也没有太多勾心斗角和办公室政治。工作之余，如果还想做兼职，只要报备，也可以在周末做点别的工作挣外快。

当然，公务员工作也有局限，工资涨幅有限，收入比不上私营企业员工，晋升的渠道狭窄，工作单调，几乎一眼可以望到头，没有挑战性，也没有太多机会。由于缺乏竞争机制，部门内部办事效率低下，小事情也需要写申请打报告，层层审批，费时费力。由于福利好，公务员队伍极其稳定，离职率很低，人员流动性很小，也造成员工年龄结构老化，不思进取，缺乏活力，很多员工因为缺乏必要的再培训，赶不上日新月异的科技发展的步伐，知识结构和技能老化，有些员工连基本的计算机技能，如Excel 表格都不会使用，还在用计算器工作。

尽管如此，在当今美国经济情况不景气，失业率高居不下的大环境下，美国公务员因其稳定性和高福利，还是一个受人尊敬，令人羡慕，相对受追捧的职业。

第三部分　美国教育

第一章　教师罢工潮与美国基础教育的困境

2018 年以来，美国多地连续爆发空前激烈的中小学教师罢工潮，一浪高过一浪，而且截至目前（2019 年 5 月）还在持续发酵中。几万名中小学教师走上街头，要求增加工资，改善待遇，缩小班级，增加工作人员，减轻教师工作量。

教师罢工潮愈演愈烈，从弗吉尼亚州开始，逐渐蔓延到全美各地。肯塔基、新墨西哥、亚利桑那、俄克拉何马、科罗拉多等州都相继加入了游行示威大军，导致大量学校关闭，全美上百万名学生的正常学习和生活受到影响，造成了空前的社会影响。仅 2019 年 1 月 14 日，洛杉矶就有 3 万多名中小学教师冒雨走上街头，要求加薪 6.5%，将班级规模缩小到 30 人以下。这是洛杉矶 30 年来发生的规模最大的教师大罢工，有 60 多万名学生受到影响。美国教育多年来一直受全世界膜拜和仰慕，近期一系列的教师罢工事件，将美国中小学教师的真实生存状况暴露在公众面前，震惊世界的同时，也引起了社会的广泛关注。那么，美国中小学教师的状况究竟如何？美国的基础教育状况究竟如何？

首先看看引发这次大罢工的薪资待遇问题。在中国，中小学教师还是一个比较受人尊敬的职业，工资收入比上不足，比下也绰绰有余。很令人意外的是，在最发达国家兼教育大国的美国，中小学教师并不是一份大家都趋之若鹜的工作。主要原因是中小学教师的工资待遇一直偏低，而且连续多年都在下滑，加上通货膨胀等因素，很多中小学教师甚至陷入难以养家糊口的窘境。根据美国劳工统计局 2013 年对全国所有职业薪酬数据的统计结果，美国所有职业的平均年薪为 46440 美元，而中小学教师的平均年薪为 56420 美元，比建筑安全检查员的年薪 56430 美元还低，更无法与律师、医生等高收入群体相比，在 1014 种职业薪资中排名仅在第 649 位。

政府财政投入不足导致学校经费短缺。教师领着微薄的薪水，却承担着超负荷的工作。尤其在洛杉矶和奥克兰等高物价地区，教师们的工资与当地居高不下的物价相比完全是杯水车薪，甚至连付房租都成了问题，更不要奢望买房了。由于美国财政长期对教育投入不足，虽然基础教育是义务教育，但是有些学校甚至连基本的教学条件都不能满足。教师不仅自己挣扎在贫困线上，每年还要从微薄的工资里挤出一部分钱，自掏腰包补贴学生购买教材或必要教具的费用。亚利桑那州的米歇尔·吉巴（Michelle Gibbar）是一所高中的英语教师，教龄 20 年，年收入只有 4.3 万美元。她所在的高中多年前就已经无法为学生购买教材，10 年来只能循环使用同一套教材，用了 10 年的一套英语词典也已经破损不堪。因为教材数量不够，甚至没有办法让学生将教材带回家完成作业。为此，她每年不得不自己拿出 500 多美元帮助学生购买教材来维持正常教学。米歇尔在给教育部的请愿信中写道，从教 20 年，没想到最后居然会以贫困阶层的身份退休。虽然她热爱教师这份崇高的职业，但是还是希望不要让老师自己掏腰包来补贴学生。

米歇尔是 4000 多位给美国教育部写请愿书的教师之一，比她情况糟糕的教师比比皆是。田纳西州的艺术教师凯瑟琳·沃恩（Kathryn Vaughn）拥有硕士文凭，年收入只有 5 万美金，因为要照顾退伍在家的丈夫，除了全职教学，还要利用业余时间做兼职补贴家用。她在信中写道，没想到自己拥有硕士文凭，居然还要为全家的生计发愁，连吃饱饭都成问题。在自己生活拮据的情况下，她每年还不得不省出 1500 美元为学校的孩子购买绘画工具和材料，因为学校每年只给 800 个孩子 100 美元的预算，根本就不够用。根据美国格罗加教育统计中心相关数据，由于通货膨胀率持续攀升，2007—2017 年间全美的教师工资水平甚至不及 1969 年以来的工资水平，下降幅度达 1.6%，在亚利桑那州和北卡罗来纳州，降幅甚至超过了 10%。

美国中小学教师不仅薪资水平低，而且考核标准越来越严苛，工作量和工作压力越来越大。从 20 世纪 80 年代起，在冷战中失利的美国就开始反思美国的基础教育。美国高质量教育委员会出台了《国家在危机中：教育改革势在必行》的报告，引发全社会对中小学教学质量的关注，也从根本上改变了美国教育的国家策略，促使各级中小学加大了对教师绩效考核和教学质量的评价力度。2002 年，布什政府推出《不让一个孩子掉队法案》（No Child Left Behind Act），要求缩小学生之间的学业差距，从整体上提高美国中小学生的学业水平，将绩效考核与教师的薪资水平直接挂钩。并且规定，所有中小学生（三年级以上）都必须参加统一的联邦考试（主要是数学和阅读），联邦考试成绩决定了学校的排名并与联邦政府划拨的经费挂钩，导致美国的基础教育也沦为"应试教育"的牺牲品。而且在执行过程中，因各地生源和教育水平不均衡以及绩效考核机制本身的设计缺陷，许多优秀教师的实际绩效评价质量也偏低，许多教师不堪重负，纷纷离职。

2009 年，奥巴马政府推出"力争上游计划（Race to the Top）"，投入43.5 亿美元，加大教育创新力度，鼓励中小学通过创新提高教学质量。2015 年，奥巴马政府又签署了《每一个学生成功法案》，将教育财政权下放到地方政府。各州为了争取更多教育经费，纷纷出台各种对教师的量化考核标准，将薪酬待遇与具体详细的量化考核标准联系起来，根据资历、岗位、学生学业成绩等指标将教师分成三六九等。

在一系列严苛的绩效考核机制高压下，中小学教师们的工作压力和工作量不断加大。在美国，小学阶段通常是一个教师负责一个班，各门课都要自己上，中学教师分科目教学，平均每天至少要上 5 节课。除了上课，教师还有很多工作要做：每天要准备上课的 PPT，因为美国的中小学很多都没有统一的教材，教师要根据教学大纲自己准备教学内容和教学材料；设计丰富多彩、灵活新颖的课堂教学活动；安排与教学活动相关的作业，或者两周一次的大作业；出大小测试和考试的考题；每天要批改学生作业；如果有大作业，或者作文，要按照要求给每一个同学的作业写出详细的书面反馈意见（初稿和二稿、终稿都不一样）；将学生成绩输入成绩记录系统；与不能及时完成作业或在学校出现各种问题和状况的学生家长联系等，所有这些事情都得在下班后利用业余时间加班加点完成，效率高的也至少要 4—5 个小时。白天在学校忙于上课，组织课堂教学和课堂讨论；管理课堂，与自由散漫、性格各异的各类调皮捣蛋的学生斗智斗勇，有时真的要到崩溃的边缘。为了不让任何一个孩子掉队，老师还要想尽一切办法让对学习根本就不感兴趣的孩子尽量赶上，安抚情绪失控的孩子。除了上课，老师还要绞尽脑汁负责教室的海报和宣传装饰，走廊的展板要定期更新，形式和内容都要别具一格，要能展示学生的学习成就，起到激励学生的作用，这些事情也要耗费不少时间和精力。

　　为了加强管理，提高教学水平，中小学教师要参加的会议多，要上交的教学文件也多。每周都有两三次研讨会，教师之间要相互观摩课堂，还要抽时间参加学术会议，撰写论文，参加继续教育学习，这些都是考核的内容，缺一不可。每位教师开学前都要按时上交详尽的教学计划，包括全年教学计划、单元教学计划、应急备案以及课堂目标、年度目标，所有教学内容和教学目标要确保与教育部的要求相符。按照"不让一个孩子掉队"的要求，如果班上有一些特殊学生，比如残障儿童、有学习障碍的孩子、新移民、或者是临时借读的孩子，教师还要制定特别的教学材料和计划，为孩子们补课。为了实现"让每一个孩子成功"的目标，许多学校还要求教师进行分级教学，为优良中差不同层次的学生制定不同的教学目标和教学计划，准备不同的教学材料，设计不同的教学任务，无形中大大增加了教师的教学和备课工作量。每个学年还要精心准备6次校长观摩课，随时准备接待教育局人士的不定期来访，因为这是最重要的教师考核内容之一。

　　此外，还有许多教学事务之外的日常工作，如组织大型活动、学校开放日等。联系学生家长、挑选学生作业或作品、精心布展、安排组织学生活动都是班主任教师的工作。每学期教师都要提前与家长沟通预约家长会时间。美国中小学的家长会不是开班级大会，而是一对一进行的，教师要提前收集准备每一位学生的学习情况和在校表现，与家长交流，并随时准备应对一些家长的无理指责和不合理要求。教师平时在学校也经常通过邮件或电话处理家长或学生的投诉，或者帮助协调处理学生间的矛盾和纠纷。

　　按规定，中小学教师每天在学校8节课，其中5—6节是上课教学，还有3节课处理各种问题，打印准备教学材料，开会等。备课和改作业等任务只能在下班后完成，3—4门课的备课时间和批改作业加起来至少也要5—8小时，平均每天工作时间都在14小时以上。教师额外的辛勤付出，不但没有公司和私企员工依法享有的加倍加班费，还要随时准备接受学生和家长的投诉，应对绩效考核的各种条款，承受着巨大的心理压力和工作压力，到最后还发现自己根本无法拿到本来就不高的绩效考核奖金。许多中小学教师虽然真心热爱教育事业，但面对与自己的辛苦付出极不相称的收入，最后也只能选择黯然离开。如果选择其他工作，以他们的学历和勤奋，先不考虑工资高，至少可以保证每天 8 小时工作时间，而且在工作时间之外完全不用考虑工作的事情，这本就是美国职场文化的惯例。

中小学教师工资低压力大，导致离职的教师越来越多。奥克兰联合学区每年的教师离职率为 18.7％，九年内的教师留存率仅为 9％左右。很多学校出现了教师荒，有的教师甚至在学期中离职，学校一时很难找到代课教师。教师频频出走，连基本的教学秩序都无法维持，更不要说提高中小学教学质量，完全违背了联邦政府推行基础教育改革，提高教育质量和水平的初衷。

在美国，教师待遇不好，但是入职要求却很高，更加大了招聘合格教师的难度。美国中小学教师必须获得教师证书（Teacher Certificate）或者教师执照（Teacher License）才能上岗。要获得教师证书必须符合几个条件：1. 学士或学士以上学位，最好是教育类专业的。2. 通过专业教师评估（professional teacher's assessments）考试，包括数学和语文考试。3. 通过相关学术科目考试（academic subject test）。如果是教中学的某个科目，则必须通过相关科目的考试。小学教师一个人负责所在班级所有课程，必须要让自己成为全才。4. 通过专门的健康体检，身体健康，没有传染病史；品行良好等。拿到执照也不是终身有效，五年后还需要更新（renew）。在五年期限内需要通过写论文、出书、参加学术会议、选修大学课程等积累至少 180 个专业发展分（professional development points），证明自己一直在学习进步，才能拿到更新后的教师执照。

中小学教师考证难，要求高，工作压力和工作量大，工作时间长，却拿着与工作付出极不相符的低薪，在通货膨胀和经济低迷的压力下，多年的积怨和矛盾终于爆发，揭开了政府一直在进行的提高基础教育质量改革的面纱。越来越多的教师选择离职，或者走上街头，为争取自己的权益而斗争。但是，很多州迫于本已经捉襟见肘的财政压力，无法完全满足教师的涨薪和减负诉求。还有的州议会甚至表示，如果答应了教师们的要求，州政府就得倒闭关门。

问题的焦点最后还是集中在联邦政府的教育投入不足。尤其是特朗普执政以来，一直在大幅度削减教育开支。2018 年特朗普就提议要将教育经费削减 5.3％，这一提议引爆了广大中小学教师的怒火，也成为了教师大罢工的导火索。面对席卷全国的教师大罢工风潮，特朗普不为所动，2020

年 3 月，特朗普政府在 2020 财年的教育财政预算提案中，计划将在 2019 年的基础上削减 71 亿美元的教育经费开支。看来在短视的特朗普任期内，要改变其"教育支出无用论"的想法非常困难，而广大中小学教师想要加薪减负，从根本上提高自己的待遇恐怕也不是那么容易的事情。教师队伍不稳定，教师生活得不到保障，美国想要真正提高基础教育水平，长路漫漫。

尽管美国的基础教育目前遇到了很大问题，教师待遇不够好，但是美国的中小学教育在教育理念、教学模式上还是有很多值得借鉴的地方。不管是小学、中学还是大学，美国的课堂都反对死记硬背，都是以学生为中心，倡导培养学生的批判性思维、创新性思维，鼓励学生积极思考，培养学生发现问题、解决问题的能力。还通过各种手工课、实践课培养学生的动手能力。教师在课堂上的角色主要是引导者和组织者，通过设计各种各样的问题、活动、项目，激发学生的求知欲，培养学生的探索精神，将理论与实践、书本知识与实际生活联系起来。低年级的课堂主要是寓教于乐，让学生在游戏中学习，反对填鸭式的教学，形式比较轻松活泼，学生在课堂上也比较自由。高年级开始，课堂主要通过提问、讨论、活动、项目等方式学习，教师鼓励学生提问，学生在课堂上也喜欢思考，积极提出不同的见解。教师会鼓励不同的观点，一般不会直接给出对错的答案，或者批评观点不同的学生，而是引导他们自己得出结论。这种模式从小学开始，一直持续到大学，美国人的批判性思维和创新性思维也受益于这种启发式教学，值得中国中小学教师学习和借鉴。

在美国，学生的家庭作业很少，学校对作业量有明确规定。小学阶段规定一年级完成家庭作业时间不能超过 10 分钟，二年级不超过 20 分钟，以此类推，五年级不超过 50 分钟，周末和假期按规定都不布置任何家庭作业。所以相对于中国学生而言，美国的中小学生课业负担轻松很多，他们也没有上课外补习班的传统和习惯，课余去上的都是真正的兴趣班，如音乐、舞蹈、体育等，一般不会再去补习文化课。周末和假期孩子们都随父母到博物馆、体育馆、公园，组织露营、划船、野餐、运动，与大自然亲密接触，放松身心，增长见识，开拓视野，陶冶情操。

在美国教师与家长和学生的关系也相对比较简单，不像中国那样有时候家长需要去给教师送礼，希望自己的孩子能得到教师更多优待。按照美国法律，教师也属于公务员，一年之中收受的礼金数额不能超过 20 美元，超过了就属于受贿，严重的会被直接开除。有时候学生或家长为了表示谢意，也只会送些小礼物、小卡片。一般情况下，也不允许家长私下请教师吃饭。家长与教师之间就是一种简单的合作关系。教师会定期向家长通报学生的学习和在校表现，如果有特殊情况，也会直接和家长联系，及时沟通。家长如果想要了解学生的情况，通常会先预约，跟教师直接面谈或者通过邮件或电话的方式去解决问题。根据美国的反歧视法，教师不应该在课堂上因为学生的成绩好坏、课堂表现、家庭状况、身体状况、种族、肤色等歧视学生，要尽量做到对所有学生一视同仁，公平对待。否则轻则被投诉，重则被告上法庭，是很严重的事情。这也特别考验教师的耐心和爱心，无论学生在课堂上如何顽劣，教师都得按捺住性子，不能表现出自己的好恶，不得有任何不当言行。

在美国的中小学，如果学生在学校确实有过激行为，学校也有处罚办法。轻则约谈家长，如果屡教不改，严重干扰教学秩序，或者造成不良影响，有可能被罚坐教室角落，或被隔离，不让该学生正常上课，让他面壁思过，以示惩罚。再严重的可能会被要求带回家里，停学一段时间。如果有严重的行为失当者，可能还会被诉诸法庭。有趣的是，美国至今还有 19 个州保留着由校长亲自体罚学生的传统，即校长用一种特制的木头或者玻璃纤维板子抽打学生的屁股（spanking），以示惩戒。

还值得一提的是美国的教师培养机制。美国为教育专业的学生开设的课程以及教学理念和教学方式与中国差别很大。开设的课程全面、实用，教学强调理论与实践相结合，授课教师不仅有大学教师，更多的是来自中小学教学一线的名师或与课程相关领域的专家、行家，有丰富的经验和案例分享。为教育专业学生开设的必修课中有一些很特别的教学内容：

教育心理学：基础理论课，讲授心理学理论框架及在教育方面的应用。教师主要通过课堂模拟、案例分析、课堂讨论启发引导学生将心理学理论应用到教学实践中去。

教育法规：聘请知名律师讲课，讲授教学中涉及的一些法律问题，对教师进行普法教育，让教师知法懂法，既要知道如何保护学生，也要知道如何利用法律保护自己。

教师职业素养：由教育局人事主管讲授教师的行为规范、如何在校内及校外、课上和课下与学生、家长、同事和谐相处，保持良好沟通。指导学员如何在课堂上处理个体差异和文化差异，帮助他们了解美国的多元文化，学会包容和尊重有多元文化背景的同事和学生，避免文化冲突和种族歧视。

教育技术：学习如何利用先进的现代化设备和技术手段进行辅助教学。

教学法：聘请资深中小学教学名师指导教育专业学生如何开展教学、如何对学生进行学习评估和考核、如何管理课堂、如何对付调皮捣蛋的学生等。授课教师让学生在课堂上现场模拟教学中出现的问题，进行讨论并给出解决方案，相互点评，教师再进行指导和总结。学校还聘请学区的心理医生指导学员如何教育特殊群体学生（如残障、学习障碍、多动症、听力障碍、注意力缺失的学生）以及如何帮助学习困难学生，如何为天赋异禀的优秀学生制定更高的教学目标和教学计划等，真正让教师学会如何在教学中因材施教，进行分级教学。

教师职业能力提升课：专门培训学员如何处理校园欺凌、毒品、种族歧视，以及如何对待现在越来越多的 LGBT 特殊群体（女同性恋、男同性恋、双性恋、变性人）学生等。

教育专业开设的课程几乎涵盖了教师将来在教学中会遇到的所有问题，有理论，也有实践，具有很强的针对性和指导性，非常实用，为教师在以后的教学中处理和应对各类问题提供了较为全面的指南和参考，而且通常都采用模拟、讨论、案例分析、实践等方式进行教学，让学生在课堂上就能将抽象枯燥的理论运用到实践中去。授课教师大部分都是来自中小学教学一线，有丰富教学经验的教师，或者是临床经验丰富的心理医生、办案经验丰富的律师等，提供了大学教师难以提供的实践教学经验，对教育专业的学生更有指导意义。

经过如此全面专业培训的教师，上岗之前就已经成为业务和素质过硬的新教师了，再加上加入教师队伍的都是真心喜欢教师这个职业、喜欢与孩子们打交道的教师，所以尽管待遇不高，美国的绝大多数中小学教师都还是很专业、很敬业且高素质的教师，就像前面提到过的两位教师，自己深陷生活窘境，仍然从自己微薄的工资里挤出钱来资助学生，仍然热爱自己的教学岗位。这些生活清贫也依然愿意坚守的优秀教师，都应该得到与他们的付出相匹配的公正待遇。

　　教育是一个国家的希望和未来，尤其是基础教育。在中美贸易战进入白热化阶段，华为创始人任正非接受记者采访时表示，中美贸易根本的问题是教育水平。科技进步，国家富强依靠的也是教育。促使一个国家强盛的工作，是在小学教师的讲台上完成的。教育就是最廉价的国防，中国要和美国竞争，唯有提高教育水平。只有教师待遇得到提升，优秀的学生都想去做教师，从事教育的教师安心教学，热爱教育，才能真正提高教育质量。我们在讨论美国中小学教师的困境时，也需要反思中国的基础教育机制以及中国教师的待遇问题。不能让尊师重教只停留在口号上，要让教师成为一个人人羡慕的职业，让教师们没有后顾之忧，能全身心地投入到立国之本的基础教育中去，尽快提高全民文化素质。只有提高我们的人才竞争力，才能让中华民族傲立于世界民族之林，实现中华民族的伟大复兴。

第二章 重新设计高中：美国的高中教育改革

　　在肯特访学期间，笔者一直想了解一下美国中学教育情况，经朋友介绍，有机会参观了附近的杰克逊高中（Jackson High School），对美国的高中教育现状有了一次直观深入的了解，也对正在改革中的美国高中教育产生了深刻印象。

　　为了不影响学校正常教学，见面时间约在学校放学后。杰克逊高中的校长 Jenifer Morgan 女士热情接待了我们，带领我们参观了学校并一路为我们讲解。杰克逊高中是一所公立四年制高中，建于 1973 年，2009 年就被授予蓝带（blue ribbon）学校荣誉。蓝带是美国中小学能获得的最高荣誉。全美国大概只有 3.9％的学校能获此殊荣。蓝带是一面锦旗，更代表一份荣誉，获奖学校的校长都要亲自前往华盛顿领奖，可见该奖项的重要性。获蓝带奖的学校不仅教学水平高，学校设施也好，是家长们趋之若鹜的名校。美国的中小学实行就近入学制，即便是名校也不能通过招考挑选学生。杰克逊中学在校生有 2000 多人，招收的都是附近划分到该学区的初中毕业生。学校经费 57％来自当地税收（其中 69％为杰克逊镇本地居民缴纳的个人税），州政府拨款 21.8％，联邦政府拨款 4.3％，其他为非税收来源如赞助、集资、奖励等。① 因为杰克逊镇在该县（Stark County）算是一个比较富裕的小镇，镇上大多是律师、医生等受过高等教育的居民，收入相对较高，住房条件也比较好（学校的主要收入来源是每年当地居民交的房产税），所以该中学的财政资金充足，为该学校的硬件设施提供了强有力的支撑和保障。

　　杰克逊中学的主楼是一栋巨大的圆形建筑，将学校所有主要功能区连接在一起，走在里面感觉像走入了一座迷宫。拿着一大串钥匙的 Morgan

---

　　① https：//www.jackson.stark.k12.oh.us/Domain/145.

女士，像极了大庄园的总管，为我们打开一道道门，带领我们进行参观。每打开一扇门，我们都不由自主地发出一连串惊叹。一所普通的高中，教学条件和基础设施比很多大学还要好：有非常专业的音乐厅、戏剧排练厅、化妆间、演出剧场、乐队排练厅（学校有三个不同的乐队，都有独立宽敞的排练厅，整整齐齐摆满了各种乐器）、合唱团排练室、三个巨大的室内体育馆（排球、篮球、网球、橄榄球、棒球、冰球等训练场应有尽有）和物理、化学、生物等各种设备齐全的实验室。

最让笔者意外和震惊的是该中学的职业生涯与技术教育（Career and Technical Education）中心和实训室，其中有汽车修理、医护、建筑设计和建筑工程、信息工程、园艺、厨艺等非常专业的实训室。学校甚至还有一个全部由学生自主经营管理的餐厅，从食品采购、菜单设计、菜品选择、制作加工到餐厅服务全部都是该校的高中生业余打理，并且公开对外营业。我们参观了他们的厨房，干净整洁，井井有条，规章制度标示得清清楚楚。餐厅宽敞明亮，餐桌上铺着素雅的桌布，摆放着鲜花，环境优雅，和商业区的餐厅无异，完全看不出来是学生经营的。当然学校另有一个大厨房，有一个巨大的餐厅，和学生们经营的餐厅是分开的，风格也完全不一样。

我们一边参观一边听 Morgan 女士介绍学校的概况：杰克逊高中为了满足学生的不同需求，开发学生的潜能，培养学生的兴趣，丰富学生的课外生活，除了学校的必修课和选修课，还组建了 50 多个课外俱乐部，有语言类的如中文、法语；其他各类的如艺术、戏剧、户外运动、乒乓球、合唱团、社区服务、商业、化学、科学、数学、学术竞赛、模联、医学、海洋生物、政府、家庭、职业及社区领导力、未来农业、绿色星球、圣经、工业技术、互动交际、领导力培养、模拟法庭辩论、魁地奇球赛等，种类之多，领域之广，让我大开眼界，好多俱乐部我根本就没听说过，看名字也猜不出具体活动内容。这么多俱乐部，涵盖语言、艺术、运动、科学、宗教、环境、法律、农业、工业、经济、商务、交际，能让每一个学生都找到自己的心头好，让学生能够根据自己的兴趣爱好选择喜欢的俱乐部去开发潜能，开阔眼界，培养自己对某一领域的兴趣，也可以通过参加俱乐部的活动增强自己的交际能力和组织领导能力，增加对周围的同学以及社区、社会、世界和大自然的认识，让高中阶段的生活丰富多彩。

　　杰克逊高中的职业生涯与技术教育（CTE）项目为学生提供特定的职业技能培训，以便为学生的大学生活和职业生涯做好准备。这些项目都经过专门的市场调研，符合美国当前的国内经济发展需求，适应当地企业对人才的期望，通过详细论证才为学生开设。培训专业包括：汽车技术（可以让学生成为高级汽车技师）、思科网络学院（为有志于在工程和信息技术方面继续深造的学生做准备）、建筑技术（学生可以实验室或者社区承接真正的工程项目进行实习）、医疗护理（开设助理护士培训课程并帮助学生获取助理护士证书）、厨艺（餐厅管理、接待、厨艺）、工程和建筑设计、园艺（园艺、花艺、温室种植、景观设计和管理、农业和环境项目、城市绿化等），除了这些现有的项目，杰克逊高中还与附近的其他几所高中共享资源，学生可以共享有合作关系的不同高中开设的不同职业技能培训课程。这些课程一方面可以培养学生对某一学科的兴趣，让学生在高中阶段对一些学科有初步的了解和认识，为他们以后进入大学继续学习自己喜欢的专业打下一定的基础，帮助他们为上大学做好准备。另一方面，这些专业技能训练可以培养学生的一技之长，学生高中毕业后如果因各种原因不愿意上大学，或者考不上大学，可以利用这些学到的技能直接进入社会就业，也可以再进入一些专科学校继续培训后走向职场。此外，这些职业技能课程都很实用，能够教会学生很多生活中必需的技能，如急救知识、汽车修理、花艺、建筑、计算机等知识，培养了学生的综合技能，提高了学生的综合素质，也锻炼了他们的生活能力，可谓一箭三雕。

　　除了俱乐部和职业技能课，作为名校，杰克逊高中也为学业优秀的学生提供了挑战自我的机会，为学生上大学提前做好学术准备。学校开设了23门AP课程（Advanced Placement classes，大学预科课程，上大学后可以置换大学学分）、双注册课程（College Credit Plus courses），让学生可以在高中就开始学习大学的部分课程，拿到学分后上大学可以抵扣相同课程的学分。因为美国大学实行的是学分制，借此可以缩短上大学的时间，也可以减轻学费负担，尽快拿到学位走向社会。

　　为了开阔学生的眼界，培养国际化视野，该校还有国际交流项目，长期与中国、法国、英国、西班牙、意大利等国家有师生交流或相互组织海外游学活动。

　　杰克逊镇的居民对学校财政给予了大力支持，杰克逊高中也没有忘记回馈当地百姓。在繁重的学业之余，学生每年参加社区服务累计达 19500 小时，相当于 2440 天（每天按八小时工作时间计算）。学生们为社区居民举办各种文体活动，与当地商会和行业组织合作并提供自愿者服务，通过各种活动募集资金资助贫困学生和家庭，定期为老人院提供义务服务、为癌症患者和社区各种非盈利性团体募捐等。通过这些活动加深学生与社区和社会的联系，让学生走进真实的社会和真实的生活，也增进了社区居民对杰克逊高中的了解，为学生们营造一个良好的社会氛围。晚上我应邀参加了杰克逊高中钢鼓乐队的演出，观众都是周围的社区居民，大家一起互动，气氛非常活跃欢快。

走廊里陈列了学校和学生获得的各种荣誉、奖杯、奖章，不时可以看到墙上挂着各种学生活动的海报，学校的荣誉墙上挂满了历届优秀学生、名人校友、乐队、球队队员的照片。看着学校一流的教学设施，听着 Morgan 女士自豪地介绍自己的学校，我心里充满无限感慨。蓝带学校的荣誉，杰克逊高中当之无愧，他们不仅有一流的教学设施，更有一流的师资和先进的教学理念，培养的学生既有哈佛耶鲁的高材生，也有选择直接就业的技术型人才，毕业率达到 99.8％，91％的学生会选择进入高校继续深造。

到杰克逊高中的时候已经是下班时间，Morgan 女士利用自己的休息时间带我们在学校大概走了一圈，天色已晚，好多信息来不及一一详述，但是就这样走马观花下来，我们已被深深震撼了：杰克逊高中始终把学生放在第一位，设计以学生为中心的课程，尊重学生的个体和文化差异，满足学生的个体需求，让学生尽可能地挖掘自己的潜能，通过教师、家长、社会的支持，让每一个孩子实现自己的梦想。学校努力为学生提供真实世界的学习经历和氛围，帮助学生培养出色的学术能力和实用的职业技能，为学生的升学、职业和生活做了充分的准备。

离开时我看到杰克逊高中的校训：String for Excel lence，追求卓越。杰克逊高中的确做到了。

杰克逊高中，和许多美国高中一样，学术和职业教育并举的成功得益于奥巴马前几年推行的"重新设计高中"教育改革计划。

和大学一样，美国的高中也分公立和私立两种。由于美国实行十二年义务教育，公立高中也是免费教育，经费主要来自当地税收，联邦政府和州政府也会拨款，但比例很小。为了体现义务教育的公平性，美国所有中小学都采用就近入学制，学生按居住地所划分的学区就近入学，所以有好学校的学区房价都不菲，这一点和中国的情形很相似。每个学区设立一个学区教育董事会，董事会负责管理学区内中小学的资金、教学、课程设置、安全等事宜，学区董事会享有较大的决策权和自主权。私立中学，包括教会学校在内，资金来源主要是学生缴纳的学费，因为学费很高，所以私立学校只能是少数富裕家庭的选择。88%以上的学生就读公立高中，只有10%左右的学生选择私立学校。

在相当长的一段时间中，美国的高中也和中国的高中一样，发挥的是大学预科的功能。学生在课堂上学到的知识与将来的专业或工作关联甚少，高中毕业时不管是升学还是就业，学生都很茫然，上大学的不知道将来要选什么专业，不上大学的毕业也没有一技之长，很难就业。换句话说，高中阶段学校没有为学生们升学或者就业做任何准备。

高中阶段是一个非常重要的阶段，承担着选拔优秀学生进入高校继续深造的功能，更担负着发掘学生的兴趣，训练学生的职业技能和生活技能，并使分流出去的一部分学生能走向社会和职场的任务。为了提高美国的人才竞争力，奥巴马计划投入3亿美元重新设计高中的使命和功能，将职业技术教育注入高中的培养计划和课程设计中，让美国学生在高中就对自己的专业兴趣有所了解，并让美国的高中毕业生也能适应美国经济发展并拥有具有国际竞争力的专业技能，让高中教育实现价值最大化。

该计划目前已初见成效，杰克逊高中就是成功推行"重新设计高中"改革的一个成功范例。高中阶段，学校为学生提供多种多样的选修课和职业生涯与技术教育项目，以及丰富多彩的课外活动，在校园内建立设施齐全的实训室，并尝试与行业协会、社区以及附近其他高中合作，让学生走出课堂，走向社会，发现自己的兴趣，发掘自己的潜能，了解自己感兴趣的领域，在教师指导下加深对某些学科的认识，通过培训引导学生掌握美国经济发展所需的职业技能，在完成项目的过程中培养合作能力、组织能力、创造能力，将学习与真实世界、真实生活联系起来，为将来的升学、就业、生活做好准备，让高中成为大学阶段或职场阶段的一个完美过渡，也为美国培养出有全球化竞争力的人才。

美国没有专门的职业高中，因此该改革计划旨在加强美国高中的职业生涯和技术教育，使美国高中兼具学术和职业技能教育的双重功能，增强美国高中生的职业意识和就业竞争力。美国高中教育的改革方案对中国的教育改革具有很好的启示。

中国高中目前存在功能和教学内容单一的弊端，缺乏综合性和丰富性。中国在高中阶段就划分了普通高中和职业高中。普通高中只强调升学率，学生只顾埋头学习与高考相关的文化知识，一切都围绕高考的指挥棒转。学校除了高考的科目基本没有开设其他课程，也很少组织课外活动，很多学生根本不知道自己的兴趣，也不知道自己适合什么专业，对自己的人生和职业完全没有规划，报考时或者听家长老师的，或者盲目地进行选择。很多人上了大学才知道自己对所学的专业完全不感兴趣，毕业后做了一辈子不喜欢的工作。而且高中阶段除了努力学习，学生几乎与世隔绝，两耳不闻窗外事，知识面狭窄，生活技能、职业技能、交际能力严重缺失，更谈不上创新能力和组织领导能力，这些都是高素质人才必备的能力，在高中阶段却完全没有机会培养和发掘。普通高中毕业没有考上大学的毕业生数量庞大，但是这些不能上大学的学生毕业才发现，在高中阶段学的知识一点都派不上用场，自己完全没有一技之长，学校没有为他们就业做任何准备，他们走上社会只能从零开始。

职业高中毕业的学生虽然有一技之长，但是他们在高中学习的只有技能课其他综合知识都很欠缺，综合素质缺失成为他们将来职业发展的瓶颈。而且他们初中毕业后就进入职业高中，因为年龄尚小，很多人也是在完全没有自主选择的情况下就被动开始学习某一项技能，小小年纪的他们就失去了很多选择不同人生不同职业的机会，这对职校的学生来说也许也是一个遗憾。

相对美国高中的多功能性而言，中国高中，无论是普通高中还是职业高中，其综合性缺失都不可避免地带来一些弊端，如何在课程设置、教学理念、教师培养、教学设施、教学实践方面进行改革，在高中阶段给学生提供及培养与高等教育和未来职业生涯有关的经验和能力，培养学生综合能力和综合素养、学术能力和职业技能、组织能力、创造能力、领导能力和解决问题的能力，如何为不同的学生提供个性化的学习机会，满足学生个体成长的需求，如何鼓励学生自主学习，树立学生对未来的信心，使其最大限度发现和发挥自己的潜能，主动挑战自我，实现自我价值和人生价值，帮助学生在确定自己人生目标的高中阶段完成学业规划和职业规划，顺利实现高中到大学，高中到职场的完美过渡，为学生进入大学、进入职场做好充分准备，让学生在高中阶段掌握未来在大学、职场、生活中成功所需要的知识和技能，为国家培养适应国际经济形势发展的有国际竞争力的人才，这也许也是中国有关教育部门和教育工作者要考虑的问题。

第三章　美国职业生涯与技术教育启示录

　　2018 年 8 月，特朗普签署了《加强 21 世纪职业生涯与技术教育法》，彰显了特朗普政府对职业生涯与技术教育的重视和重振美国经济的决心，也顺应了全球化背景下美国工商业界对新型职业技能人才日益强烈的需求。按照该法案，联邦政府每年将投入 12 亿美元，大力发展和提升各州的职业生涯与技术教育，其中涉及先进制造、计算机与通信、网络安全、健康医疗等新兴产业以及与美国经济和社会发展密切相关的领域，以适应瞬息万变的人才市场需求，培养高质量的技能型人才，为美国经济的发展提供人才保障。[①]

　　在美国，联邦政府通过立法拨款引导职业教育发展方向和发展重点的做法由来已久。早在 1862 年美国就颁布了《莫雷尔法案》，在之后的一百多年时间里，联邦政府根据经济社会发展的变化不断对职业技术教育法进行修订完善。"史密斯·休斯法"确立了优先发展职业教育的目标，拟定了职业教育的基本门类。《卡尔·柏金斯职业与技术教育法》规定联邦政府将资金直接划拨到各级各类学校支持职业生涯与技术教育，《高等教育法案》规定联邦政府不仅要为学校提供资金支持，也要为学生直接提供联邦政府担保的助学贷款，《佩尔法案》则明确了对贫困学生实行助学金制度，减免贫困生的学费。这些法案的颁布和实施，以立法的形式保障了联邦政府对职业教育的资金投入，保障所有公民都有公平的机会获得职业生涯与技术教育。除了美国国会出台的教育法规，美国各州也通过立法，实行严格的职业资格执照制度，使职业教育和培训成为各级各类人才上岗的必由之路，确保各行业就业市场规范化、制度化，对促进美国职业技术教育的发展起到了重要作用。

　　为了适应美国社会经济的发展变化，不仅联邦政府的职业教育法案在

---

　　①　中国教育报，2018－08－31（6）.

不断修订完善，美国的职业教育理念也顺应时代潮流，不断在发生变化，实现职业教育转型和升级。二十多年前，美国的职业技术教育正式更名为职业生涯与技术教育（career and technology education）。"career"指职业生涯，着眼将来，关注人的终身发展。"technology"指技术，着眼于现在，也就是当前用于谋生的技术或技能。这一术语的变化反应了现代社会对职业技术越来越高的要求，职业教育不仅仅要培养传统意义上从事简单低层次技术工作的劳动者，还要培养能胜任复杂的新兴技术工作具有综合职业能力的高素质技能型人才。新时代科技发展日新月异，新兴产业层出不穷，要求从业人员具有终身学习的能力，不断更新自己的知识和技能，提升自己的职业能力。职业生涯教育的理念正是顺应了这种要求。职业生涯教育始终把人的终身发展和当前的就业能力结合起来，既传授全面系统的通识知识和学科知识，又培养学生的职业技能，提高学生将来在职场中的应变能力和自我发展能力，在教育过程中始终为学生提供可持续发展的机会和选择，注重提升学生的综合能力和素质，将学科知识、学术能力、职业技能融入整个教育过程中，提升学生的"硬技能"（技术能力）和"软技能"（沟通能力、合作能力、创新意识等），培养新型的复合型技能人才，这应该也是当今职业技术教育发展的新趋势。

经过一百多年的发展，美国的职业技术教育走过了一条漫长又曲折的发展道路，逐渐形成了一套符合美国国情，独具特色的完整体系，走出了一条普通教育、职业教育、继续教育、高等教育互相融合，互相转换；学科课程和职业课程交叉设置，互为补充；以社会需求为导向，校企深度合作，具有开放性、广泛性、灵活性、实用性、层次性、完整性等特征的职业技术教育之路，基本实现了终身学习、终身培训的职业技术教育目标，在办学规模、层次、质量和效益等方面走在了世界前列，为美国经济的发展做出了巨大贡献。

一、美国职业生涯与技术教育的特点

1. 坚实的职业教育基础

美国的职业教育有坚实的基础，注重在整个教育过程中通过各个阶段的职业教育帮助学生认识教育与现实生活的联系，避免进入为了学习而学习的教育误区。这种职业意识教育从小学开始，一直贯穿到大学，大致可以分为四个阶段。第一阶段为职业了解。美国的小学很重视培养动手能力，开设有手工、艺术、科学、计算机等课程，培养学生对职业的初步认识及动手能力。第二阶段为职业学习。初中阶段学校会开设木工、金工、汽车、电子、制图等实用课程，让学生初步了解并学会一些基本的职业技能。第三阶段为职业探索。高中阶段大多数综合高中都以项目的形式开设专门的职业生涯与技术选修课程，涉及各行各业，如计算机网络、建筑、医疗、园艺、厨艺等，让学生培养并发掘自己对某一专业的兴趣，取得相应的初级职业技能证书，学会用基本的职业技术技能解决生活中的实际问题，为继续升学或毕业直接就业做好准备。第四个阶段为职业提升阶段。高中毕业生可以进入社区学院或者综合性大学进一步学习自己感兴趣的相关专业，提升自己的职业技能和水平，为未来的职业发展提供更广阔的发展空间。

2. 普职融合的体系

与中国或德国的职业教育不同，美国的职业教育是单轨制，职业生涯与技术教育主要在高中和大学初级阶段（社区学院）实施，并不单列出来形成一个专门的职业教育体系。不论在中学阶段还是在大学阶段，都没有将职业技术教育从普通教育中分离出来，而是将职业技术教育与普通教育完全融合在一起，将通识课程、学科课程、职业技术课程融合到初等教育和高等教育中，通过强大的学分互认及转换系统，满足不同学生在不同阶段的不同需求，打通了职业教育和普通教育的转换通道，最大限度地为学生在不同阶段提供不同层次、不同类别的学习机会，充分挖掘学生的潜力，给学生最大限度的选择自由，培养综合素质高、实践能力强，有专业和技术专长的复合型人才。

美国的中职教育主要由综合高中、少量职业高中和地区性的职业教育中心实施，综合高中是主力军，占比 90% 左右。综合高中以学科课程为主，但大多数的综合高中都配有专门的职业生涯与技术中心（career and technology center），提供多种多样的职业技能课程及培训项目，学生必须修满一定的学分才能毕业。

职业高中约占 5%，以职业技能课程为主，但学生也要学习综合高中的学科类课程，学制与普通高中相同，都是四年全日制学校。与中国的职业高中不同，美国的职业高中教授的多为对专业要求比较高的特殊技能型职业课程，学生入学需要经过鉴定考试，达到要求才能入学。普通高中和职业高中的学生毕业后享有同等的机遇，既可以继续升学进入综合性本科大学或社区学院，也可以选择直接就业，进入职场。

职业技术中心兴起于 20 世纪 60 年代，占比 5% 左右，是为了适应当时的职业技术教育需求而设立的。当时大多数综合高中没有职业生涯与技术中心，无法为学生开设职业技术课程，所以职业技术中心承担了这一部分功能。职业技术中心只提供职业技能培训课程，为半日制学校。学生通常半天在综合高中上学科课，半天到职业技术中心接受职业技能培训，或者一周在普通高中上课，一周在职业技能中心培训，学科课和技能课交替进行，所修学分计入普通高中的学分体系。职业技术中心也为本地区或本州的学生提供就业信息和咨询，组织职业技术课程开发、教材编写和职业教育研究以及职业技术课程教学和实习等工作。根据美国新的职业教育法案，大部分综合高中都已经设立了校内的职业生涯与技术中心，开设了种类丰富的职业技能项目和课程，职业技术中心的功能和作用已逐渐被取代。虽然资金充足条件好的综合高中也能为学生提供优质的职业技术培训课程，但相对而言，专门的职业高中和职业教育中心的培训设施和条件比普通高中更好，提供的技能培训项目也更专业。

为了实现资源共享，避免资源浪费，很多综合高中、职业高中和职业技术中心都签有合作协议，同一区域的各个学校开设的生涯和技术课程基本不重复，各校学生可以互选课程，学分互认。这一举措可以让各个学校有足够的资金和精力集中打造自己的特色专业技能课程，为学生们创造更好的职业技术培训条件。

美国没有专门的高职教育机构，高职教育主要由社区学院承担。社区学院既不像中国的大专，也不像成人教育学院，而是兼具全日制大学教育初级阶段、成人继续教育和再培训多种功能。社区学院的课程大致由四个部分组成：（1）职业技能课程，以学生就业为目的，毕业获取相应的职业技能证书，毕业后选择就业的学生约占 50%。（2）学科课程，提供与普通本科综合性大学一二年级同样的课程，学生可以凭在校期间累积的学分向签有协议的本科大学申请转学，继续完成本科教育，每年大约有 30% 的学生成功转学。（3）继续教育和培训，为社区居民及本地企业员工提供在职技能培训和继续教育课程。（4）补课课程，为达不到入学条件的学生提供语言、数学等补习课程，让他们通过努力能达到高中毕业的同等入学条件，再顺利进入社区学院学习。

社区学院招收综合高中和职业高中的学生，也招收社会人员。开设的学科课程和职业技能课程，既培养学生的学术能力，又培养学生的职业能力和综合职业素养。学生从社区学院毕业可以选择直接就业，也可以选择继续深造，申请转入综合性大学完成本科高等教育。相对于综合性大学，社区大学立足于社区，服务于社区，入学条件低，招收的学生范围广，学费低廉，课程设置全面、实用，上课时间灵活，学制不限，成为美国职业生涯与技术教育的重要组成部分，也是高等教育的准备和过渡阶段。

普职融合的高职教育体系符合不断发展的职业教育理念和新的职业能力观。为了适应日新月异的技术变化和复杂多元的劳动力市场需求，职业教育不应仅仅局限于培养某一具体岗位的单项专门知识和技能，牢固的知识基础以及良好的综合能力与职业素养才是当代职业教育的发展趋势。学术能力与职业技能、普通教育与职业教育的融合恰好弥补了双轨教育各自的短板，从长远来看，普职教育相互补充有利于学生将来的职业发展，也为学生将来应对职场的变化做好了准备。

3. 多层次交叉的职业教育网络

美国的生涯与技术教育涵盖了综合高中、职业高中、职业技术中心、社区大学直至综合大学，形成了一个层次分明，相互交叉，相互补充，逐级递增的畅通而又完整的职业教育网络。中小学开设职业认识教育，全日制综合高中和职业高中设置职业技能课程，校外有职业技术中心和培训班等非全日制培训机构，社区学院组织实施比较专业的生涯与技术培训，综合性大学完成"高、精、尖"的高等教育应用型本科及研究生教育，这些不同层级的职业技术教育通过跨学校、跨区域、跨阶段的学分互认、携分转学，成功实现了职业教育与普通教育、中等教育与高等教育的衔接，彻底打通了职业技能培训与学历提升的通道，为不同阶段具有不同学习需求的所有公民提供了选择和继续接受教育的机会，最终实现有教无类和终身教育的目标，保证了教育机会的公平性。

4. 深度校企合作

美国职业教育主要以服务本地区社会经济发展为宗旨，根据经济发展和市场需求设置专业、开设课程，并根据人才市场变化随时对专业进行调整。为了随时了解人才市场信息，使培养的人才符合社会需求，美国的职业教育长期以来一直与企业保持紧密联系。

学校会邀请本地工商企业界人士加入职教理事会或职教咨询委员会参与学校职业生涯与技术课程相关的管理与决策，确定培养目标，共同制定教学计划，设计教学大纲和课程内容，参与教学评估和检查。企业定期向学校提供用人需求信息，输送员工到学校进行入职培训或再培训，或者为学校提供经费，直接从学校购买培训。实力雄厚的大公司还会不定期为学校捐赠，用于设立奖学金或购买实训设施，改善办学条件。企业也会为学生提供实习机会，让学生可以尽快将所学的技能用于实践。学生可以半工半读，也可以假期在企业实习，企业按规定向学生支付一定报酬。企业会直接聘用毕业后符合条件的学生。学校会聘请企业内有经验的人员做兼职教师，直接参与职业技能培训。从人才培养目标、专业设置、课程设置到招生、教学、实习、录用毕业生，企业自始至终都积极参与其中，保证职业教育培养的人才符合社会的需求，能更好地服务社区，服务工商企业。

美国的学徒制也是校企合作的成功典范。近年来，美国政府加大了学徒制培养的力度，专门颁布了"全国学徒制法案"，通过立项的方式给予资金支持，鼓励企业申请学徒培养项目，提供更多的学徒岗位。社区学院和企业共同申请培养项目，共同制定培养方案，并由社区学院和企业联合培养学员。按照规定，企业负责技能培训部分。由企业制定培养计划，指定学徒师傅，安排实习场地和实习岗位，制定考核和试用制度。社区学院承担基础课和理论课教学任务，制定课程标准并实施教学。学徒按企业要求完成培训并经考核合格，还必须修完社区学院规定的学分才能结业，获取相应的学徒结业证书。学徒制培养的工种都是比较特殊的工种，拿到结业证就意味着一份有保障的工作，所以结业证书含金量可能比高校的文凭还高，也是不少学生的优先选择。为了保证学徒制的培养质量，申请人必须具有高中毕业文凭，如果没有高中毕业文凭，必须先到社区学院补习相关课程，通过考试才能具备申请资格。结业的必备条件之一是必须修满社区学院基础理论课的学分，有些学徒迟迟拿不到结业证就是因为文化课学分不够。学徒制也充分体现了美国职业生涯与技术教育中普通教育与职业教育、学科教育与技能教育的融合，从而保证培养的人才具备综合实力，而不是只会某一技能的单一技术人才。

5. 职业教育的开放性

美国职业生涯与技术教育的开放性首先体现在职业教育的广泛性上。职业教育涵盖了从中小学的职业启蒙，到高中、社区大学、综合大学、成人教育各个阶段。学制灵活，有全日制，也有半日制，还有夜校甚至网络课程，有两年、四年，也有一年、半年、几个月、几周或是几天的短期培训，甚至是随到随学。考虑到很多学生是半工半读，学校对毕业年限没有限制，学分可以累计，但是为了保证人才培养质量，严格实行宽进严出，只有修满学校规定的学分才可以毕业，所以学生的毕业年限可以是 2 年或 3 年，最长的可能达 6 年、8 年不等，非常灵活。

美国职业生涯与技术教育的开放性还体现在招生对象的广泛性。美国实行 12 年义务教育，接收所有适龄学生，从小学到高中都涵盖职业生涯技术教育的内容和课程。社区大学没有入学门槛，不用申请，也没有统一的考试，接受所有高中毕业生。对于没有高中毕业证的人学校也有相应的补救措施，只需要通过英语和数学测试即可入学。英语和数学测试没通过的，学校还提供补习课程，有专门的教师辅导，直至顺利通过。成人教育培训提供技能培训，也为想提高生活质量的居民开设如艺术、摄影、绘画、音乐等课程。社区学院对所有想接受继续教育的公民开放，其中包括适龄高中毕业生，也有不少拥有本科、硕士甚至博士学位想重新再学一技之长的高学历人士，有失业转岗人员，也有希望接受再培训回来充电的从业人员。对一些特殊群体，如退伍军人、残疾人、贫困家庭人员、新移民、社会不良人员，都有专门的技能培训和就业服务项目，为他们尽快融入社会、找到谋生的手段、自立自强提供机会。甚至在监狱还有为囚犯专门开设的职业技能培训，让这些囚犯在服刑期间能学会一技之长，出狱后能自谋生路，不再走上犯罪道路。

二、美国职业生涯与技术教育对中国职业教育的启示

1. 建立普教融合的教育机制，加强职业教育投入力度

受古代科举制度的影响，中国的传统教育向来重学轻术，重理论轻实践，"万般皆下品，唯有读书高"的理念一直深受推崇，职业技术教育的价值和重要性一直被低估。在普通学校，从小学到大学，唯分数论的现象愈演愈烈，学生只重视文化课的学习，动手能力差，没有学习过任何与职

业技能相关的课程，也没有经过任何技能培训。普通高中毕业没有考上大学的学生，或者是本科、研究生毕业因专业不对口找不到工作的学生，都面临着毕业即失业的情况。很多毕业生走入社会没有一技之长，找工作屡屡碰壁，只能做一些没有任何技术含量的简单工作，或者需要经过重新培训才能上岗。而初中毕业选择了职校的学生，在职业高中往往只接受了最基本的职业技能培训，缺乏基础的通识教育和学科教育的系统学习，学生的知识结构单一，综合素质欠缺，在职业发展生涯中后劲不足，一旦遇到技术更新或转型就很难适应。

随着科技的发展以及信息化、数字化时代的到来，各行各业对人才的综合能力和综合品质要求越来越高，单一的知识体系或技能根本无法满足劳动力市场的要求。中国也可以根据国情，借鉴美国职教融合的发展模式，在中小学增加手工及职业技能意识培养课程，在普通高中开设职业技能选修课，不仅可以让普高的学生习得毕业后谋生的一技之长，也让他们在高中阶段就对自己喜欢的职业和专业有一定的了解，为将来升学后的专业选择做好准备，明确学习目标，增强学习动力。在职业高中增加通识课程和综合类基础课程，可以提高学生的理论水平、职业能力和综合素质，提高学生将来在职场解决问题、应对技术革新和变化的能力。普职融合的模式，可以更好地将教育与现实生活和现实世界联系起来，提高学生将来在职场的适应性和应变能力，培养学生良好的职业意识，提升学生的职业能力和就业能力，树立终身学习的理念，促进我国职业教育的健康、快速发展，为实现制造业强国储备充足的高素质技能型人才。

2. 建立普教与职教互转机制，为学生提供更多选择

长期以来，中国教育实行普教和职教双轨制，各行其道，缺乏相互转换的有效机制，几乎没有交集。学生只要选择了其中一条道路，就再也没有重新选择的机会。尤其是职教的学生，一旦进入职教的轨道，上升的空间就越来越小，选择的机会越来越少，路也越走越窄，造成了社会上对职业教育的普遍误解和偏见，认为职业教育是二等教育，是没有前途和希望的，也只是成绩差的学生做出的无奈之选。中职学生毕业大概只有5%的学生能升入高职，绝大部分中职生毕业只能走入职场，从事比较低层次的技术工作，从此失去了继续学习和提升的机会。而高职学生毕业后除了极少数的学生能通过比高考还严格的专插本考试升入极少数的本科院校，绝大多数毕业生的学习生涯都就此画上了句号。中职教育或高职教育的"断头"问题一直饱受社会诟病，既影响学生报考高职的积极性，也极大限制了高职学生成长和发展的空间，中职或高职教育最后都成了终结教育，远远不能适应中国社会发展和经济转型升级阶段对人才越来越高的要求。选择了普通教育的学生，没有接受过职业技能训练，毕业也面临因无一技之长而失业的风险。有的学生经过一段时间学习发现自己对学术课程不感兴趣，想转入职业教育也没有渠道。如果能借鉴美国职业教育的学分转换机制，打通普教和职教相互转换的道路，建立一套完善的学分转换机制，将学分制完全纳入高中和大学学业管理体制，兼顾职业课程与学科课程，将普通教育和职业教育放在同等地位，完善学校与学校之间、专业与专业之间的学分互认和转学机制，实现普通教育和职业教育的合理流动和交叉，完成中职、高职、本科、研究生阶段的过渡和衔接，给学生充分选择的机会和自由，必将极大地激发学生学习的积极性和创造性，提高普通教育和职业教育的人才培养质量，实现普通教育和职业教育的双赢。

3. 增加职业技术教育开放性，推广终身教育理念

职业技术教育不仅仅是针对在校生进行的全日制教育，更要面对广大的校外群体，为校门外的广大民众提供形式多样的就业及再就业教育和培训。与美国相比，中国未接受完义务教育的公民、未接受过任何职业技术教育和培训的公民数量更为庞大。随着中国经济加快转型升级，传统制造业将被先进制造业取代，技术发展日新月异，升级换代速度越来越快，加上人工智能时代的来临，许多工种将会消失，大量人口会失业，而一些新兴的产业和行业却出现劳动力短缺，供不应求的情况。劳动力市场两极分化的现象越来越严重，很多人已有的知识结构和技能已经跟不上时代发展的要求，需要不断补充新知识，学习新技术，以应对职场新的挑战，终身教育已经成为一种潮流和趋势。如果不重新充电，很多人将面临被劳动力市场淘汰出局的风险，还有很多人面临失业转岗再就业的压力，也急需接受再培训。中国可以借鉴美国社区大学的模式，扩大高职教育数量和规模，拓展高职教育的社会教育功能，将高职院校建成开放性大学，除了进一步降低全日制高职教育的门槛，吸引更多的学生入读，还应在高职院校大力开展继续教育、成人教育培训，向全社会有技术培训需要的所有公民敞开大门，充分利用高职院校的硬件和软件资源，开展形式多样、种类繁

多、涵盖各专业工种的职业技能培训。同时，鼓励社会办学，建立更多的职业技能培训中心或专门的职业学校，为特殊群体和弱势群体，如残疾人、农民工、贫困家庭、退伍军人等设立专门的培训机构，帮助他们解决生计问题。与此同时，应建立一套规范统一的职业技能证书认证体系，规范职业技术教育，严格实行宽进严出政策，保证职业技术教育质量，在全社会推广职业技能证书教育和培训，提高职业技能证书的认可度，规范劳动力市场，让职业教育得到社会的广泛认可，让所有有需要的人都能得到职业技能培训和教育，真正实现职业与技术的终身教育目标，提高我国就业人口的职业技能和综合素质，为中国经济腾飞做好准备。

4. 加强职业教育投入，落实校企合作机制

美国职业教育的完善和发展，得到联邦政府的巨额财政支持，也有国会立法作为保障。中国也应该完善相应的法规，保障职业教育得到充足的资金投入，同时应尽快规范学分制、转学制，加强职业教育在招生、就业、专业设置等方面的引导。尤其在校企合作方面，没有政府的强有力支持和相关法律法规的保障，企业没有积极性，校企合作就成了一句空话，很难落到实处。国家应通过立法、补贴、减免税收或其他手段，鼓励或强制企业积极与职业院校合作，为职业院校提供资金支持、学生实习场地，推荐兼职教师、接收实习生或教师下企业，共建实训室、开展联合培养、申请合作项目，开展新技术研发、推荐课题、为职业院校的项目或技术提供技术转化和孵化基地、招收接纳学徒或毕业生。工商界和各行业协会应积极参与职业院校的建设、管理，及时提供人才需求信息，共同拟定专业人才培养目标，真正让职业教育按社会所需培养本地区需要的技能人才，服务本地区的工商企业，服务本地经济社会的发展需要。

第四章 社区大学与美国大学的开放性

美国的高等教育有一套比较科学、完善的体系和机制。根据学校类型可分为社区大学、文理学院、综合性大学；根据教育类型可分为职业技能教育、通识教育、专业教育、研究型教育；根据学位来划分有副学士、学士、硕士、博士、博士后，一应俱全。而且所有类型都可以从低到高，逐级向上升。高等教育招生不仅仅是择优录取，还为不够入学条件的学生创造了缓冲机会，几乎涵盖了所有愿意上大学的高中毕业生以及社会上所有有意愿重新回到大学继续学习的普通公民。这个体系是开放的，也就是说，如果你愿意，足够努力并且有能力，不管你的起点有多低，无论在什么时候，你都可以顺着这条路一直走到塔尖，完成你的高等教育之梦。

美国的大学大致可以分为三类：综合性大学、文理学院、社区学院。

综合性大学（university）主要指拥有本科学院和研究生院的综合性大学，通常规模都比较大，学生人数从数千到数万不等。很多综合性大学研究生人数大大超过本科生，甚至有的综合性大学以招收研究生为主。综合性大学一般学科齐全，除了一般的文理学院，还有商学院、法学院、医学院、新闻学院等。中国人熟知的一些知名大学如哈佛、耶鲁、斯坦福、哥伦比亚等都属于这类大学。但是由于历史原因，也有一些知名综合性大学仍然沿用了学院（institute）的名称，包括著名的麻省理工学院、加州理工学院、波士顿学院、威廉玛丽学院等。只是这类大学大多是重理轻文，以偏理工科类的研究型大学居多。

文理学院（college），一般称为 liberal arts college，或博雅学院，以本科生教育为主。文理学院推行综合教育，以提高学生的综合素质及思辨能力为目标，开设一些基础性课程，如人文、艺术、自然科学和社会科学等，并不提供专门的职业技能培训或研究性项目。文理学院通常规模小而精，设施和师资都属上乘，小班授课，以私立为主，以前主要为上流社会的贵族子弟提供精英教育，所以学费不菲。文理学院的学生毕业后可以申请综合性大学的研究生项目继续深造。美国著名的文理学院有很多，如威廉姆斯学院（Williams College），卫斯理女子学院（Wellesley College），波莫纳学院（Pomona College）等。这些学院的本科生教育，在某种程度上说并不比哈佛和耶鲁的本科生教育逊色，申请难度也很高。

社区学院（community college）通常称为社区大学，是美国高等教育的初级阶段，也是美国完整的高等教育体系中不可或缺的重要一环。不同于综合性大学和文理学院，社区大学不需要统一的 SAT 考试成绩，面向全社会招生，开设本科大学一二年级综合性课程和职业技能课程，学生毕业后可以携带学分转学进入综合性大学继续学习，也可直接进入社会工作。毕业生可获得副学士（associate degree）学位。

社区大学的理念源自 19 世纪末 20 世纪初，主要由芝加哥大学的第一任校长威廉·哈珀发起，称为 Junior college。当时只是为了加强本科生的基础教育，雇用专职教师给大学低年级的学生开设通识课，并不强调科研能力和水平。随着时代的变迁，社区大学承载了更多的功能，增加了职业技能教育和成人继续教育内容，立足社区，同时服务于社区，所以更名为社区大学。

美国各州目前有近两千所社区大学，注册学生有一千多万人，平均年龄 29 岁，其中 21 岁以下的学生占 40%，60% 的学生来自社会。社区大学大部分是公立性质，办学资金主要由州政府（38%）和地方政府（20%）资助，学费收入只占 20% 左右。

与综合性大学相比，社区大学有独特的办学理念和优势：

1. 入学门槛低

社区大学最大的优势之一是取消了统一入学考试成绩要求。申请社区大学不需要 SAT 成绩，国际生也不需要雅思、托福成绩。申请人只要具有高中毕业文凭，通过社区大学自己组织的英语和数学考试即可入学。如果英语和数学成绩不理想，学生可以在社区大学先上补习班，学校提供专门的补习课程，由专门的教师辅导，为英语和数学基础差的学生打好学习基础再让他们学习本科的综合课程。这其实是一种很好的变通方法，既不降低入学标准，也不把成绩不理想的学生拒之门外，通过补习让更多的学生通过测试，达到入学要求。社区大学几乎成了没有门槛的大学，向所有愿意学习的人敞开大门，让人人都有机会体验和接受大学教育，充分体现了教育的初衷，保证每个人都可以通过自身的努力提升自己，实现梦想。

2. 招生范围广

社区大学招收的学生有高中毕业成绩不够理想不能被综合性大学录取的，也有一部分是高中毕业成绩优异，但因为经济原因不愿意上综合性大学的学生，还有想通过社区大学作为跳板转学名校的学生，有已经工作又返回社区大学继续学习的成年人，也有已经退休还想圆自己大学梦的老人。所以在一所社区大学里，你会看见各种各样的学生：退伍军人、公司职员、快递小哥、餐馆服务生，商店收银员，还有耄耋老人。有想继续升学的，有来学习技能的，有来提升素质的，也有来培养兴趣爱好的。有全职的，也有兼职的，他们有不同的背景，目的不同，年龄不同，肤色各异，但都是各取所需，倒也其乐融融。

3. 开设课程灵活、实用

社区大学有两个主要功能：本科四年制大学的前期过渡阶段和职业技能培训。根据不同功能，课程也大致分为两类。一类是转学课程。为了保证社区大学的学生毕业后能顺利转学进入综合性大学继续学习，社区大学开设的转学课程与一般综合性大学本科一二年级开设的通识课程基本一致，课程内容和大纲也基本按照综合性大学的要求设置，学生毕业时可以携带所修学分顺利转入综合性大学就读。

另一类为职业培训课程，主要为希望获取一技之长的学生量身定制。这类课程通常根据社会经济发展需要和企业用人需求设置，充分反映了劳动力市场的动态需求，具有很强的实用性和前瞻性。比尔·盖茨就曾经说过，社区大学的发展与就业市场需求是密切相关的。社区大学为美国培养了大批优秀的技能型人才，为推动美国经济发展起到了重要作用。因为社区大学的学生大部分是半工半读，为了尽可能给学生提供更加灵活的上课时间，社区大学制作了许多网络课程，学生可以根据自己的情况自由选择学习时间和地点自主学习。

4. 毕业生选择多元化

社区大学毕业生毕业可以获得副学士学位，毕业后有两种选择：第一种是转学进入本科大学继续学习。转学并不需要进行单独的入学考试，申请人根据自己在社区大学两年的 GPA 成绩和其他条件，如社会活动等，选择与自己所在的社区大学签有转学协议的综合性大学继续本科学业，毕业可以拿到和综合性大学毕业生一样的学士学位，毕业证并没有差别。美国的社区大学学生转学受立法保护，为了鼓励更多的人上社区大学继续深造，激发社区大学学生的学习热情和进取心，美国大部分四年制大学都接受转学生，甚至有些大学还为部分社区大学提供转学保证。只要社区大学的学生 GPA 及其他条件达到转学要求，四年制本科大学都会无条件接受转学申请，不需要专门安排转学考试，也没有高中毕业生申请大学的限额要求。有些社区学院达到条件的申请人转学成功率甚至可以高达 95%，而高中毕业生成功录取率只有 30% 左右，所以普通高中毕业上名牌大学竞争非常激烈。因为社区大学学生转学录取率比高中毕业申请成功率要高很多，所以一部分成绩优异的高中毕业生也会先选择社区大学，完成两年学业后再申请名校转学，这也算一条捷径。美国的综合性大学本科生约有 40% 是来自社区大学转学的毕业生。但有一点需要注意的是，社区大学的毕业生不能自由转学，通常只能转签有协议的本科大学，以本州大学居多。跨州大学的转学选择性很有限，所以学生通常需要先了解清楚再设定自己的转学目标。

第二种选择是就业。社区大学大部分学生来自社会，并且是半工半读。很多高中毕业后直接走入职场的人在工作几年后发现自己的知识或者技能有所欠缺，或者觉得自己已有的技能已不能适应工作或社会的需要，或者找到了自己的职业发展方向和兴趣，决定重新回到学校继续充电。因为有很强的目的性，又经过了社会的历练，他们更懂得珍惜来之不易的学习机会，回到学校的他们比很多高中毕业生更努力，更专注。经过专业的技能培训，他们有了一技之长，专业技能得到提升，毕业后重新就业或者在原来的岗位上继续履职，就有了更大的职业发展空间和发展机会，大大提高了就业竞争力。

5. 学费低廉

学费低也是社区大学吸引学生的一大优势。一般的社区大学学费大概 2 千美元左右，普通的公立大学都在 6000 美元以上，名校则要 2 万到 4 万美元不等。美国大学都是自费，很多大学生上大学基本上都要申请助学贷款才能完成学业。助学贷款对学生来说是一项沉重的债务，很多学生为了求学债台高筑，甚至影响自己毕业后相当长一段时间的生活和工作，有的学生工作一辈子到退休都没还清助学贷款。近年来美国大学学费连年攀升，很多大学生都不堪重负，所以对于家庭经济条件不好的学生来说，社区大学算是经济实惠的高等教育，成了越来越多学生的选择。而且社区大学一般就在社区内，离家很近，不用住校，还可以省下一大笔生活费和住宿费。

6. 社会化

美国的社区大学在 20 世纪美国城市化、工业化进程中应运而生，满足了美国经济高速发展时期的人才需求，在美国的高等教育中起到了举足轻重的作用，对美国经济和社会的发展做出了巨大贡献。20 世纪 40—50 年代二战老兵、60 年代婴儿潮一代、70 年代越战老兵，都受益于社区大学提供的职业技能培训和知识提升，让他们能尽快转换角色，拥有学以致用的技能自信地走向职场。到了 21 世纪，社区大学除了开设转学课程和专门的技能培训课程，也积极利用学校资源服务于社区，将技能培训、学生实习与社区服务结合在一起。社区大学也在假期为社区的中小学生和成人开办音乐、舞蹈、绘画、烹调、写作、体育等兴趣班，或者科技、商务、管理、计算机等实用技能培训课程，为社区居民举办各类讲座，提高社区居民的素质、技能和知识水平，真正成为为社区服务的社区大学。

虽然社区大学有诸多优势，但是因为经费有限，生源水平参差不齐，一些社区大学难免存在设施和师资不如综合性本科大学、图书馆资源不足、实验室设备简陋、住校生少、大学校园文化不足等缺点。

相比较而言，中国的专科教育和本科及研究生教育连接得并不通畅。专科学院通常以培养学生的职业技能为主，课程主要为实用性较强的技能培训课，综合基础类课程较少，绝大部分毕业生只能选择就业。有少数学生选择专插本，但要经过难度很大的专插本考试，考试内容往往跟在专科学院学的内容完全无关，而且提供专插本机会的本科院校非常少，招收的学生人数有限，因此能从专科升入本科继续深造的学生人数并不多，完全无法满足很多有抱负的专科学生继续学习的愿望。专插本的学生三年专科毕业后，考入本科院校还要学习两年才能毕业。毕业时，虽然都达到了相同的毕业要求，但在专插本学生的毕业文凭上还会注明"专科本"字样，人为地将四年制本科和专插本学生区别开来。

在中国，升入本科是很多专科生可望不可及的梦想。如何尽快拓宽专升本这条道路，完善中国的高等教育机制，让所有有志于完成高等教育本科及研究生目标的学生获得更多教育机会，达到自己能企及的学业的最高境界，成就自己的人生；在如今需要终身学习的社会，如何让高等教育更加开放，让社会上更多没有机会走进大学的普通民众能有机会再次走进校园，更新自己的知识，学习先进的职业技能，更好地为社会服务，美国的社区大学或许能给我们提供一些启示和借鉴。

无论如何，美国的社区大学提供了一种中国大学没有的办学模式和教学理念，起到了本科教育过渡期和缓冲期的作用，让高中毕业成绩不太好的学生能够通过努力得到继续接受本科生研究生教育的机会。社区大学打破了考试才能上大学的传统束缚，成为真正意义上的开放型大学。一个国家国民受教育的程度决定了其政治、经济、科学和文化的发展进程，社区大学为所有有意愿接受高等教育和继续教育的人提供了更多的选择和机会，打通了升学和就业的渠道，为学生实现人生目标和理想提供了更多的选择和可能。

许多高中毕业原本升学无望的学生通过社区大学成就了自己的人生。毕业于社区大学的美国名人不胜枚举，如美国前国务卿鲍威尔毕业于纽约城市大学，中国观众熟悉的美国著名演员，前加州州长阿诺·施瓦辛格曾在社区大学圣莫尼卡学院（Santa Monica College）补习英语 ESL 课程。当州长后他回到自己就读的母校演讲，回忆起那里的老师曾经给予自己的帮助，是社区大学改变了他的人生。美国著名演员汤姆·汉克斯年少时家庭贫困，受经济条件的限制也选择了上社区大学，他后来也回忆说，正是社区大学的经历成就了后来的自己。

英雄不问出处，人生有无限可能。你的起点并不重要，重要的是你通过自己的努力最后能走多远。社区大学为所有人提供了这样的机会和可能。

第五章 改变人生，成就未来：美国社区大学

笔者访学的肯特州立大学与本地一所有名的社区大学史塔克州立学院（Stark State College）相邻。因为从事职业教育，我知道社区大学有职业技能教育，但对社区大学不甚了解。在我的再三请求下，经肯特大学教师的介绍我有机会到这所大学进行参观调研。

来之前笔者对美国的社区大学存在一定误解，认为它应该是类似中国的成教学院或技能培训学校，应该属于规模小、设施简陋、师资力量弱、学生也很差的学校。此次参观调研，学院学生事务部的 Kim Chhay 女士全程陪同并详细讲解，近两个小时的参观彻底颠覆了我之前对社区大学的印象。

史塔克大学位于美国俄亥俄州史塔克县，是一所公立社区大学，也是一所集高等教育、职业教育、继续教育和技能培训为一体的多功能综合性大学，目前在当地五所大学中是办学规模最大的一所。为方便学生就近上课，史塔克大学共设立五个校区，为各地有不同学习需求的学生提供质优价廉、方便灵活的教学服务。我所参观的主校区位于北坎顿杰克逊镇，占地面积 200 多英亩，设施完善，功能齐全，教学资源丰富，管理规范，校园环境优美，看上去整体条件并不比我所在的肯特州立大学逊色。目前该学院共有 6 栋教学大楼和实训室，提供 230 多个专业的副学士学历和证书教育，涵盖商务、教育、工程技术、健康和人文服务、信息技术、文科、数学和科学等领域，注册学生近 2 万人。和该地区其他大学一样，该校是美国高等教育委员会官方认证学校，而且该校的许多职业证书项目也是经过美国相关职业资格证书认证行业协会认证的证书项目，所以也可以称其为双认证学校。学生毕业不仅可以拿到副学士文凭，还可以同时获得普通综合性本科大学没有的职业技能证书，更有利于就业和以后的职业生涯发展。

史塔克州立学院创办于 1960 年，原名为史塔克县技术学院（Stark

County Technical Institute），1996 年更名为史塔克州立技术学院（Stark State College of Technology），后来更名为史塔克州立学院。

该学院从一所典型的职业技术学院成功转型为一所实力雄厚、功能齐全的综合性社区大学，提供二年制学历（副学士学位）初级高等教育（学生毕业后可以转学四年制本科继续完成学业）、职业资格证书教育、继续教育、技能培训等不同层次不同功能的教育。社区学院是职业教育到高等教育的过渡阶段，也是高中到大学的预备阶段，同时为社会和企业培养劳动力市场急需的高素质技能人才，为企业量身定制员工培训项目，为社会从业人员提供职业和技能提升等的再培训机会，为失业、失学人员提供继续教育，为残疾人、低收入人群等特殊群体提供培训就业服务。社区大学成为名副其实的没有围墙的开放大学，向所有人敞开了大门。社区学院不仅打通了职业教育到普通高等教育的升学通道，而且为各个层次有各种学习和培训需求的人提供了多种选择和机会，为提升全民的教育和职业技能水平做出了巨大贡献。

作为一所典型的多功能美国社区大学，史塔克州立学院具有如下特点：

1. 生源多样性

史塔克州立学院目前有约 2 万名注册学生，其中注册学历教育的有 15000 名，其余为参加继续教育或技能培训的学生，其中 59％为女性，72％的学生有校外兼职，19％为少数民族，47％的学生是家里的第一代大学生，平均年龄 27 岁。因为上社区大学的学生大部分家庭经济条件都不是太好，绝大多数学生都是边工作边上学。学生来源也多种多样，除了应届高中毕业生，还有因各种原因辍学后重新返校的学生、其他院校转学来的转校生、来自其他院校的临时借读生、目前还在高中上学想提前为自己攒大学学分的高中生，有不在校区上课只上网络课程的学生，有国际生、接受专业技能和证书培训的企业或社会从业人员、高中辍学后返校继续完成高中学历教育的成人，有 60 岁以上享受免费旁听的老人、免费上大学的退伍军人、新移民等，几乎涵盖了社会各阶层各层次各类型所有想接受教育的公民。社区大学成了一座教育大熔炉，为所有想圆梦的人提供了实现梦想的机会和可能。只要你想学习，社区大学就不会将你拒之门外。

2. 双师教育特色明显

史塔克学院有教师近 600 名，绝大部分教师拥有博士和硕士学位，其中全职教师只有 200 人，主要讲授学院的通识类基础课程，其余均为兼职教师，主要讲授职业技能证书或培训类课程。大部分教师都是在各个领域和行业有着丰富工作经验和较高专业技能的专家教授，为学生学习将专业知识应用到真实世界提供更好的学习体验。

3. 教育类型多样化

为适应多样化的学生群体，史塔克州立学院为学生量身定制了多种不同的教育项目，以满足不同类型不同层次的学生需求。

学历教育项目：招收具有高中毕业文凭的应届和往届毕业生，入学门槛低，没有 ACT 或者 SAT 考试成绩要求，学生在校接受通识教育课程和相关职业技能课程，修满规定学分毕业，授予副学士学位。毕业生可以凭累积的学分和 GPA 成绩申请转学到与该学院签订转学协议的综合性本科大学，继续后两年学习完成大学本科学业，并可获得转学学校颁发的学士学位。因为美国大学学费昂贵，每年要上万甚至几万美元不等，而社区大学是所有大学里收费最低的，所以一部分成绩不错的学生为了减轻学费压力也会先选择社区大学，然后转学到心仪的本科大学完成学业。

职业资格证书项目：美国实行严格的职业资格证书制度，很多工作岗位要求持证上岗，所以职业资格证书有时候比学历文凭还重要，可以作为就业的保证。因此职业教育成为美国社区大学的一项重要内容，是学历教育的重要补充，也是高等教育不可或缺的一部分。为了提升学生的职业能力，拓展职业发展空间，或者学习新技能，为以后的职业生涯做好准备，学院为学生提供了多个领域多种专业的职业资格证书课程。这些课程有短期的，也有长期的，有网上课程，也有在校学习课程，还有按企业要求专门量身定制的课程。教师会下企业为员工进行现场培训，也有企业批量送员工到学校进行的在校培训。在校生可以选修这些课程并获取相应学分，计入学分系统。

史塔克州立学院提供的职业资格证书项目涵盖各个领域，共七大类108 个：商务（8）、教育（2）、工程技术（汽车和交通技术 10，工程技术14，工业技术 21，石油和天然气技术 8）、健康和公共服务（健康 14，人类和社会服务 2，公共服务 1）、信息技术（管理服务和办公室应用 9，计算机科学和信息系统 12，数码媒体 3）、文科（3）、科学（1）。这些证书项目学科齐全，分类细致，很多课程都在教授新兴产业急需的技能，而且很多都是与相关的知名企业共同开发的。这些职业资格证书项目都得到了相应行业资格证书认证协会的认证，学生只要拿到了相关证书，就等于拿到了就业通行证。学生毕业后可以顺利找到相关工作，也可以累积学分继续升学，在本科继续学习相关专业，走向平台更高的专业发展之路，可谓一箭双雕。不愿意拿学位的学生也可以只选其中的某一种证书课程，完成学习即可获得单科职业证书，掌握一技之长，提升自己的职业竞争力。

职业技能培训项目：为企业员工提供现场培训或在校培训，为社会从业人员提供继续教育课程和职业提升课程以及学历教育和职业证书教育。职业技能培训项目包括商务/管理、计算机技术、牙科、消防急救服务、天然气和石油开发、健康和娱乐、工业维护、医疗/健康护理、专业工程师和测量师等。

荣誉学位项目：为学业优秀、综合能力强的学生提供特别的学业辅导和社会活动，为他们毕业后成功转学继续深造提供帮助和指导。

数学和科学课程培优项目：该项目由美国教育部中等教育办公室发起，由联邦政府专项资金资助，目的是培养美国高中生对科学技术工程或数学领域的兴趣，为高等教育发现和培育理工科类人才。随着全球化竞争的加剧，美国政府意识到科技人才的重要性，开始从中等教育入手，为美国高等教育发现和培养理工科类人才，该项目也是美国人才战略的一部分。

此项目每年从本地高中招收 50 名高中生，从高一开始每周或每月定期进行学业辅导，举办暑期夏令营。高年级学生在史塔克学院实训室或实验室完成为他们量身定制的特别体验课程，让他们对自己将来的职业取向有初步认识或了解。学校会组织学生参观大学校园，组织游学文化体验活动，举办领导力培训项目，对学生进行升学指导，帮助学生在高中毕业后顺利升入心仪的本科大学，引导学生选择自己喜欢的理工科专业。所有培训项目都有专项资金资助，入选学生完全免费接受史塔克州立学院教师的所有培训和指导。

高中选修大学学分项目：该项目针对在校高中生而设，为在校高中生提供同时修高中和史塔克州立学院大学学分的机会和渠道。学生在高中学习期间可以同时选修该学院的大学课程，可以到校听课，也可以在线上学习，学分计入学院的学分系统，学生高中毕业上该学院时可以抵扣学分，也可以带分转入其他大学。由于美国中学和大学实行学分制，学生修满规定的学分即可毕业，所以该项目可以为有能力有需要的高中生提供提前修大学学分的机会，以便上大学后能提前完成学业，尽快获取毕业证和学历证书，省时省钱。在美国上大学学费是一笔很大的开销，提前毕业对很多靠助学贷款完成学业的学生具有不小的吸引力。

铁姆肯（Timken）助力大学资助项目：该项目由铁姆肯公司赞助，主要资助坎顿本地区高中的少数族裔、低收入家庭、或者家族中没有出过大学生的高中生，在四年高中期间为他们提供必要的培训和辅导，为他们顺利上大学提供更好的条件和帮助。

职业教育准备项目：培养高中生初步的职业技能意识，让他们将高中学习的理论知识应用到实际生活中，与真实世界联系起来，在高中高年级对学生进行一定技能培训，以便他们进入该学院后能顺利完成过渡，尽快适应大学生活。参加该学院的职业技能培训也可以同时免费获取该学院的大学学分（在美国上大学后修所有学分都要缴费，史塔克大学的学分比较便宜，每学分也要花费 169.6 美元）。

这些项目，提高了本地高中生对该学院的了解，增强了高中生与学院的联系，增加了学生毕业后入读该学院的兴趣，也提前为学生接受职业技术教育做好了充分准备。

学分替代项目：该项目由美国教育委员会发起，由比尔·盖茨和梅琳达基金会大力资助，帮助高中或大学辍学的学生完成学业。史塔克学院有专门的入学、财务和学习顾问为学生提供帮助，学生完成网上课程，并获得相应学分即可拿到学位。

成人 22＋高中毕业文凭项目：为 22 岁及 22 岁以上、高中阶段辍学、未获取高中文凭的人提供免费网上课程，并有 24 小时提供咨询服务的顾问或一对一的教师提供学习辅导，帮助学生完成高中学业并学习基本工作和生活技能。学校甚至还为贫困生准备了电脑，出借给没有能力购买电脑的学生学习使用。

GED 项目：为 18 岁和 18 岁以上的学习者提供获取高中学历证书和基本工作技能的机会，以便为学习者将来的高中后教育和职业发展提供保证。学生学完相关课程，并参加官方普通教育发展考试 The official General Educational Development（GED）test，考试合格即可拿到等同于高中毕业证的证书（GED），用于就业或者参加职业资格证书培训、继续教育等。

高中教育是义务教育，但也有不少美国人因各种原因中途辍学，但是在美国就业或者参加职业资格培训以及上学等几乎都需要高中毕业证，或者 GED 证书。在美国，如果高中没毕业将很难找到工作，因此美国利用社区大学为在义务教育阶段辍学没有获取高中毕业证的人提供了一切便利条件，帮助这部分人获得高中毕业学历以便在社会上能找到立足之地。

4. 深度校企合作

为保证培养的人才符合社会需求，学院成立了咨询委员会，聘请 170 多个公司和机构的 300 多名企业代表参与课程设计，及时提供各个行业发展的最新资讯，为学院及时跟踪各行业的最新技术发展和人才需求，及时调整专业设置和技能培训项目提供意见和建议。

史塔克州立学院一直致力于为本地企业和居民提供高质量的学历和非学历教育及职业技能培训，成立 60 年来为本地区培养了大量高质量高素质技能型人才，为本地区经济增长和社会发展做出了重要贡献。

长期以来，学院一直与企业保持密切联系和合作。在校内，学院与 LG 燃料电池系统公司（LG Fuel Cell Systems, Inc.）合作，建有一个耗资 1800 万美元的研究中心，奠定了史塔克学院在燃料电池研发和商业化方面的领先地位。与铁姆肯公司（The Timken Co.）合作，在校内成立了风力技术中心，为学生参与应用技术研究和培训提供了机会。此外，学校还与通用汽车公司、日本本田、丰田汽车公司等知名企业合作，开发证书培训项目，开展技术研发与培训。深度校企合作，助推了经济发展，为本地创立了新的产业，带来了新的发展机遇，也为当地居民带来了新的工作机会，提高了就业率。

近几年，主校区陆续又有几栋新楼竣工，如占地面积 47700 平方英尺，获 LEED（Leadership in Energy and Environmental Design）绿色建筑认证的商务与企业研究大楼，为 30 多个专业和证书课程提供教学场所和实训室，同时还有一个企业孵化项目落地。耗资 900 万美元的健康科学楼满足了社会不断增长的对高技能健康护理人才的培养需求；铁姆肯信息技术中心主要服务信息技术和工程技术专业的学生，拉尔夫雷格拉健康治疗中心是辅助理疗和辅助专业治疗教育中心，汽车技术中心为汽车和运输技术专业的学生提供学习场地，也为社区居民提供服务。

5. 技能培训与社区服务相结合

学院的发展离不开社区的支持，学院也一直秉承服务社区的宗旨，将职业技能培训与社区服务结合起来。既为本地居民带来了实惠，也为学生实习、实训创造了机会和条件，同时还可以带来一定收益，减轻学生的经济负担，更充分发挥了学院教学设施的功能。学院的牙科卫生诊所对外开放，为居民提供优惠牙科服务，让学生在牙医和专业教师指导下为居民洁牙补牙。按摩理疗诊所也挂牌营业，让实习学生在专业教师指导下为本地居民提供优惠理疗按摩服务，完美实现了学生实习和服务社区的双赢目标，为学生提供了真实的临床学习实践机会，也最大限度地利用了学院的优质教学资源和实训设备。

6. 灵活的转学机制

史塔克州立学院学费低廉、教学项目多，上学方便（学生可以省去一大笔住宿和生活费用），实行小班教学，教师有丰富的行业企业经验，而且学生毕业拿到副学士文凭后可以转学到与学院签订合作协议的本科大学继续深造。该学院的转学项目有以下几种：

3＋1项目：该学院与富兰克林大学（Franklin University）签有3＋1合作协议，学生可以最大限度地利用社区大学质优价廉的教育优势，在史塔克学院完成三年学习，然后转学到富兰克林大学学习一年，获取本科文凭，最大限度降低教育成本。

2＋2项目：学院还与30多所大学签有合作协议，其中包括俄亥俄州立大学、肯特州立大学、阿克伦州立大学等。学生在史塔克学院完成两年学业，然后带学分转入本科大学继续学习，两年后获得本科学历。多年的数据显示，从史塔克学院转学的学生在综合性本科大学的表现优于直接从高中升入本科的大学生，而且也是毕业率较高的群体。

直升项目：史塔克州立学院与阿克伦大学签订了双入学协议，鼓励高中毕业生毕业时在史塔克州立学院和阿克伦大学同时注册学籍（阿克伦大学的申请费全免）。申请成功的学生先在史塔克学院就读两年（期间可以共享阿克伦大学的所有教学资源，学生所有在校信息与阿克伦大学共享），拿到副学士文凭后直接升入阿克伦大学（需要满足一定条件，如 GPA2.0以上，修满至少24个学分），经过两年的学习获得阿克伦大学本科文凭。

7. 完善的学分转换系统

社区大学与本科大学的灵活转学得以顺畅实现，得益于美国有一套完善的转学机制和学分转换系统。史塔克州立学院与30多所协议转学高校都使用了俄亥俄州高等教育部开发的一套统一的学分转换系统。利用这套系统，可以将各个大学共有的通识课程，如英语、数学、艺术、人文、社会科学、自然和物理科学等课程学分在俄亥俄州内高校间互相转换，方便学生带分转学。除了这个转学系统规定的基本转学学分要求，每个学校还有一些额外的要求，计划转学的学生一般会先咨询双方学校的顾问，获取足够的信息和建议，然后按照转学要求制定学习计划，一步步实现自己的转学目标。

8. 精准的就业指导和服务

学院的职业生涯服务中心为学生提供就业信息和就业辅导，收集企业用人需求和信息，为学生提供实习和就业的信息与机会，向企业推荐学生。该中心也负责指导面试技巧，辅导学生撰写求职简历与求职方法，提供人才市场信息及求职建议，做问卷调查收集企业对毕业生的反馈以及毕业生对学习及工作的反馈等。

史塔克州立大学通过灵活多样、质优价廉、独具特色、以学生为中心的学科教育和职业教育以及继续教育，以"花费少，赚钱多，行更远"（Spend less，Earn more，Go further）为宗旨，致力于让所有学生，尤其是人生路上遇到各种困难的学生，"改变人生，成就未来"（Changing lives，Building future），实现终身教育（Education never ends）的目标，既为综合性大学输送人才，更为企业培养更多合格的技能型人才，助推当地经济增长和繁荣，服务社会。

美国社区大学对中国职业技术教育的几点启示：

1. 建议中国的职业院校尽快实现毕业资格与职业资格证书双证制，专业设置与职业资格证书对接，并跟踪社会和经济发展需求，及时淘汰更新，为社会经济发展输送对口急需的高级专业技能人才。

2. 尽快打通高职教育与普通高等教育的升学渠道，健全高职教育体系，增加高职本科或研究生教育，为有志于高职毕业后继续深造的学生提供发展和上升的空间和机会。教育应该是没有止境的，不应该是断头教育或封闭教育，上升通道堵塞是中国职业教育的一大弊端，也是影响中国高职教育发展的一个瓶颈。高职院校应主动与综合本科院校建立联系，签署合作协议，为优秀的高职学生继续升学提供更多机会和可能。

3. 学习美国社区大学的做法，做大做实做强校企合作，引进有实力有规模的大企业建立研发中心和培训中心，为学生提供更多实习实践的机会，也为企业提供更多人才培训机会，为合作研发、项目孵化提供更大平台。

4. 为加大高技能人才培养力度，建议改革高职院校录取制度，降低录取标准和录取条件，降低收费标准，尽可能多地吸收具有高中学历（普高和职高）的应届或往届毕业生入学，对退伍军人等特殊群体实行优先录取政策。

5. 尽快完善高等院校学分制，严格实行学分制，做到宽进严出，通过学分制把好质量关，提高教学质量和人才培养质量，也为以后可能实行的转学制创造先决条件。

6. 加强高职院校与社区的合作，充分利用高职院校资源服务社区，同时为在校学生提供更多实习实践机会。可以考虑将职业院校相关资源对外开放，让在校学生与社会有更深度的融合。

7. 对职业技能性强的课程和项目，逐渐增加企业优秀兼职教师的比例，保证职业教育来自企业，不与现实世界脱节，了解企业需求，培养企业真正需要的人才。

8. 扩大高职院校办学规模和功能，加大高职院校继续教育和培训的力度，充分利用高职院校的优质资源，加强针对社会的职业资格证书培训和教育，吸收更多的社会从业人员返校接受职业技能培训和再培训，提高他们的职业竞争能力，以适应本地经济发展变化和产业结构调整对高技能人才的需求，尤其要制定特别计划和项目对失业、失学及困难家庭人员、进城务工农民、残疾人等弱势群体进行有针对性的职业技能培训及就业指导，尽可能为他们创造学习和就业机会，缓解社会矛盾。

9. 加强高职院校与普通高中和职业高中的联系，通过各种方式提前介入和宣传，让更多的高中学生了解高职教育，喜欢高职教育，改变中国学生和家长以及社会对职业教育的偏见，吸引更多高中毕业生报考高职院校。

第六章　美国大学课堂与批判性思维教育

　　美国高等教育蜚声海内外，吸引了全世界众多学子以及研究人员。美国高等教育到底有什么秘诀？带着这个问题，在美访学期间，笔者旁听了六门肯特大学本科生的课程，想深入了解美国大学课堂和美国的大学教育，现场观摩美国大学教师如何授课，美国大学生如何学习。

　　都说美国学生随意散漫，令笔者意外的是，在笔者旁听过的所有课堂上，同学们上课时都认真专注，积极热烈地参与讨论，不停地举手提问，认真回答问题，按时提交作业，课堂气氛热烈而有序。笔者听了一学期的课，从没有看到有人上课睡觉、看手机、走神的，虽然大部分同学课外都兼职打工挣生活费学费，很辛苦，上课时却都精神饱满，兴致盎然。反观中国的大学课堂，老师在讲台上声嘶力竭地满堂灌，课堂气氛沉闷，学生在下面睡觉、看手机、聊天、发呆、旷课、迟到几乎是普遍现象，对比鲜明。最近教育部还专门发文，要各个高校狠抓教学质量，让大学生忙起来，给大学生施点压。

　　造成这种现象的原因当然是多方面的，笔者觉得其中最主要的原因还是教育理念和教学方法的问题。旁听的这五门课各不相同，有单调的语言课（法语）、枯燥的大学写作课、抽象的创造性写作（诗歌写作）、理论性很强的教育心理学、无聊的美国现代史。无论是哪一门课，老师都不会一直在课堂上沉闷地讲解，基本上都是结合自己课程的教学内容和教学目标，采用启发式教学法，提出问题或布置任务，激发学生的求知欲和好奇心，让学生思考，鼓励学生质疑，引发学生讨论，鼓励学生从不同角度探讨问题，让学生在不断质疑、解释、思考、讨论中获取问题的答案或解决问题的方案，培养学生的发散性思维和批判性思维，以及探究性解决问题的能力。

　　比如，美国现代史课，老师从没有照本宣科，不会让学生记住时间、地点、人物、事件就了事，而是给出一个事件引导学生从各个方面理性客观地进行分析，从大背景到小细节，从起因到结果再到影响，而且是多角度的综合分析，不仅是教科书上人所共知的观点，还提供很多不同的史料，培养学生收集整理资料、理性客观分析问题、形成自己的独立态度和观点的能力。讲到二战期间美军向日本投掷原子弹的原因，老师并没有直接给出答案，而是让全班同学讨论，全班 20 多个同学，给出的答案各不相同，老师不会评论谁对谁错，而是鼓励大家共同探讨，不时增补一些相关背景知识，或者将大家的问题引向更深层次，最后再总结或补充大家没有提到的内容，枯燥的历史事件由于大家热烈深入的讨论而变得生动有趣。通过对历史的讨论和重新审视，大家对历史背后的政治、经济、科技、道义、责任有了更多了解，学会了反思和评判，学会了从各种不同角度思考问题，而不是简单被动地接受，历史事件只是大家学习和演练的一个话题和媒介。

教育心理学里的理论知识，老师一般会让大家课外阅读相关内容，上课时老师会给出一个教学问题案例，然后让大家针对该案例讨论具体解决方案，讨论完后陈述自己的方案，大家进行评论，然后老师再总结，将理论运用到实践中。授课教师掌握了非常好的提问技巧，可以通过一环扣一环的提问让学生在不断思考和不断解答问题的过程中理解和消化相关的课程内容，同时让学生联系自己以往的学习经历和学习体会，以及教学实习经历，将理论与实践融合起来，在课堂上进行分享和反思，让学生学会如何在自己的教学实践中运用相关理论，解决实际问题，给人留下非常深刻的印象。即便是测试，改完试卷后她也不会直接告诉学生测试题的答案，而是让学生小组讨论，通过相互讨论找出正确答案。不管是客观选择题还是主观陈述题，通过讨论，学生才会对自己测试中的问题有全面深刻的了解。

诗歌写作课，老师通常也是将某个诗歌写作技巧简要进行解释，然后让同学们运用该技巧课后（有时候是当堂）完成一篇诗歌，每次要复印若干份，上课时给老师和每位同学发一份。课堂时间主要是讨论，先让写作者自己朗读，然后让同学们相互点评，每个人都要发表不同意见，并在复印稿上写出具体评语，下课将写了评语的复印件送还给写作者，大家拿回家再按意见自己修改，完成二稿，三稿。整个过程大家都很认真，在点评的过程中相互学习，学会鉴赏，也学会如何评判，如何给他人提供建设性的意见或建议，学会如何虚心地接受不同意见。每一堂课上，同学们都需要认真思考，提出问题，回答问题，相互讨论，课堂上都以学生为中心，老师只是起引导、组织的作用。因为课堂中一直有互动，所以气氛活跃，不可能出现睡觉、玩手机的情况。教师在课堂上通过各种方法和手段，运用启发式教学法将批判性思维的训练与学科内容紧密结合起来，让学生在质疑、分析、推理、调查、解释、说服、总结中将专业知识的学习与综合素质的提升结合起来，培养学生形成使用批判性和创新性思维的习惯。

事实上，提高批判性思维认知技能和培养批判性思维的精神气质一直是 20 世纪以来美国高等教育的人才培养目标，也是贯穿美国整个教育体系的核心理念。

批判性思维（critical thinking）是人类社会创造和创新的动力和源泉。古希腊哲学家苏格拉底很早就提出了要通过问诘的方式引导学生发现事物的本质。孔子也提出，学而不思则罔，初步提出了批判性思维的理念。20 世纪初，批判性思维之父杜威（John Dewey）提出了反省性思维的概念，即要用探究、调查、深思和探索的精神去发现新事物或重新理解已知事物，从而奠定了批判性思维的基础。[①] 20 世纪中期，随着工业化进程加快，美国经济开始复苏，社会对专业和技能型人才的需求越来越大，高等教育也从原来的通识教育转为实用功利的专业教育和职业教育，以培养学生的专业技能和熟练的操作人员为目标，学生的综合素质和综合能力欠缺，导致整个社会富有创新精神的人才越来越少，人们在享受越来越丰富的物质生活的同时，精神世界越发空虚，让美国教育界重新认识到通识教育的重要性，从而将学生的批判性观察、阅读、倾听、演讲、写作等综合能力列为美国教育需要重点培养的重要综合技能，并以课程体系的形式将批判性思维教育系统化、制度化，在美国的教学体系中推广和实施。为了培养学生的综合素质和技能，美国现在的职业教育也没有单独自成体系，而是一直与普通教育紧密结合，接受职业教育的学生都必须接受通识教育，以提高学生的综合职业素养和能力，满足社会对高素质技能型人才的需求。

美国大学的批判性思维课程大致可以分为三类：独立批判性思维课

---

① Dewey, J.. *How We Think*. New York: Dover Publications, 1997: 6.

程，为所有学生单独开设，讲授批判性思维的重要性、原理、方法和技巧，并引导学生将所学方法运用到特定场景和任务中去。[①] 由于单独开课的课时有限，很多学生学完以后并不能将所学的方法运用到自己的专业课程和实际生活中去，融合型批判性思维课程就应运而生，即将批判性思维的培养与学生所学的专业课结合起来，将批判性思维相关技能和品质的训练渗透到专业教学中去，让学生逐渐养成运用批判性思维的习惯，实践证明这可能是最有效的方法，也是目前大多数学校最普遍采用的教学方式。第三种是综合型课程，将前两种课程类型结合起来，前期主要讲授批判性思维的方法和理念，然后将方法和技巧运用到日常的专业课程学习中进行实践。

在教学方法上，完全摒弃了以前填鸭式的传统教学方法，倡导以学生为中心的启发诱导式教学方法，通过问题－假设－推理－检验，让学生成为课堂学习的主体，教师主要起引导者和组织者的角色，通过设计主题、问题、任务，充分调动学生的积极性，激发学生的好奇心和学习动机，引导学生思考和探索问题，使学生拥有发现问题和解决问题的能力，通过质疑、分析、推理、创新，使学生拥有批判性思维和创新性思维的技能和修养。[②]

根据不同课程特点和教学内容，除了启发诱导式教学法，还有案例教学法，通过提供真实案例，让学生分析讨论，然后进行汇报，再根据大家的意见和建议修改讨论，再汇报，给出最佳方案，然后老师公布原案例的研究方案，让同学们进行比较。

项目教学法，先确定主题，小组讨论研究方法，查阅资料，通过调研收集数据和信息，撰写调查报告，在班上进行项目成果汇报，最后进行项目评估。

分解重构教学法，教师先将教学内容或任务分解，分配到各小组，各小组按照自己的理解和设计消化内容或任务，然后在班上由各小组或个人进行解读或讲授，将分解的内容或任务完整地拼接起来，以这样的方式培养学生的团结协作精神，训练学生归纳和梳理信息的能力、说明和讲解的

---

① 〔加〕戴维·希契科克. 批判性思维教育理念 [J]. 张亦凡，周文慧，译. 高等教育研究，2012，33（11）：54—63.

② 〔美〕杜威，J.. 民主主义与教育 [M]. 王承绪译. 北京：人民教育出版社，2001：156.

技巧以及综合比较重新构建信息的能力。

所有这些教学方法，都是以学生为中心，训练学生的综合分析能力、团结协作能力、沟通能力、审慎判断和公正评价的能力，培养学生勤学好问、敢于质疑的批判性思维和创新实践能力。经过多年训练，学生们不但掌握了批判性思维的技能，而且已经将批判性思维融入他们的精神气质中，这会对他们将来的工作和生活产生深远的影响，令他们终身受益。

什么是真正的教育？真正的教育不仅仅是经过反复机械的训练让学生学会一种技能，也不仅仅是学到了多少专业知识，更不是让你记住多少，知道多少。教育的真正目的，不仅仅是为了培养成绩优秀的学生，而是让我们有能力做一个真实而完整的人，一个有独立思考能力、独立人格，有自我认知和选择能力的人，一个有鉴别和鉴赏能力的人，一个有批判性思维和精神气质的人。正如哈佛大学女校长福斯特（Drew Faust）在其演讲中提到的，大学教育应该对我们的过去和将来负责，而不仅仅是对现在负责。斯坦福大学校长也指出，大学教育不仅是为了让学生学会一种专业技能，帮助学生在毕业时找到一份好工作，还要为他们打下将来 20 年 30 年的人生基础。21 世纪需要有创新精神的人才，简单的职业技能训练和教育是不可能培养出高素质人才的。在信息化和智能化时代，新技术和新科技的发展日新月异，知识的学习和获取已经不再是大学教育的主要任务。在智能化社会，毕业生将来不可能用知识去就业，而是要用创新能力去创造工作，改变生活。

为了适应 21 世纪对高素质人才的培养要求，美国教育部早在 2007 年就制订了《21 世纪技能框架》，详细列出了 21 世纪美国教育应该培养的核心技能和核心素养，其中的学习和创新能力（learning and innovation skills）更是核心中的核心。学习和创新能力包括创造性和创新能力（creativity and innovation）、批判性思维和解决问题的能力（critical-thinking and problem-solving ability）、交流能力（communication）和合作能力（collaboration），简称"4C"能力。教育部还专门为此颁布了《4C 教师指南》，指导教师如何在不同学科的日常教学中培养学生的学习能力和创新能力，鼓励教师通过设计各种活动和项目将学科内容融合到学习能力和创新能力的培养中，鼓励学生合作共享，打破固有的思维模式，勇于探索和尝试，大胆想象，谨慎求证，允许犯错和失败，培养同学们的批判性思维技能和意识。

在美国以培养综合能力为核心的教学改革中，形成了从方案设计、课堂教学到课程评估的一套完整的核心技能培养体系。教师们在设计教学方案时尽量整合学习内容，并将学科知识和内容与现实生活联系起来，使学生从单一的学科知识学习向跨学科、综合性的深度理解学习过渡，通过项目和活动进行知识内化和重构，通过质疑、讨论和探索解决实际问题，培养批判性思维的技能，养成运用批判性思维的习惯。批判性思维的培养从幼儿园开始，持续到大学，一直贯穿在美国各个阶段的教育中，所以在大学课堂里，学生们已经养成了主动提问，积极思考，在项目和小组活动中合作共享的习惯，使批判性思维教学体系顺利推行，批判性思维技能和意识也在大学阶段通过系统训练得以迅速提升，这也是美国教育体系多年推行核心技能教育改革的成效。

反观我们的课堂，大多数学校还在沿用传统的教学方法和理念，课堂教学还是填鸭式的满堂灌，学生死记硬背，老师教的是学生毕业后很快就要过时的知识，考试还是客观题和标准答案，对学生的评价和选拔还是分数决定一切。很多学生对沉闷的课堂不感兴趣，所以旷课、迟到、睡觉、玩手机、看小说、不完成作业等现象屡见不鲜，加上学校片面追求毕业率，导致大学生完全没有学习压力，学与不学最后都能毕业，"混文凭"成了大学校园的常态。大学生付出了最美好的青春和学费，却没学到在大学里真正应该掌握的核心技能，综合素质也没有得到培养和提升，走出校园根本没有能力应对 21 世纪风云变幻的职场挑战。

在全球竞争日益激烈的智能化时代，创新已成为科技发展和进步的推动力，培养创新型人才也应成为中国教育的首要目标，而批判性思维教育正是培养创新型人才的基础。我们应该努力在大学营造批判性思维的教学和学习氛围，在大学阶段帮助学生掌握批判性思维技能，培养批判性思维气质和修养，让批判性思维成为学生在将来进行创新的源泉并让学生终身受益，为大学生将来的职业生涯和人生规划打好坚实的基础。要实现这个目标，任重道远，美国的批判性思维教育理念值得借鉴。

1. 首先，教师要转变观念，改变教学方法。要改变现状，首先要改变教师的传统教育理念，放下教师就是权威的架子，接受并鼓励学生在课堂上质疑和挑战教师的权威，学会与学生平等地讨论问题，营造轻松平等的课堂氛围，鼓励学生发表不同的意见和看法。将以教师为中心的课堂转变为以学生为中心的课堂，改变传统的知识讲授和灌输的课堂模式，采用启发诱导式教学，根据课程内容设计相关的项目和活动，在学科内容中融入批判性思维的训练和培养，课堂上采用问答、讨论、辩论、报告等形式引导学生独立思考和探索，培养他们的团结协作能力和解决问题的能力，而不是单一的知识获取或机械的技能训练。

2. 学生也要改变被动学习的习惯，充分认识到批判性思维和创新能力培养的重要性，在课堂上主动配合老师积极参与课堂活动，养成勤思考，勤动手的习惯，学会大胆质疑和挑战，同时也要谦虚谨慎，虚心向老师和同学学习，学会推理和假设，也要学会以事实为依据，小心求证，在学习和生活中不断实践批判性思维的技巧和方法，培养自己的批判性思维和创新精神。

3. 学校要高度重视批判性思维教育的重要性，加大对教师队伍批判性思维理念和技巧的培训力度，让教师自己具备批判性思维能力和意识。校方要尽快制定批判性思维课程体系，除了独立的批判性思维课程，还应该引导教师在学科教学中融入批判性思维技能的培养内容，让学生在整个大学学习阶段浸入运用批判性思维的学习氛围中，潜移默化地改变固有的被动接受的思维方式和习惯，学会主动质疑和挑战，学会团结协作，学会批判性地思考，学会鉴别和判断，在大学阶段真正学到以后能受用终身的综合技能，提升自己的综合素质。同时，学校要加强监督和检查，使批判性思维教育系统化、制度化、常态化，推动创新型人才的培养，真正实现高等教育培养综合能力强、具有高素质的技能型人才的目标。

4. 不仅要在学校，更要在全社会营造批判性思维的氛围，营造宽松的舆论环境，允许质疑和讨论，鼓励不同的意见和观点，提高全体公民的思辨能力。尤其在当今科技高度发达的信息社会中，信息传播的渠道多、速度快，范围广，各种未经证实的信息满天飞，良莠不齐，真假难辨，更需要大家在现实社会中运用批判性思维进行质疑和鉴别，不能人云亦云，盲听盲信。广大人民群众的批判性思维意识和能力的提高也主要依靠教育，批判性思维不仅要在大学推行，更要从幼儿园从中小学抓起，让批判性思维成为一种习惯，成为全体公民的基本素养。

第七章 高校招生丑闻与美国高校招生制度

不少中国家长和学生抱怨中国的高校招生制度太单一，高校招生没有自主权，分数至上，羡慕美国高校录取学生的自主性，录取条件的多样性。但是频频爆出的高校招生丑闻揭开了美国高校招生的黑幕，不仅震惊了美国人，也打破了国人对美国高校招生制度的美好幻想。

2019年3月12日，大约50人被控涉嫌高校招生舞弊，案件涉及影视名人、金融企业高管在内的33名学生家长、至少9名高校体育教练、升学咨询中介公司老板及多名该公司职员及考试机构工作人员。据检方指控，考生家长通过巨额贿赂，收买大学体育教练及考试机构工作人员，让自己的子女以体育特长生的资格升入名校，或者通过各种非正当方式延长考试时间、替考甚至篡改考试成绩。涉案高校都是美国顶级名校如哈佛大学、斯坦福大学、南加州大学、乔治城大学、加州大学洛杉矶分校等。

涉案的家长通过一家名为 Edge College & Career Network 的大学升学咨询公司和一家名为 The Key Worldwide Foundation（KWF）的慈善机构作为中介进行行贿。公司创始人威廉·辛格（William Rick Singer）是该案的主谋，操纵了整个舞弊流程。2011—2018年，辛格收受考生父母支付的巨额费用，帮助考生在入学考试中作弊，或利用其与美国顶尖高校体育教练的人脉资源贿赂教练，伪造考生体育特长生资质证明，帮助考生获得录取资格，获利高达2500万美元。目前辛格已在波士顿法院认罪，罪名包括洗钱、诈骗和妨碍司法公正，等待辛格的将是65年监禁和超过100万美元罚款。

中国观众熟悉的美剧《绝望主妇》女演员菲丽西提·霍夫曼（Felicity Huffman）是涉案好莱坞明星之一。霍夫曼为了让其女儿进入名校，通过辛格的违规操作延长其SAT考试时间，甚至串通监考人员修改了她女儿的考试答案。经典喜剧《欢乐满屋》女演员洛莉·路格林（Lori Loughlin）夫妇支付50万美元，贿赂南加州大学赛艇队教练，违规录取其两个女儿进入南加州大学。乔治城大学网球教练 Gordon Ernst 在 2012—2018 年收受 270 万美元的"咨询费"将 12 名学生招进他的网球队。南加州大学水球队教练瓦维奇（Jovan Vavic）收受家长 25 万美元贿赂后，特招两名学生进入他的水球队，帮助他们顺利入学。耶鲁大学女子足球教练收受 40 万美金贿赂后，推荐一名根本不会踢球的学生进入耶鲁大学，辛格从中得到 120 万美元的巨额好处费。一家知名国际律师事务所的主席支付了 7.5 万美元为其女儿修改成绩。

辛格公司为了帮助学生伪造体育资历，修改网上其他运动员的照片，然后包装成行贿家长子女的照片骗取体育特长生资格。为了帮助考生提高标准化入学考试成绩，辛格收受贿赂后以特殊原因让考生申请到其指定考点参加考试，然后买通考点工作人员，故意延长考试时间，泄露考试答案，篡改考试答卷，甚至公然找人替考，行贿作弊手法之多，时间之长，金额之巨，令人震惊。

检方表示，目前已有 9 名教练被捕。由于该案仍在调查之中，不排除会有更多名人和教练落水的可能。涉案相关学校已将被起诉的教练解雇或停职，并表示学校对此并不知情。相关高校也启动了调查，全面审查招生过程，确保今后不再发生类似事件。美国大学生体育协会（NCAA）当日发表声明，表示对此事一定要彻底追查，也希望各大高校引起高度重视。

此案一公布，全美哗然。一直以来，美国高校招生录取体制的公平性不断受到质疑。高等教育，尤其是美国的名校，成了富人和权贵阶层的特权和阶级固化的工具。有钱有权就能轻松上名校，而普通老百姓家的孩子，哪怕拼尽全力，成绩再好，要想上常春藤名校，都比登天还难。

这里不得不说说美国大学的招生录取制度。与中国一考定终身的高考制度不同，美国各个高校都有招生录取自主权，招生录取既要看成绩，更要看考生的综合素质，还要考虑很多其他因素，如家庭背景、种族等。大多数高校一般采用综合评估法对考生进行评估，评估项目高达十三项，考试成绩只占其中两项（高中成绩 GPA ＋标准化考试成绩 SAT 和 ACT），而且分值并不高，GPA（0—16 分），SAT（6—25 分）。标准化考试可以考多次，直到考生满意为止，以最好成绩作为申请成绩。其他项目包括课外活动（5—30 分）、体育活动（8—40 分）、超级录取（40 分）、额外加分项目（40 分）等。综合素质评估考生在高中期间的经历、特长、背景、能力等，往往是高校招生官们特别看重的加分项，而且所占分值很高，所以申请人单凭考试成绩，很难得到名校的青睐。

成绩很难造假，于是很多人就开始在综合素质上做文章，望子成龙的家长们各显神通，家境富裕的孩子们固有的优势开始显现出来：家世显赫的学生可以请知名教授、大公司高管、名人或政治家写推荐信，一封有分量的推荐信含金量甚至超过一份出色的成绩单；有背景的学生可以轻松获得知名公司的实习机会；参加有影响力的社会活动；担任学生社团的领袖证明自己的领导力；培养艺术、音乐、体育特长（培养特长需要花费大量金钱和时间，有些运动如水球、高尔夫球、帆船、赛艇等本身就是贵族运动）；参加各类比赛等丰富自己的履历。这些加分项一下子就拉大了穷人和富人的差距，穷人家的孩子再努力，只凭分数根本无法与富裕人家的孩子竞争，从一开始就输在了起跑线上。

即便最后有少数穷孩子一路过关斩将，拿到名校的录取通知书，掂量着每年 6 万美元的学费，踌躇再三，可能还是只能选择放弃。美国是目前所有发达国家中唯一一个需要学生完全自费上大学的国家，而且学费逐年递增。越是有名的学校，学费越贵，名校是许多贫寒人家的学子可望不可及的梦想。美国家庭没有储蓄的习惯，一般家庭的收入只够维持日常生活，子女上大学都要自己贷款支付学费。即便上一所普通的公立大学，许多学生也是还未完成学业便背负了沉重的助学贷款，有人甚至到退休还没还清。虽然各高校也设立数额不等的奖学金，或者减免学费帮助极度贫困家庭的学生，但是能申请到的学生毕竟是少数，大多数的中产阶级都被巨额的学费压得喘不过气来。

富裕家庭的申请人不仅在综合素质项目占绝对上风。美国顶尖高校在招生录取上其实一直都奉行"钱权至上"的潜规则。此次招生丑闻的主谋辛格就曾公开向司法部表示，他做的这些事，只不过是给普通人开了一个"侧门"（side door）而已，与早已存在的招生录取中的"后门"（back door）相比，根本不值一提。

辛格指的后门，是指美国许多名校招生录取中的"传承录取政策"（Legacy Admission）。传承录取政策照顾两类人：巨额捐赠人的子女和校友子女。美国大多数的顶尖名校都是私立大学，资金来源主要靠社会，尤其是名人或校友捐助，所以向富人和权贵大开后门也就不难理解。综合评估法中"超级录取"项目里也有两条明确规定：父母是名人、政治家、备受尊敬的教育家或者父母是学校巨额捐款人的申请人，可以加40分。"额外加分"项目中，父母是校友、名人、捐款人、本校教授及系主任，或属于教练征召的校队队员的申请人，均可获得可观的额外加分。所以这个后门基本是正当、合法、公开、透明的，公众对此也无可奈何。特朗普的女婿 Jared Kushner 的父亲为了确保自己的孩子上哈佛，曾给哈佛捐了 250万美元。当然公开捐款的数额巨大，政要名流圈子太小，于是钱不够多、权不够大的"普通人"就只能想办法从"侧门"进去了。美国的精英大学就这样成了上流社会所谓精英们的大学，而且可以代代相传。穷人富人之间的鸿沟越来越深，越来越无法逾越，阶级固化现象越来越严重。

事实上，美国的高校招生制度不仅存在贫富差异，种族问题也一直是影响高校招生公平性的一个主要因素，而且一直备受争议。

诞生于 20 世纪 60 年代的平权法案（Affirmative action）缘于当时美国风起云涌的黑人运动和妇女运动。该法案集中关注教育与就业问题，主张对少数种族、土著美国人、妇女等历史上被排斥的弱势群体给予关照。为了贯彻该项法案，很多高校在招生录取时对少数族裔及女性实行配额制，给予优先录取待遇，保障他们不会在教育及就业时受到歧视或不公正对待。高校招生评估法中对少数族裔和女性也有多项特别加分。

平权法案是特定历史时期的"种族优先"法案，在一定程度上起到了扶持及帮助少数族裔及弱势群体的作用。随着时代的变迁，这一法案受到越来越多的质疑。有人认为平权法案可以消除歧视，有助于纠正长期遭受种族主义迫害的非裔美国人所受的伤害，避免历史倒流，实现教育机会平等，有助于奉行美国的多元化文化。有更多的人认为，以种族配额为基础的高校录取制度才象征着真正的不平等，侵害了非少数族裔如白人以及亚裔的权益。因此，该法案也被很多人批评为"逆向歧视"（Reverse Dis-crimination）。

平权法案对少数族裔的优待，引起很多白人和亚裔的不满。不少白人及保守派认为，这一法案矫枉过正，形成了对白人和男性学生的"逆向歧视"。在招生录取时因为配额制，考分较低的非裔学生可以被优先录取，而分数及综合素质较高的白人却可能被拒之门外。2005年，密歇根大学两名白人学生以学校招生歧视白人为由将学校告上法庭。2008年，白人女孩费舍尔（Fischer）称因为自己是白人，失去了被德州大学录取的机会，将德州大学告到高等法院，最后被法院驳回。但也有越来越多的高校意识到这个问题，不少美国名校相继取消或修改了平权法案，其中包括麻省理工、普林斯顿等名校。

相对于白人，目前亚裔学生才是平权法案最大的受害者。白人其实一直享受着美国高校录取的特殊待遇，比如传承录取政策和偏远乡村优惠政策照顾的基本是白人。由于历史原因，名校的校友以及巨额捐款人基本上都是白人，普林斯顿大学的招生官就曾公开撰文称传承录取政策几乎就是专为白人制定的。享受偏远乡村优惠政策的中部 20 个州的学生绝大多数也是白人，他们的录取分数线比亚裔和其他州的白人学生要低 70 多分。

亚裔在美国并不属于被照顾的少数族裔，因而并不能享受平权法案的优待。亚裔不仅没有享受优待，在高校录取时针对亚裔的条件还非常苛刻。高校招生评估法中亚裔非但没有获得少数族裔的加分，反而会被直接减去 3 分，这简直就是赤裸裸的歧视。有数据显示，申请普林斯顿大学，亚裔学生 SAT 录取成绩比白人、西裔、非裔学生分别高出 50、235、280 分。申请哈佛大学，亚裔学生分别要高出 140、270、450 分。除了学术和课外活动等客观指标外，哈佛对申请人还使用"个性评分"标准，亚裔申请人在这项主观项目中被故意评低分。不平等的录取政策引发了亚裔学生和亚裔群体的强烈不满。2014 年，一家非盈利组织"大学生公平录取"（SFFA）起诉哈佛大学歧视亚裔美籍入学申请人，故意提高亚裔美籍学生入学标准，通过压低亚裔的录取比例，以增加其他族裔学生的录取比例，严重侵犯了亚裔的公民权利。尽管哈佛大学对此予以了否认，但种族因素成为哈佛在录取西班牙裔及非裔学生时考虑的决定性因素却是不争的事实。许多平时很少关心与参与美国政治的华人家长也加入了反对平权运动的斗争中，捍卫自己子女的正当权益。他们认为按照美国宪法的精神，人人平等应该是不分肤色的（color-blind），每个人都应该享有相同的机会成就自己的梦想。高校招生应该按客观指标择优录取才能体现公平性，不应该加入太多其他因素。华裔家庭一直有重视子女教育的传统，即便家境不好的家庭，哪怕倾其所有也会为孩子提供较好的学习条件，激励孩子努力学习。在美国社会，没有良好家庭背景的孩子也只能拼命学习，通过考上一所名校来改变自己的命运。为了考上名校，他们要付出比别人更多的时

间和精力让自己更优秀，但成绩好不能成为华裔申请人在高校招生时受到
歧视和打压的理由。

种族问题涉及美国社会的方方面面，也许并不是一项平权法案或者是
反歧视法案就能解决的。教育的不平等来源于社会经济的不平等、教育资
源和阶级的不平等，这种不平等从幼儿园、小学、中学就开始了，并不是
在大学招生时通过配额制或加分就能解决的问题。也许消除贫富差异，改
善少数族裔地区的教育条件，提高贫困社区的教育水平才能从根本上解决
问题，体现教育的机会均等。对于亚裔学生，尤其是华裔学生来说，一方
面他们需要努力争取自己的正当权益，另一方面，家长如何改变观念，让
自己的孩子更多地融入美国的多元文化，真正注重综合素质和个性的培
养，而不是千篇一律从小学钢琴、参加竞赛、拼命刷题考高分，培养千人
一面的应试高手，从而失去了很多美国高校看重的申请者本人的个性特
点，这恐怕也是值得华裔家长们反思的问题。

这起高校录取丑闻案，揭开的恐怕只是美国高校录取体制阴暗面的冰
山一角，从另一个侧面也反映出美国社会的撕裂、种族和阶级分化现象越
来越严重，其根本原因还是美国的贫富分化、社会资源分配不均、阶级固
化等社会问题。美国一直标榜的民主、自由、平等其实也是有条件的，美
国的高等教育要真正做到公平、公正还有很长的路要走。了解美国高校招
生的内幕也许会让国内很多怀揣美国梦的人大失所望。一千多年来，中国
通过科举制度打破了世袭贵族阶级的特权，让贫寒人家的读书人也有可能
进入上层社会，所谓"学而优则仕"，开启了阶级流动性的先河。现在的
高考制度虽然也有各种弊端，但总体而言，还算是一种相对公平的人才选
拔机制，有助于破除阶级壁垒，增强社会阶层的流动性。目前中国也在探
索高校自主招生改革，招生权力下放，高校招生享有更多的自主权和主动
权，但在下放权力的同时也要考虑好如何进行有效的监管和监督，堵住可
能出现的漏洞，防止出现美国这样的招生丑闻。每一项改革的初衷都是好
的，如何防微杜渐，保证一项好的制度和政策不被滥用，更考验政策制定
者的水平和智慧。

第八章 助学贷款，美国大学生 不能承受之重

美国的高等学府是中国乃至全世界学子都仰慕的地方，高等教育水平也是世界一流的，但是美国的教育体制也有鲜为人知的一面。

在美国的大学校园里，同学们来去匆匆，学习认真，按时交作业，积极参与讨论、提问，课堂上绝不会有睡觉、玩手机、走神的，也很少有迟到早退和旷课现象。大家通常都是按点来上课，上完课就离开，各忙各的，基本见不到在一起打闹、说笑、闲聊或者闲逛的情形，与国内大学校园轻松散漫的氛围很不一样。与教授们聊天，才知道这些学生大多数都申请了助学贷款来支付高昂的学费，课余还要打工赚钱维持日常生活。有的同学甚至同时打几份工，只能利用空隙时间上课，完成作业，熬夜完成作业更是家常便饭。因为明白学习机会来之不易，尽管很辛苦，但是同学们学习都非常用功，不然对不起自己贷款支付的高昂学费。

美国大学生上大学贷款非常普遍。一方面是由于美国文化崇尚独立，孩子年满18岁成年后都会离开父母的庇护独立生活，上大学的学费也得自己贷款支付，毕业工作后再慢慢偿还。另一个更重要的方面是由于美国大学学费昂贵。即便是公立大学，含住宿一年的费用也要 2 万～4 万美元左右。私立大学更贵，一年通常要 4 万～6 万美元，而且越好的，排名越靠前的学校学费越高。一般美国中产阶级家庭年收入平均大概五万美元左右，根本无力负担如此高昂的学费。

尤其近年来美国高校学费疯涨，更加重了学生的负担。有资料显示，1980—2015 年，美国总体物价水平翻了三番，大学学费涨幅竟然超过了1100％，而家庭年收入仅增加了 100％多，学费涨幅大大超过了家庭年收入的涨幅。自 2000 年以来，私立大学的学费上涨了 46％，公立大学学费

涨幅达 94％，而且还有继续上涨的趋势。① 据《今日美国报》报道，2017—2018 学年度，美国大学学费继续上涨，平均涨幅为 3.6％。这意味着会有更多大学生加入助学贷款大军，而且贷款数额也会节节攀升。根据美国大学理事会的数据，2015 年，有 68％的美国大学生是在助学贷款的支持下完成学业的。

美国的助学贷款大致有两种：联邦助学贷款和私人助学贷款。联邦助学贷款由美国联邦政府担保，由联邦财政、教育部直接发放，是大多数美国学生贷款的首选。然而，由于联邦助学贷款金额有限，很多学生申请不到，因此也有不少学生选择私人助学贷款。和联邦助学贷款相比，私人助学贷款往往利息更高，每月要偿还几百甚至几千美元，很多学生因无力偿还致使债务越积越多。

巨额的助学贷款让学生背负了沉重的债务负担，而且债务金额还在不断攀升。根据美国大学理事会的数据，2013 年，助学贷款借款人平均负债额为 26300 美元，2016 年该数据上升到 30650 美元，而 10 年前，学生的平均债务总额不足 1 万美元。大约 5％的学生欠下了超过 10 万美元的巨额债务。

《华尔街日报》称，美国学生的贷款总额早在 2013 年就已突破 1 万亿美元，超过信用卡债务和车贷，成为美国仅次于房贷的第二大消费类贷款。更糟糕的是，助学贷款不仅增速快，而且违约率高。美国教育部的统计数据显示，3 年期联邦学生贷款的违约率在 13.7％左右。②

沉重的助学贷款，不仅摧毁了美国大学生的生活，也对美国的社会、经济产生了深远的影响。

助学贷款让在校大学生不堪重负，压力倍增，辍学率越来越高。许多学生在申请助学贷款时并未意识到贷款意味着什么，有时候还会被校方误导，因为贷款很容易。就像信用卡，你刷卡花钱的时候并不会感觉到太大负担，但是累积起来需要还的时候才知道已经超出了自己的承受能力。Ritual 就是其中的一个案例。她通过助学贷款拿到了本科和硕士学位，攻读博士学位的时候已经欠下 69000 美元贷款。每个月都有 7 份不同的贷款账单等着她，而她却连付房租的钱都没有。学业的压力、生活的压力，再

---

① http：//Collegeboard.org.

② Source：Thomson Reuters Datastream.

加上巨额贷款压力，使她精神濒临崩溃，出现了严重的心理和健康问题，只好中途退学。遗憾的是，像 Ritual 这样的案例并不是个案。

助学贷款严重影响到大学毕业生的生活。大学生毕业工作后，每个月要支付少则几百，多则上千美元的还贷，还款期 5 到 20 年不等，甚至有人到退休还没完全还清。在这种情况下，买车、买房都成了奢望，很多人甚至不得不推迟结婚生孩子的计划。纽约联邦储备银行发布的最新报告显示，美国年轻人的住房拥有率从 2007 年的 32% 下跌到 21%，[①] 高额学生贷款债务是其中最重要的原因之一。年轻人购买力降低，势必延缓一直疲软的美国房地产市场的复苏，对美国宏观经济也会产生一定的影响。

贷款压力改变了大学生的择业观。为了还款，年轻人都会去找挣钱快、收益高的工作，很多收入相对低却有意义的公益类工作却无人问津，至于辞职创业更是遥不可及的梦想。助学贷款成了压在年轻人头上的一座大山，成了他们无法挣脱的桎梏，他们再也不能听从内心的召唤从事自己真正喜欢的工作。

助学贷款违约影响年轻人的信用记录，使他们的生活雪上加霜。《福布斯》杂志的报道称，目前全美有 4400 万人共欠下 1.4 万亿美元的助学贷款，每年约有 11% 的学生因无力偿还助学贷款宣布破产。根据美国消费者联盟的数据，2016 年，无法按期偿还助学贷款的美国大学生人数增长了 17%，共 420 万名借款人因超过了还款期限而违约。在目前市场利率不断上涨的趋势下，私人助学贷款的利率还会继续上升，使贷款违约风险进一步加大。贷款违约严重影响个人信用记录，使年轻人今后无法继续贷款，对其职业生涯和个人生活都会造成很大影响，如此恶性循环，几乎已经毁掉年轻人未来的人生。

助学贷款还影响到老年人的生活。1989 年，即将退休的美国人平均只有 600 美元的助学贷款债务，2013 年达到 8000 美元；已退休的美国老人 1989 年的平均助学贷款债务为 400 美元，2013 达到 2300 美元。2013 年，65 岁及以上的人群中有 70.6 万人、共计 182 亿美元的助学贷款债务尚未偿还。四年的大学教育，换来的是一辈子都未还清的债务，其中的辛酸可想而知。[②]

---

① Source：New York Fed. Consumer Panel/Equifax.

② Source：Federal Reserve Bank of New York Consumers Credit Panel/Equifax.

　　助学贷款也会波及家人的生活。虽然父母没有直接支付子女的学费，但是90％的私有金融机构助学贷款必须由父母或者祖父母担保并共同签署。如果大学生本人不能按时还款，其父母或者祖父母需要承担还款的连带责任。美国公民金融集团发布的一项报告则显示，94％的父母感受到了孩子助学贷款的压力，超过一半的父母认为孩子的助学贷款会危及他们的退休计划，降低他们的生活质量。

　　助学贷款有可能让美国政府陷入财政危机。美国国会预算办公室2016年发布的一项报告显示，2017—2026年，联邦政府在助学贷款项目上的损失可能高达1700亿美元。然而，在同一时期，联邦政府还需要再发放1.1万亿美元的助学贷款，这和现在1.4万亿美元的助学贷款总额几乎持平。目前联邦助学贷款仅有约一半处于正常还款状态，如果不及时采取措施，局面将越来越难以收拾。

　　私人金融机构发放的助学贷款坏账同样会形成巨大的金融风险。助学贷款人群不断扩大，数额不断攀升，违约率越来越高，对金融体系的稳定以及政府财政都是极大的挑战，有可能成为引爆新一轮金融危机的一颗隐形炸弹。

　　助学贷款不仅在毁掉许多美国人的人生，而且会影响美国乃至全球经济。面对如此严峻的形势，美国政府和社会各届也一直在寻找解决问题的对策，如进行适度的贷款减免；按贷款人月收入进行还款；成立基金会资助陷入债务危机的贷款人；由雇主和债务人共同还款等，但是因为数额巨大，这些措施并不能从根本上解决问题。

　　助学贷款成为一个严重的社会问题，也引发了广大美国民众的诸多质疑。许多人都在质疑美国的教育体制是否出了问题，政府将大笔财政预算花在军费开支等其他方面，对教育和医疗的投入却严重不足。高等教育发展成了某些机构赚钱的产业，而广大学生却成了教育的牺牲品。也有很多人开始反思美国的高等教育：美国高等教育学费为什么这么贵？学生背负巨额助学贷款完成学业，毕业却找不到期望中的有相应回报的工作，以这么高昂的代价去换取一纸大学文凭是否值得？大学是否需要进行改革？教育专家也开始呼吁大学进行全方位的改革，通过体制改革、学费改革和课程改革整合专业，降低费用，砍掉一些不必要的专业和课程，使学生能学有所用，学有所值。

越来越多的人甚至开始质疑上大学的必要性，认为与其花费大量的金钱与时间去拿一个没有什么实际意义的文凭，并为此背负巨额债务，不如早一点学一门谋生的技能，如上技校或者社区大学，或许是更为明智的选择。毕竟，美国有许多成功的名人，如比尔·盖茨、乔布斯、扎克伯格等，他们都没有读完大学，却创造了传奇的人生和财富神话。事实上，美国政府也开始意识到这个问题。政府计划不断加大对社区学院的投入，并以一定的学业条件为社区学院的学生提供一定程度的学费减免，以吸引更多的高中毕业生进入学费低廉且学习时间更短的社区学院学习，分流一批高中毕业生，为社会提供充足的技能型人才，也能降低近年来高校学生助学贷款过高带来的金融风险。美国的社区学院相当于中国的专科院校，既提供职业教育，也能为大学输送表现优异的学生。

对照美国大学生面临的重重压力，不得不说中国大学生要幸运得多。中国高校虽然也可以申请助学贷款，但是按照中国文化的传统，孩子自出生起就一直得到父母无微不至的呵护和照顾，上大学的所有费用通常都是父母资助。即便是经济条件不太好的家庭，父母砸锅卖铁，甚至卖房借钱也要供子女上大学。农村的孩子考上大学，往往出现一个孩子上大学，全家返贫的状况。很多中国大学生用父母的钱上了大学，并不懂得感恩，也不珍惜父母也许是奉献了毕生积蓄提供的这个宝贵的学习机会，在学校混文凭的学生大有人在。虽然中国大学的学费相对比较低，但是很多父母也是贴上了自己的大部分积蓄甚至动用了养老金，对父母将来的生活也造成了一定的影响。

此外，由于近年来大学扩招，许多大学生毕业后并不能找到理想的专业对口的工作，甚至有很多毕业生拿着大学文凭在做根本就不需要大学文凭的工作。国内也有人开始质疑自己的大学文凭是否有价值，社会上存在的唯文凭论是否合理？是否真的人人都需要上大学？社会是多元的，需要的工作也是多种多样的，并不是所有的工作都需要普通高等学校的文凭。中国目前正在进行产业调整，教育部现在正在大力发展职业技术教育，正是顺应了中国的国情和经济发展趋势。

他山之石，可以攻玉。教育部及相关部门也许可以尽早从美国的助学贷款危机中吸取经验教训，避免类似的情况在中国发生。

第九章 美国高校倒闭潮：高等教育 何去何从？

近日，佛蒙特州一所有 185 年历史的文理学院绿山大学（Green Mountain College）宣布将在今年（2019 年）五月关闭，留下 428 名学生茫然不知所措。该校入学人数在过去十年间下降了 43％。

这并不是第一家宣布倒闭的美国高校。2016 年 5 月，纽约的一所老牌大学道林大学（Dowling College）因负债 5400 多万美元宣布倒闭；2016 年，佛蒙特州的伯林顿大学（Burlington College）也因巨额贷款问题宣布关闭。过去六年间仅马萨诸塞州就有 17 家高校倒闭或与其他学校合并。为了能提前预警以便妥善处理高校倒闭后学生安置和学籍保存等相关事宜，政府已经决定加强监管，定期审查各高校的财务状况。

美国高校的倒闭风潮早在 2013 年就已开始凸显出来，而且有愈演愈烈的趋势。据相关数据显示，1995 年以来，至少 64 家四年制私立非盈利学校相继倒闭。2016 年，约 366 所盈利性私立大学倒闭。至 2018 年底，超过 500 家高校因有倒闭风险处于教育部的严密监控中。早在 2014 年 6 月，美国《经济学人》杂志在一篇文章中就引用过哈佛商学院教授 Clayton Christensen 的观点，他预测未来 20 年内，会有大量美国大学将破产倒闭。2017 年，这位教授再次预言，美国四千多所高校中的 50％注定会在未来 10—15 年内破产。不幸的是，这位教授的预言正在一步步变成现实。

美国的高等教育一直是全世界的翘楚，无论是数量还是质量都是世界一流。每年的大学排行榜里，排名前一百的大学几乎有一半来自美国。到底是什么原因导致了美国高校的倒闭潮？

首要原因应该是美国政府大幅度削减高等教育的财政投入。

美国高校分为公立学校和私立学校，私立学校又分为盈利和非盈利性两种，其资金来源因学校性质不同有很大差异。公立学校资金主要靠各级政府拨款（联邦政府、州政府和地方政府），其次是学费和其他收入，如附属医院、附属企业的盈利等。上公立大学的学生约占高校学生人数的3/4。私立学校主要靠学费和捐赠，也有一部分政府补贴。政府拨款仍然是高校经费的主要来源，公立学校政府拨款占比 30％～50％，私立学校占比大约为 15.3％。

2008 年后美国经济发展停滞甚至下滑，政府财政收入不断萎缩，而医保和基础教育投入加大，于是联邦政府开始大幅度削减高等教育预算和投入。2013 年，教育预算开支大幅减少了 11 亿美元。2016—2017 年，政府对 5.6％的高校停止发放财政补贴，许多高校难以为继，纷纷倒闭。2015—2016 年，有 33％非盈利性私立大学倒闭，11％盈利性大学破产，约366 所高校关闭。

政府大幅削减高等教育投入还产生了一系列的连锁反应。由于政府投入减少，很多公立学校为了节省开支，减少了招生名额，导致一些本来可以上公立学校的学生被拒，被迫转入学费较贵的私立学校，无形中加重了学生的经济负担。由于政府补贴减少，很多高校"囊中羞涩"，于是只能将损失转嫁给学生，通过提高学费来弥补资金的不足。本来已经很高的学费连年攀升，2002—2012 年，非盈利私立大学学费上涨了 28％。2007—2012 年，公立大学学费上涨了 27％，而且还在不断上涨。与英国等其他发达国家不同，美国政府没有规定高校学费上涨的上限，都是学校根据情况自己制定收费标准，引发了一波又一波的涨价风。目前本州学生公立大学学费平均每年大概 8500 美元，跨州学生学费 1.9 万美元，而私立大学则要 3 万到 6 万美元不等。学费上涨大大超过了美国家庭收入的上涨幅度和承受能力，很多学生不得不放弃申请上大学的机会，或者中途辍学，继续学业的则要背负沉重的助学贷款。全美学生助学贷款已高达 12 亿美元，很多学生毕业也无法偿还贷款，出现大量违约，违约资金达 700 万美元。从长远来看，助学贷款引发的问题不仅给美国家庭，也会给美国社会造成严重的社会、经济问题。

由于学费上涨，加上高中毕业生人数减少，高校入学人数急剧下降。1999—2011 年，美国高校在校生从 2040 万减少到 1520 万。2012 年开始，招生人数较上一年下降了 2％，并且逐年递减。为了保住生源，高校招生竞争加剧，各大高校纷纷使出浑身解数吸引学生，其中不乏不必要的"烧钱"措施：新建教学楼、翻新学生宿舍、装修图书馆；招收大量非教学工作人员，如体育教练、安保人员、餐厅工作人员、财务人员、招生人员；为了在考生申请学校时特别看重的高校排名中争取靠前，校方特别加大对排名起决定作用的科研投入，不惜花费重金聘请知名研究学者、教授，在重点实验室投入巨额科研经费；更有甚者，学校招生的商业气氛越来越浓，学校的运作开始向企业化方向发展，开始以逐利为目的，比如为了收取更多的学费。很多大学开始减少本州生源的录取，招收更多的外州生源或者外国留学生，因为他们交的学费是本地学生的三倍。普渡大学（Purdue University）2017 年招收的本州学生减少了 4300 名，而外州和外国学生人数却增加了 5300 名。美国的高等教育越来越向精英阶层和富裕家庭倾斜，其中也有他们不得已的苦衷。

政府削减高等教育经费导致学费上涨，生源减少，竞争加剧，而为了吸引学生推出的很多"烧钱"举措反而又加大了高校的财政负担，使高校经费捉襟见肘，入不敷出，造成了严重的恶性循环，让各高校人人自危，如履薄冰，严重干扰了高校的正常教学和运转。

除了政府投入严重不足，高校倒闭潮的另一个客观原因则是网络课程的出现和普及。这是科技发展的结果，也是时代发展的必然，也许无人可以阻挡。

网络课程，也称为在线课程，或者慕课（MOOC）。2008 年起源于加拿大，很快在美国得到迅猛发展并在全世界开始普及。目前三大最有影响力的慕课平台分别为：Coursera（目前最大的慕课平台，提供近 500 门世界各大高校的优质课程）、edX（哈佛与麻省理工 2012 年共同创建的大规模开放式在线课程平台，与全球顶级高校结盟免费提供网络课程）、Udacity（成立时间最早，以计算机类课程为主的在线课程平台）。这些慕课平台为上千万的学生提供在线课程，其中大概 1/3 是美国学生。由于学费上涨，很多学生放弃了花费巨资上大学的想法，开始转向在线课程。从 2002 年到 2013 年，在全美的注册大学生中，注册网络课程的大学生人数从 9.6％上升到 33.5％，呈现不断上升的趋势。

在线课程的巨大优势对传统高等教育造成了很大冲击。制作一门网络课程仅需要约 7 万美元，可以无限期不限量使用，而且出口宽，大大降低了教学成本。学习在线课程对学生来说不仅便宜（很多还是免费的）、方便（只需一台电脑或笔记本或 ipad、iphone，自由选择上课时间和地点），而且可以完全根据自己的兴趣爱好和需要选择课程。网络课程的兴起打破了名校大学生的特权，让千千万万被高校拒之门外的普通人也有机会聆听哈佛或者麻省理工知名教授的授课，接受象牙塔外的高等教育。既然如此，为什么还要去上大学呢？这项"破坏性"的技术也许对高校产生了毁灭性的打击，受到冲击最大的是许多知名度不高、效率低下、教学质量不高的中小型大学。网络课程的出现在某种程度上加快了这些高校的倒闭。

虽然网络课程的发展速度很快，但与传统的高等教育相比，网络课程也有其自身的不足。长远来看，网络课程只是传统教育的衍生品而非替代品。网络课程无法营造高校的学习和生活的环境和氛围，也无法让学生体验丰富多彩的校园生活。毕竟，除了学习，发展个性、提升自我、结交朋友、增强自信、培养能力也是大学生活的重要组成部分，这些是网络课程无法提供的。网络课程技术使教学单一化、模式化，教师无法发挥自己的特长和特点，无法发现和培养学生的个性，无法与学生建立及时、有效、个性化的良好互动和沟通。因此网络课程目前作为传统教育模式的一种有效补充，暂时不可能完全取代传统的高等教育，但对高等教育造成的冲击和威胁的确是不容忽视的。

大量高校纷纷倒闭，美国的高等教育何去何从？这真是个棘手的问题。2018 年美国财政预算中，教育经费在联邦政府的支出中仅占 2%，而特朗普在被问及如何削减开支时，还坚持说"教育部是我要裁撤的目标之一"，看来美国高校的苦日子还得继续过下去。高等教育一直被认为是底层阶级跻身中产阶级的必由之路，为更多的普通学生提供高等教育机会对增加社会阶层的流动性，推动经济发展至关重要。教育是一个国家的立国之本，要发展经济，要保住美国"世界第一"的霸主地位，还是要靠人才，尤其是大量受过高等教育的高科技人才。美国曾经一度在大学毕业生占人口总数排名榜上位列第一，现在仅排在第十二名。重新振兴美国的高等教育对于个人机会最大化和美国的经济繁荣都是十分必要的。如何给高校解压，重新注入活力，如何给高校学生减负，免去大学生的后顾之忧，是特朗普及美国政府相关部门需要认真考虑的问题。

中国的高等教育机制虽然与美国不同，但这些年在改革的过程中也出现了高校盲目扩招，高校数量和规模不断扩大，经费不足，生源减少，各高校间"烧钱"互相竞争攀比，重金聘请"人才"，基建热，科研经费、设施投入与产出严重不符，重科研轻教学，频繁评估检查等乱象。国内也有不少高校因生源不足关停并转，随着高校入学人数逐年递减，这一问题可能还会长期存在。美国的前车之鉴，值得国内教育部门和高校反思与借鉴。

第十章　中美贸易争端与美国对华留学签证政策

美国高校开学已经近一个月，但是许多申请美国签证的留学生或已经在美国留学回国续签的留学生却迟迟未拿到签证，他们申请的材料完备，流程也没有任何问题，联系美国大使馆，得到的答复千篇一律，都是"耐心等待"。很多同学已经错过了新学期一半的课程，在美国的研究项目也陷入停顿，签证却一直没有结果。留学生们心急如焚，校方也无能为力。

特朗普执政后，开始对中国进行全面的围追堵截，中美贸易摩擦一再升级，连教育领域也未能幸免，美国移民政策全面收紧，中国留学生签证申请也成为重灾区。

事实上，特朗普上任后，随着中美关系的恶化，白宫对华签证的限制越来越紧，2018 年成为近十年来留学生拒签率最高的一年。在所谓的"中国威胁"论调下，美国政府一直认为，中国当前科技发展突飞猛进是因为采取了所谓的"非常规手段"。中国政府现在把科技发展作为重中之重，美国感到了前所未有的危机。在特朗普眼里，中国留学生都成了窃取美国情报的"间谍"，白宫相继出台了一系列限制中国公民签证的政策，对来美国求学的中国留学生进行更加严格的额外审查和限制。2017 年 12 月，白宫发布的国家安全战略中甚至公开宣称"要审查签证程序，以减少非传统情报收集者的经济盗窃行为"，并考虑在科学相关领域对外国学生实施限制。2018 年 3 月，美国国务院提案，要求签证申请者提供过去五年来在各种社交平台的个人信息、旅行记录、家庭成员信息、电话号码、电子邮箱等进行严格的背景审查。2018 年 5 月，美国出台新规，将在机器人、航空和高科技制造业等领域的留学生签证期限限制在 1 年，将以前对高科技领域签证设置的潜规则公开化。被拒签和严格审查的留学生多数都在美国就读 STEM（科学、技术、工程、数学）学科，尤其是攻读硕士或者博士学位的中国留学生，还包括前往美国从事正常学术交流的科技类访问学者和研究人员以及持 H1b 工作签的人员，甚至短期游学及冬令营签证拒签率也大大上升。美国商务部表示，在美国关键部门担任研究员或管理人员的中国人申请签证时，需经美国多个机构特别许可。许多研究人员的十年赴美签证被无故取消，为研究人员赴美交流造成诸多不便。2018 年 10 月，白宫鹰派甚至向特朗普提议停止向中国公民发放签证，虽然这一荒唐的提议最终没被采纳，但也足见美国政府内某些人对华的敌意和成见有多严重。

特朗普政府严苛的签证限制政策，影响的不仅是求知若渴的中国留学生，还有美国自身的利益，该种政策对美国社会的多元性、财政收入、创新性、甚至美国的经济发展都会产生长期负面的影响。

据 2017 年的数据统计，目前在美国高等教育机构就读的中国留学生达 35 万人，连续第八年居在美留学生源国榜首，占在美留学生总数的 32.5%，较 1999 年上升了 6 倍，仅 2017 年一年就为美国经济贡献了 180 亿美元。失去中国留学生，美国经济也会蒙受巨大损失，在入学人数不断下降的大形势下，更是美国大学不能承受之重。许多美国高校已经对政府的限制措施表示忧虑，并多次与白宫进行沟通和施压。MIT 校长拉斐尔·赖夫（L. Rafael Reif）表示，开放性是美国大学发展的源泉和创新的动力，制定任何政策都不能违背这一原则。斯坦福大学也呼吁应该给与中国学生更平等的机会。国际教育组织 NAFSA 也在一份声明中批评美国的这一做法，并指出，任何限制中国公民签证的政策都会产生破坏性的影响。如果中国学生和学者不再选择美国，"美国未来几十年会遭受毁灭性的影响"。

特朗普为了一己之利，将正常的学生和学术交流政治化，执意关闭对外交流与合作的大门，以限制中国留学生和学者的教育和工作机会作为谈判筹码，这一做法本身就是目光短浅且不明智的，不仅会加大贸易赤字，影响美国经济的发展，还会破坏美国教育的开放性和多元性，严重损害美国自身的利益。

罕见的北极寒流已经掠过北美，阴冷的冬天就快要结束，3 月的美国也已进入春暖花开的季节，希望还在苦苦等待签证的学子们能尽快踏上艰辛的美国求学之路。

参 考 文 献

［1］Alvin J. Schmidt. The Menace of Multiculturalism：Trojan Horse in America，West port ［M］. 1997.

［2］James Hunter Davison. Culture Wars：the struggle to define America ［M］. New York：Basic Books，1991.

［3］Joel Spring. The Intersection of Cultures ［M］. New York：McGraw Hill Inc. ，1995.

［4］John Berthrong. The Divine Deli：Religious Identity in North American Cultural Mosaic ［M］. New York：Orbis Books，1999.

［5］Larry L. Naylor. Cultural Diversity in the United States ［M］. CT：Bergin & Garvey，1997.

［6］Michael Walzer. On Toleration ［M］. New Haven：Yale University Press：1997.

［7］Nancy Koester. The History of Christianity in the United States ［M］. Minneapolis：Fortress Press，2007.

［8］Nathan Glazer. We Are All Multiculturalists Now ［M］. Harvard University Press，1997.

［9］Richard Munch. Nation and Citizenship in the Global Age ［M］. New York：Palgrave，2001.

［10］Samuel P. Huntington. Who Are We? ［M］. International Creative Management，2004.

［11］〔美〕爱默生. 爱默生集 ［M］. 北京：三联书店，1993.

［12］高庆勇，彭国强，程喜杰. 美国体育产业发展经验及启示 ［J］. 体育文化导刊，2019（09）.

［13］黄福华 . NBA 发展史研究 ［M］. 苏州：苏州大学，2009.

［14］胡文仲 . 英美文化辞典 ［M］. 北京：外语教学与研究出版

社，1995.

[15] 金喜添，等. 美国大学体育文化特征研究［J］. 百科知识，2019（8）.

[16] 李玉君. 印第安人［M］. 北京：东方出版社，2008.

[17] 刘昌亚. 美国户外体育教育特征及启示［J］. 体育文化导刊，2018（7）.

[18] 尼莎. 先秦儒家核心价值观研究［D］. 河北师范大学，2017.

[19] 钱家富. 浅谈美国节日与节日文化［J］. 外语教育研究，2009（2）.

[20] 瞿葆奎. 美国教育改革［M］. 北京：人民教育出版社，1990.

[21]〔美〕史蒂文生. 美国人民生活与社会概貌. 吕佩英，王恩铭译［M］. 上海：上海外语教育出版社，2003.

[22] 石洛祥，等. 借来的狂欢英美节日文化［M］. 重庆：重庆大学出版社，2011.

[23]〔法〕托克维尔. 论美国的民主［M］. 董果良译，北京：商务印书馆，1996.

[24] 王恩铭. 当代美国社会与文化［M］. 上海：上海外语教育出版社，2014.

[25] 王锦瑭. 美国社会文化［M］. 武汉：武汉大学出版社，1996.

[26] 王蓉，原平方. 美国文化知识介绍及应用［M］. 北京：中国农业大学出版社，2008.

[27] 王英杰. 美国高等教育的发展与改革［M］. 北京：人民教育出版社，2002.

[28] 许海山. 美洲历史［M］. 北京：线装书局，2006.

[29] 许秋红. 美国体育发展的特点及启示［J］. 体育与科学，2012，33（06）.

[30] 杨桦，姜登荣. 篮球运动的起源及其在中国初期发展的历史考略［J］. 成都体育学院学报，1997（01）.

[31] 杨卫东，戴卫平. 美国社会与文化研究［M］. 广州：世界图书出版社，2014.

[32] 于可. 当代基督教新教［M］. 北京：东方出版社，1994.

[33]〔美〕约翰·贝尔顿. 美国电影美国文化（第2版）［M］. 米静，

等译.上海：上海人民出版社，2010.

[34] 张建华，等.论美国国家体育课程标准的版本修订特征及启示 [J].山东体育学院学报，2018（3）.

[35] 张晓淋.中美竞技体育管理机制与运行机制的比较研究 [J].北京：北京体育大学，2011.

[36] 张燕.从好莱坞电影看美国文化传播及对中国的启示 [J].今传媒，2014.